翻译大讲堂

巳拙集

吴其尧 著

上海外语教育出版社
SHANGHAI FOREIGN LANGUAGE EDUCATION PRESS

外教社

图书在版编目(CIP)数据

已拙集 / 吴其尧著. -- 上海：上海外语教育出版社, 2025. -- (翻译大讲堂). -- ISBN 978-7-5446-8483-5

Ⅰ. H0-53

中国国家版本馆CIP数据核字第2025F4U591号

出版发行：**上海外语教育出版社**
　　　　　（上海外国语大学内） 邮编：200083
电　　话：021-65425300 (总机)
电子邮箱：bookinfo@sflep.com.cn
网　　址：http://www.sflep.com
责任编辑：张　宏

印　　刷：苏州工业园区美柯乐制版印务有限责任公司
开　　本：850×1168 1/32 印张 8.5 字数 220千字
版　　次：2025 年 7 月第 1 版 2025 年 7 月第 1 次印刷

书　　号：ISBN 978-7-5446-8483-5
定　　价：30.00元

本版图书如有印装质量问题，可向本社调换
质量服务热线：4008-213-263

序言

近两三年来，时不时在微信上收到吴其尧老师发来的他新近完成或发表的随笔文章。每每读完这些文章，我都感慨不已，一则佩服吴老师的学识和趣味，二则惊叹于他如何能在保证文章质量的前提下做到如此高产。我所读过的那些文章，其中一小部分已收录于2022年出版的《知困集》（上海三联书店），其余的据吴老师说也将结集出版。而当吴老师表示希望我为他的第二本随笔集作序时，我顿感惶恐。吴老师是我的硕士研究生导师，学生哪有资格给老师的书写序？吴老师对此等反应似早有准备。他发来了郑板桥《十六通家书小引》的书影照片，并告知："空洞无物一味吹捧的序不如不写，学生给老师著作写序，往往可以言之有物。"吴老师的真诚和信任打消了我的顾虑。以下谨略述我与吴老师的交往，以及读《已拙集》的几点感想。

从大一开始，我就立志毕业后成为一名大学英语教师，但是给我们上精读课的老师告诉我，今后只有硕士研究生毕业才有可能留在高校教书。等到了大四，情况又有新的变化：想成为大学英语专业教师，必须先拿到博士学位。鉴于我的志向未改，且明确了今后将从事英美文学的教学和研究，便做好了一路读下去的心理准备。完成本科毕业论文后，我一直在考虑选择硕士生导师的事。好友柏栎（现供职于复旦大学，任《复旦学报》英文编辑）向我推荐了吴老师。吴老师没有给我们这一届本科生开过课，因此我对他的情况一无所知。柏栎对我描述了她旁听吴老师给硕士生开设的文学理论课程的收获和体会。我对柏栎的文学品位一向信任，她的描述令我神往。不久，柏栎便介绍我和吴老师认识。记得第一次见面是在上外虹口校区喷水池旁的石凳上，那天都聊了些什么我早已忘记，但是那种如沐春风的感觉仍记忆犹新。吴老师平易近人，在他面前总是让容易紧张的我感到放松。好像是在此后不久，吴老师约了柏栎和我在某个傍晚去逛一家旧书店。吴老师逛着逛着就会拿起一册书，如数家珍般地讲起与此书有关的掌故来，让我大开眼界。与吴老师逛书店真是一种悦智悦神的享受！正式成为吴老师的学生后，复旦大学步行街周边的几家折扣书店是我们常去的地方。在吴老师的引领下，通过逛书店、购书和读书，我的人文知识储备逐渐丰富起来。

  吴老师给我们那届硕士研究生开设了一门名为"英国诗歌批评史"的课程。这门课不仅讲授从古英语诗歌到20世纪英语诗歌的发展历程，还涉及英国诗歌批评传统及其流变，内容宏富且具挑战性。吴老师上课从不用投影设备。他旁征博引、生动形象的讲解，对经典诗歌和诗论的深入阐释，加上一手秀美的英文板书，使得这门课的授课效果极佳，给我们留下了深刻印象。通过这门课的学习，我对英国诗歌和诗论，尤其是英国文艺复兴时期的诗歌和诗论，产生了浓厚的兴趣。我发现16至17世纪的英国诗人绝大多数都写过十四行诗。在这些诗人手里，十四行诗的形式和内容都发生了变化，引发了我对这个问题的持续追踪。后来，我的硕士学位论文即以此为主题。为此我通读了英国文艺复兴时期的十四行诗集和诗论，以及国内能找到的现代学者的相关研究。在吴老师的悉心指导下，这篇论文在我毕业后被评为校级优秀学位论文。再后来，我就此主题又发表了一两篇学术论文。可以说，如果没有吴老师的"英国诗歌批评史"这门课，就不会有后面的那些成果。是吴老师领我走进了英国诗歌研究的大门。

吴老师从一开始就鼓励我今后去北京继续求学,我的博士生导师傅浩老师也是在吴老师的引荐下认识的。硕士毕业至今我一直与吴老师保持着联系。无论在教学、科研还是在生活的方方面面,吴老师都给了我很大帮助。每次假期回沪,我总要约吴老师见一面,聊聊近况。最近两次见面我都带上了女儿,没想到吴老师逗孩子玩也有一套,小女现在总嚷嚷着"还要和吴老师玩木头人游戏"!

吴老师在英美文学领域耕耘日久,对19世纪末爱尔兰作家奥斯卡·王尔德、20世纪现代主义诗人埃兹拉·庞德以及20世纪50年代英国"愤怒的青年"小说先后做过专深的研究,也在外国文学类的权威学术期刊上发表过多篇论文,但是他对这些"硬核"学术成果似乎并不特别在意。他更看重的反倒是最近两三年信手写就的读书札记。据吴老师自己说,这些文章"没有了功利性,写得随意,倒是有大量的读者"。这些随笔只是摆脱了学术论文的严谨结构和艰深术语,实际上并不缺乏真知灼见。此外,它们还给读者带来了许多阅读乐趣,的确符合吴老师所说的"既有趣又有料"的写作标准。

《已拙集》中收录的文章主要涉及英美文学、翻译、英国文化、中西文化交流、中西语言比较等。英美文学是吴老师的老本行,在集中的文章数量相对较多,而且从早期现代英语时期的莎士比亚、弥尔顿,18世纪的约翰生博士、鲍斯威尔,直至现当代文学都有所涉猎,其中的部分内容吴老师曾经在课堂上或者平时交流时说过,但是这次读吴老师的书稿时却从中发现了新意。《莎士比亚与英译钦定本〈圣经〉》一文就是很好的例子。文章的前两段内容是我很早以前就听吴老师说过的:钦定本《圣经》的译者中可能有莎士比亚的友人,他巧妙地把莎士比亚的名字拆开嵌入文本,以纪念后者的生辰。吴老师在第二段的结尾处写道:"从此在英国文学史的课堂上每当讲到《圣经》和莎士比亚时,我就会跟学生分享这则趣闻,学生的反应也是既惊又喜。"如今我上英国文学史课程时,也会与我的学生分享这则趣闻,效果诚如吴老师所言。但吴老师近来读书又找到了记述此轶事的另一版本。从这两种版本之间的差异入手，吴老师进而发现了一些疑点，经过考证和辨析，得出了几条颇令人信服的推论。

吴老师文章的"有料"不仅在于文中所介绍的书籍、人物、文化现象、翻译问题等本身就值得关注，或者能让读者有所得，还在于吴老师往往把他自己的新见解、新发现以一种不事张扬的方式融入了这些随笔之中；换言之，吴老师文章的"有料"也指有新意。以下略举几例。

《翻译断想》二谈培根《论读书》中名句的不同译法，其中提到钱锺书先生在《管锥编》第四册引培根这句话时误把 digested 写成 swallowed。"这一错误逃过了编辑的眼睛，也逃过了范旭仑先生的眼睛（范先生曾订正《管锥编》错误达上千处）。不无遗憾的是，北京三联书店 2007 年四卷版的《管锥编》里也没有改正，错误照旧。"庆幸的是，这处错误未能逃过吴老师的眼睛。

《翻译断想》四提及钱锺书先生和杨绛先生都曾引用过扬州八怪之一金农（字冬心）的两句诗，但是其中一句有两个字的顺序正好相反。吴老师求真心切，特地请上海图书馆的朋友查找原诗，终于弄清楚哪位先生的引诗是正确的。

吴老师书中的许多"料"都是从长期养成的将原文和译文对照着读的习惯得来的。正如吴老师的导师汪义群先生夸赞吴老师的那样，"现在像你这样肯对照着原文一字一句读译作的人已经不多了"。（《翻译断想》五）正因为吴老师细读了《围城》的汉英对照本，才底气十足地宣布他的发现（《翻译断想》十四）："我细读了译文，发现有一处两位译者增译了部分文字内容，全书仅此一例。"

《"女心伤悲，殆及公子同归"——读〈管锥编〉札记之三》一文比较钱锺书先生《管锥编》、余冠英先生《诗经注》、陈子展先生《诗经直解》与扬之水先生《诗经别裁》对"女心伤悲，殆及公子同归"

一句的解读，辨明何为正解，随后依此正解对两种英译本的得失做出判断。文中特别强调扬之水的《诗经别裁》"是近十数年来不可多得的解读《诗经》的上乘之作，不仅解说到位，而且引了前人大量的注解"。对于"女心伤悲，殆及公子同归"一句，扬之水引了两种前人的解说，吴老师锦上添花，又加上朱熹《诗经集传》中对此句的解释。在《已拙集》里，像这样低调地对前人解释有所增益之处比比皆是。

  从书名到后记，《已拙集》无不透露出作者的自谦。我相信吴老师的谦虚出自真诚，但是我也相信，会有读者和我一样，从此书中获得心智的成长和精神的喜悦。我已经在期待吴老师的第三本随笔集了。

赵元

2024年12月8日于清华园

目录

序言 ___ *1*

语言探幽 ___ *1*

"假寐"与"托寐" ___ *3*

"兄弟"一词有多义 ___ *5*

搬起石头砸自己的脚——从《哈姆雷特》的一句台词说起 ___ *7*

"少壮不努力,老大徒伤悲"别解 ___ *11*

关于"丫叉句法"(Chiasmus)——读《管锥编》札记之一 ___ *14*

"风马牛不相及"里的"风"究竟该怎么解释 ___ *19*

如何理解"百足之虫,死而不僵" ___ *22*

"姊妹"与"姐妹" ___ *24*

"羽扇纶巾"究竟指的是谁 ___ *26*

"鞋者谐也"——读《管锥编》札记之二 ___ *29*

爱德华·吉本是怎么学习外语的 ___ *32*

文学拾英 ___ *35*

《婚变》译后记 ___ *37*

尼采《查拉图斯特拉如是说》英译本导读 ___ *42*

哈姆雷特的警句 ___ *49*

约翰生博士的"恩俸" ___ *52*

毕竟是劳伦斯 ___ *57*

莎士比亚与英译钦定本《圣经》 ___ *62*

鲍斯威尔《约翰生传》中关于中国的几条记载 ___ *67*

苏珊·桑塔格谈女性和"美" ___ *72*

病眼虽枯心未碎——读《弥尔顿传》 ___ *77*

伏尔泰与同时代英国名士的交往 ___ *89*

诗人济慈的最后日子——读《济慈传》 ___ *97*

《哈姆雷特》中的毒药 hebenon 到底是什么 ___ 103
　　传记中的"都柏林文学四杰" ___ 107
　　埃兹拉·庞德的两次重要突破：对中国文化的贡献 ___ 116
　　T. S. 艾略特影射罗素的一首诗 ___ 122

文化摭趣 ___ 129
　　谦让　推诿　失态 ___ 131
　　英语中的"茶" ___ 134
　　英国元帅基钦纳"索要"中国瓷器 ___ 140
　　英语里有关 Dutch 和 French 的相关表达及其含义 ___ 146
　　相见时难别亦难——英国人在社交场合的尴尬 ___ 152

古诗文理解与英译 ___ 155
　　"女心伤悲，殆及公子同归"——读《管锥编》札记之三 ___ 157
　　是"涂改"还是"评论"——对"雌黄"一词的理解 ___ 161
　　"女子"与"小人"的理解及英译 ___ 163
　　"多情应笑我，早生华发"的理解及英译 ___ 166
　　再谈苏轼《念奴娇·赤壁怀古》一词的理解 ___ 169
　　"将无同"的理解及英译 ___ 172
　　杜诗"下者飘转沉塘坳"中的"沉"作何解 ___ 175

翻译杂议 ___ 177
　　也谈"翻译体" ___ 179
　　朱光潜先生和他翻译的《新科学》 ___ 185
　　周一良先生与《世说新语》英译本 ___ 187
　　关于 Paradox 和 Oxymoron 两个词的中译——读《管锥编》札记之四 ___ 191
　　也谈莎剧《哈姆雷特》台词中 "nature" 一词的翻译 ___ 198
　　"译员读书要广泛一些"——兼谈翻译与"杂学" ___ 201
　　周林东老师和他的诗歌翻译 ___ 205
　　关于翻译的断想 ___ 214
　　《共产党宣言》最后一句的翻译 ___ 258

后记 ___ 260

语言探幽

"假寐"与"托寐"

蒲松龄《聊斋志异》里有一篇《狼》，是三则关于屠夫与狼的小品故事。我读中学时，语文课文里选用了其中的第二则，说的是屠夫智斗二狼的故事。其实，这三则小品相互映衬，互为表里，不可分割，读者最好把它们作为整体来欣赏。

第一则讲屠夫悬肉钓狼，原本在于保肉，却歪打正着无意中捕获了一匹狼。"时狼革（皮）价昂，直（值）十余金，屠（夫）小裕焉"，屠夫发了一笔意外之财。第三则讲屠夫出奇制胜，将屠夫故技演绎到了极致，"狼自苫中探爪入，屠急捉之，令不可去"。屠夫虽然抓住了狼，但一时找不到可以置狼于死地的办法，情急之下拿出一把小刀，"遂割破爪下皮，以吹豕之法吹之"。人民文学出版社赵伯陶先生注评本对"吹豕之法"作了注释：吹豕，即"梃猪"，杀猪后，在猪的腿上割一个口子，用铁棍贴着腿皮往里捅。梃成沟以后，往里吹气，使猪皮绷紧，以便去毛除垢。最后，"狼胀如牛，股直不能曲，口张不得合。遂负之以归"。这三则小品实际上是警世寓言，正如清代一位评论家所言："狼以贪死，以诈死，恃爪牙而亦死。可知禽兽之行，决不可为。"所谓"诈死"，即指第二则中一狼"目似瞑，意暇甚"，屠夫"乃悟前狼假寐，盖以诱敌"。

这里的"假寐"二字一般都解释为"假装睡觉"，因为这是用来指狼假装睡觉，但若用在人身上，情形就并非如此了。权威辞书对"假寐"的解释都是"和衣而睡""不脱衣冠而小睡"。《辞源》引《诗经·小雅·小弁》"假寐永叹，维忧用老"诗句，汉代郑玄《笺》曰"不脱冠衣而寐曰假寐"；再引《左传》宣公二年"（赵盾）盛服将朝，尚早，坐而假寐"，作注者解为"不解衣冠而睡"。王力主编的《古代汉语》解释"假寐"：指不脱衣冠睡觉。《现代汉语词典》对"假寐"的解释是：不脱衣服小睡。并举有二例：凭几假寐；闭目假寐。最近出版的著名语言学家杨树达先生的《日记》里经常出现"饭后小寝""饭后坐寐"和"饭后假寐"的表达，可见近人还是将"假寐"作"不脱衣冠而小睡"解。

古人表示"假装睡觉"之义并非用"假寐"，而是用"託（托）寐"。《世说新语·言语》第12篇写钟毓、钟会兄弟小时乘父亲钟繇午睡之际偷喝药酒，"其父时觉，且託寐以观之"。"药酒"指的是"散酒"，即魏晋时期的人服食寒食散之后用以发散的酒。"託寐"即"托寐"，最早也出自《诗经·王风·兔爰》"尚寐无吪"。陆德明《释文》解"吪"为"讹"，而"讹"在魏晋口语中经常用作副词，表示佯装、假装的意思；郑玄《笺》释"吪"为"动"："寐不欲见动"。杨勇先生的《世说新语校笺》引用方一新说法："讹寐自是可通，託寐也未必误。託（托）在汉、魏、六朝文献中有假装、佯装之义。"分别列举了《后汉书》《三国志》《世说新语·纰漏》中的例子作为书证，以为"託寐，犹言装睡"。

《现代汉语词典》解释"假寐"时指出这是书面语，作动词用，但不收"託（托）寐"。由此可知，"假寐"作为书面语仍在使用，而"託（托）寐"则已不再使用。不过，我们现在仍在使用"托病"一词，意义应该是"假装生病"吧。

（发表于2022年3月9日《新民晚报》"夜光杯"）

"兄弟"一词有多义

何龄修先生的《五库斋忆旧》是一本值得一读的回忆录。书中既有对作者家世、求学治学经历的自述，也有对亲情友情、人际交往的回顾，更有对一代史家和史学工作者在他们生活的那个时代的遭遇和情状的生动描写，在在都引发读者沉思、深思和反思。如果将此书跟何兆武先生的《上班记》放在一起阅读，相信读者的收获也许会更多。

本文不是《忆旧》的书评，仅对书中提及的"兄弟"一词有多义作一点补充。何先生在《怀念和自责》一文中深切缅怀了他的恩师著名史学家、北大历史系教授张政烺先生，其中提到张先生给学生上第一堂课时开口第一句话就是"兄弟不善言辞，没有多话"，随即切入正题。何先生说："兄弟"一词是《水浒》里众位好汉最喜爱用的词，全书标榜"四海之内皆兄弟"的思想，并且作为称呼广泛使用。何先生分别举例指出"兄弟"既可做第一人称用，又可做第二人称用，还可做第三人称用：如第十八回《美髯公智稳插翅虎，宋公明私放晁天王》中，宋江对晁盖说："哥哥保重，作急快走，兄弟去也。"这里的"兄弟"做第一人称"我"解。第二十三回《横海郡柴进留宾，景阳冈武松打虎》中，宋江对武松说："我送兄弟一程。"这里的"兄弟"做第二人称"你"解。第四十四回《锦豹子小径逢戴宗，病关索长街遇石秀》中，戴宗对石秀说："小可姓戴名宗，兄弟姓杨名林。"这里的"兄弟"是第三人称的"他"。"兄弟"做第三人称用还可以出现在"我这兄弟"的介绍性语句中，比如邓飞向戴宗介绍孟康说："我这兄弟，姓孟名康……"何先生1953年至1958年就读于北京大学历史系，上世纪50年代的称呼中使用"兄弟"一词似乎仍比较普遍。据今年（2022年）刚刚去世的北大中文系教授严绍璗先生回忆，他1959年进入北大读书时北大校长马寅初先生给新生发表讲话，开口也是自称"兄弟"："各位，兄弟今天代表学校当局，欢迎诸位来北大念书……"《围城》的读者一定还记得当时的教育部派往三闾大学的那位督学说的那句经典台词"兄弟在英国的时候"。何先生进一步指出，其余使用"兄弟"一词例证还有很多而且很复杂。

何先生认为"兄弟"一词的意义"多且复杂"，这引发了我的兴趣："兄弟"一词究竟还有哪些意义呢？除了何先生提及的三种意思外，"兄弟"一词较为常见的意思是指"弟弟"。这在元曲杂剧里常见，现在口语中也仍在使用，比如"各位哥哥兄弟"。我们现在说到某人的弟弟，通常会说"他的兄弟"。我查阅了有关辞书后发现"兄弟"一词古人还用来指称"姊妹"。《辞源》给出的例子出自《孟子·万章上》："弥子之妻与子路之妻，兄弟也。"向熹先生编撰的《诗经词典》里指出了《诗经》中"兄弟"一词的两种特指：一泛指亲族中同辈的男子："终远兄弟，谓他人父。"二专指同姓诸侯："嗟我兄弟，邦人诸友。"后人解释说："邦人诸友为异姓臣，而兄弟则为同姓诸侯也。""兄弟"一词还有一个意思见于《论语·子路》中："鲁、卫之政，兄弟也。"这里的"兄弟"是"不相上下"或者"相差不远"之意。当然，这里的"兄弟"（like brothers）也不妨理解为通常意义上的"兄弟"。

简单的"兄弟"一词在古今汉语中竟然有那么多复杂的意思，我不揣浅陋指出来供读者一粲。

（发表于 2022 年 7 月 29 日《新民晚报》"夜光杯"）

搬起石头砸自己的脚
——从《哈姆雷特》的一句台词说起

常听人说起"搬起石头砸自己的脚"这句俗语，比喻本来想害别人，结果害了自己。汉语成语中还有类似的说法：自食其果、自作自受、作茧自缚、作法自毙以及害人反害己等。这句汉语俗语在英语中有对等的表达：to hoist with (by) one's own petard，出自莎士比亚名剧《哈姆雷特》第三幕第四场中哈姆雷特的一句台词。

哈姆雷特是在什么情形下说出这句台词的呢？第三幕第四场是哈姆雷特与其母后的精彩对白，主要是哈姆雷特发泄其对母后的不满乃至愤怒之情。这一场快结束时，哈姆雷特问母后："你知道吗？我要去英格兰了。"王后表示已经知道。在第三幕第一场中国王曾经向欧菲丽亚说过让哈姆雷特去英格兰的计划："为了阻止危险发生，顷刻之间我毅然决定：他要马上去英格兰，追讨英国人欠我们的贡品。"（黄国彬译文，下同）观众或读者应该还记得在第一幕第二场中国王还想把哈姆雷特留在丹麦，现在却在"顷刻之间"改变了主意，因为在第二幕第二场的"戏中戏"里，国王与哈姆雷特发生了冲突，于是就决定把他送往英格兰，同时趁机将他杀害。在第三幕第三场的开始，国王跟哈姆雷特的同学兼朋友罗森坎兹和格登斯腾说他不喜欢哈姆雷特现在的样子，任其疯下去会威胁到大家的安全，所以要求他们作好准备："我马上会把训令签署。他呢，要跟你们一起去英格兰。"哈姆雷特是怎么得知国王的这一计划的，莎士比亚在剧中没有交代。据莎剧专家说，莎士比亚在这里用了伊丽莎白时代戏剧界的一个惯例：观众所知，舞台上的角色也知道。王后应该是从一开始就知道这一计划的，所以她紧接着哈姆雷特的话回答道："啊，我倒忘了，是这样决定的。"

哈姆雷特已经猜测到国王将对他采取行动，他当着王后的面说了一番"狠话"："我的两个同学——我相信他们，像相信有毒牙的蛇——他们携带了指令为我开道，引领我堕进圈套。放马过来吧。叫制造兵器的人遭自己的炸药炸死才好玩儿呢。"这最后一句话的原文是：For 'tis the sport to have the enginer/Hoist with his own petard. 这里需要稍事说明的是，莎学家认为在更权威的莎剧第二四开本（Q2）里保留了 enginer 的拼法，一则说明在伊丽莎白时期，这个词的重音是在第一个音节上的，二则为了显示这个词的意义与现代拼法的 engineer（工程师）有区别。两个同学"陪同"哈姆雷特前往英格兰，途中遇到"义盗"，哈姆雷特趁机偷偷调换了丹麦国王给英格兰国王的密函并成功回到了丹麦，两个同学则被英格兰国王处死。原来的密函是要处死哈姆雷特的，被调换后的密函则改成了处死两名使者，他们最后终于"搬起石头砸了自己的脚"。

Hoist 在这里做动词用，根据《牛津英语大词典》的解释是：hoisted, blown sky-high 吹得或举得很高；petard 则是 bomb"炸药"的意思。整个句子的意思是 military engineer was blown up by his own bomb 制造武器的人被他自己制造的炸药炸到了天上去。据莎学家考证：Hoist(ed) with his own petard 是十六、十七世纪英语中常用的另外两句俗语的变体：The fowler is caught in his own net. 捕猎野禽者陷入他自设的罗网之中；To beat one at his own weapon. 拿自己的武器打败自己。我们也不妨用这两句英语俗语来翻译"搬起石头砸自己的脚"之类的汉语表达，也许比 to lift a rock only to drop it on one's own feet 之类的直译要显得更加地道一些，比 the biter bit (bitten) 之类不登大雅之堂的表达更加庄重一些。

这句台词中还有一个值得研究的词是 petard。这个词在莎士比亚所有作品中仅仅出现过一次。petard 在现代英语中的意思是 explosive（炸药）或者 fireworks（爆竹）。它的词源是拉丁语的 pedo 或者法语的

peter，在拉丁语或法语里都是"放屁"（to break wind, to fart）的意思。英语词组 peter out（逐渐减弱、慢慢消失）跟法语 peter 的词源意思多少还有点关系，容易让人产生联想。如果 petard 作"放屁"解，那么哈姆雷特的这句台词有了潜在的比喻意义：这个可怜的兵器制造者遭自己的炸药炸死，就像被自己放的屁给吹到天上去了一样，这倒是好玩儿的事（the sport）。

"放屁"（to fart）一词最早出现在英国文学作品中应该是在乔叟的《坎特伯雷故事》里。在《磨坊主的故事》里"放屁"既被用来刻画人物性格也被用来推动情节发展。比如，那位教区管事阿伯沙朗（Absolon）"他有点拘谨，连说话放屁似乎也陪着小心"。（黄杲炘译，下同）再比如，牛津大学穷书生尼古拉（Nicholas）在关键时刻放了个屁（let a fart），"这个屁厉害得像是炸雷一般"，其厉害之处在于决定了故事中主要人物的最终结局：阿伯沙朗的"双眼差一点被炸瞎"；尼古拉的屁股遭阿伯沙朗"火烫的犁刀""正中一捣"，"痛得尼古拉觉得自己会痛死"；木匠约翰因听见尼古拉"在发疯似地叫着'水'"，以为"来的是诺亚的洪水"，坐在木盆里准备逃离"第二次洪水泛滥"。他"一个字也没说就坐起身子，操起手边的斧子砍断了绳子，连人带盆哗地全掉了下去"，最终"摔得他昏了过去"，还被众人嘲笑，"大家硬是发誓说他已发了疯"。木匠的妻子艾丽森（Alison）既与尼古拉有奸情，也是同谋，这个屁也使她受了不小的惊吓。不妨说，《磨坊主的故事》里的四个人物也都"搬起石头砸了自己的脚"，受到了应有的惩罚。

约翰·奥布里（John Aubrey, 1626—1697）是英国文物研究者、传记作家，他为同时代的英国人撰写了大量既生动亲切又颇为尖刻的传记小品。奥布里有一本《小传集》（Brief Lives）传世，是根据个人观察和道听途说写成的人物小传，经人整理后于 1898 年正式出版，因叙述生动、细节新奇而为后人喜爱。《小传集》中讲了一个跟放屁有关的有趣故事，故事的主角是第十七任牛津伯爵。这位牛津伯爵在向伊丽莎白女王鞠躬致敬时不慎放了个屁，他为此深感羞惭，自行离开伦敦去了外地，七年后才回来。女王热诚地欢迎他回到皇宫，对他说："阁下，我已经忘了您放屁的事了。"（My Lord, I had forgot the fart.）可见"屁大点儿事"在牛津伯爵和伊丽莎白女王这么尊贵身份的人看来似乎也不是小事。

（发表于 2023 年第 5 期《英语学习》）

"少壮不努力,老大徒伤悲"别解

已故浙江大学郭在贻教授曾作文解释"努力"一词古义有"保重、自爱"一解,他征引了自六朝至隋唐时期诗文中的大量例子以证明"努力"为"保重、自爱"之意灼然无疑。拙文不能尽列郭文所举例子,为了行文方便,更为了让读者明白,兹抄录数例:《太平广记》卷一七引唐李复言《续玄怪录》"裴谌"条:"裴谓敬伯曰:……尘路遐远,万愁攻人,努力自爱!"文中"努力自爱"即保重自爱之意,非谓用力地自爱。"努力自爱"一说早在汉朝就有了,李陵答苏武书的最后便是"勿以为念,努力自爱"。这一点郭先生似乎没有注意到。《敦煌变文集》卷六《大目乾连冥间救母变文》:"握手丁宁须努力,回头拭泪饱相看。"这是写欲别不忍,相互叮嘱对方多加保重。杜甫《别赞上人》诗:"异县逢旧友,初忻写胸臆。天长关塞寒,岁暮饥冻逼。野风吹征衣,欲别向曛黑。马嘶思故枥,归鸟尽敛翼。古来聚散地,宿昔长荆棘。相看俱衰年,出处各努力。"白居易《送敏中归豳宁幕》:"前路加餐须努力,今宵尽醉莫推迟。"上述"努力",均为保重之意。郭先生指出:白诗的"前路加餐须努力"一句,殆由汉代佚名古诗《行行重行行》"思君令人老,岁月忽已晚。弃捐勿复道,努力加餐饭"句化出,所谓"努力加餐饭"不是"用力地多吃饭",而是保重、自爱,多吃点东西。这也说明"努力"作"保重"解早在汉代古诗里就有,不惟六朝隋唐诗文里有。郭先生还引了敦煌《张淮深变文》"归桯保重加餐饭"句进一步证明努力即保重。另外,《敦煌曲子词》里还有两个例子可以说明努力之为保重灼然无疑:《菩萨蛮》"唯念离别苦,努力登长路"。这是说一路之上要多加保重,如果按照"勉力、用力、出力"来解释,则与原词旨意相违背了。《捣练子》："君去前程但努力，不敢放慢向公婆"。这是一个女子叮嘱外出的丈夫在路途中要多加保重，不要挂念家里，她会侍奉好公婆的。

郭先生最后举了寒山子的两首诗："有酒相招饮，有肉相呼吃，黄泉前后人，少壮须努力。玉带暂时华，金钗非久饰，张翁与郑婆，一去无消息。""浩浩黄河水，东流长不息，悠悠不见清，人人寿有极。苟欲乘白云，曷由生羽翼，唯当鬓发时，行住各努力。"两诗主旨均在说明人寿有限，成仙靡由，规劝世人应当在少壮之日多加保重。如果把"努力"理解为勉力图强、致力于事功之意，那就南辕北辙了。我因此想到汉乐府《长歌行》里的"少壮不努力，老大徒伤悲"一句，这里的"努力"一直是作为"勉力"解的。但从整首诗的意境来看，跟上述寒山子两首诗不无相似之处。前半首是赞美春天（青春）的美好："阳春布德泽，万物生光辉。"后半首则害怕春去秋来，美好时光一去不复返："常恐秋节至，焜黄华叶衰。百川东到海，何时复西归？"所以，告诫世人要乘少壮之时懂得保重自爱，不然到老了就只有伤悲的份儿了。我们还可以在其他乐府诗里找到"努力"的同样用法，比如"结发为夫妻"中：努力爱春华，莫忘欢乐时；"携手上河梁"中：努力崇明德，皓首以为期。这两首诗里的"努力"也是"保重、自爱"的意思。

最后，我们来谈谈"努力"作"勉力、用力、出力"解释时，"少壮不努力，老大徒伤悲"一句的英译。在我所见的英译中，下列译文值得读者诸君参考：1. If while we're young and strong we don't strive hard, /When we're grown old, no use whining then. 2. One who in his youth does not take great pains, /When old, will but moan and regret in vain. 3. It will be too late to bewail for the time wasted in one's youth. 还有一些英语谚语，表达的意思跟中文非常接近，可供选择使用：An idle youth, a needy age. / Idly young, needy old. / A lazy youth, a lousy age. / Reckless youth makes rueful age. / A young idler, an old beggar.

(发表于 2023 年 10 月 18 日《新民晚报》"夜光杯")

关于"丫叉句法"(Chiasmus)
——读《管锥编》札记之一

早年读书,记得古人诗文中有一种特殊的句法结构。如无名氏《古诗为焦仲卿妻作》有句云:"君当作磐石,妾当作蒲苇。蒲苇纫如丝,磐石无转移。"《颜氏家训·教子》也有句云:"父子之严,不可以狎;骨肉之爱,不可以简。简则慈孝不接,狎则怠慢生焉。"《列子·仲尼篇》:"务外游,不务内观。外游者,求备于物;内观者,取足于身。取足于身,游之至也;求备于物,游之不至也。"古人诗文中的这种句子结构近乎"对偶倒置",依稀记得钱锺书先生《管锥编》里有过专门论述,具体在什么地方却怎么也想不起来了。情急之下,不顾周末休息时间,贸然发微信向著名的前辈学者、华东师大古籍研究所的刘永翔先生请教。刘先生很快予以答复:"见《管锥编》'关雎五'丫叉句法"。欣喜之余,赶紧找出《管锥编》来重读。

钱锺书先生在《管锥编》"关雎(五)"中提到了 Chiasmus,钱先生译为"丫叉句法"(《管锥编》,第 66 页)。钱先生在注释里引了德国学者海因里希·劳斯贝格(Heinrich Lausberg, 1912—1992)的著作《文学修辞手册》(*Handbuch der literarischen Rhetorik*)。在德语中,这个词是 Ueberkreuzstellung。钱先生分析《毛诗序》"是以《关雎》乐得淑女以配君子,忧在进贤,不淫其色,哀窈窕,思贤才"一句,指出:"'哀窈窕'句紧承'不淫其色'句,'思贤才'句遥承'忧在进贤'句,此古人修词一法。"随后,钱先生举了一些例子:《史记·老子、韩非列传》:"鸟吾知其能飞,鱼吾知其能游,兽吾知其能走;走者可以为罔,游者可以为纶,飞者可以为矰";谢灵运《登池上楼》:"潜虬媚幽姿,飞鸿响远音;薄霄愧云浮,棲川怍渊沉";杜甫《大历三年春自白帝城放船出瞿塘峡》:"神女峰娟妙,昭君宅有无;曲留明怨惜,梦尽失欢娱";(亦)皆先呼后应,有起必承,而应承之次序与起呼之次序适反。钱先生说的"应承之次序与起呼之次序适反"就是对Chiasmus一词下的定义。

钱先生接着说Chiasmus乃古希腊谈艺谓之"丫叉句法",在中国文学中"其例不胜举,别见《全上古文》卷论乐毅《献书报燕王》"(第66页)。在《管锥编》的第857—860页,钱先生再次给"丫叉句法"界定概念、指明特点,先引乐毅《献书报燕王》中文句:"大吕陈于元英,故鼎反于历室,齐器设于宁台,蓟丘之植,植于汶篁。"(第857页)钱先生进而指出:"此语逆承前数语;前数语皆先言齐('大吕''故鼎''齐器')而后言燕('元英''历室''宁台'),此语煞尾,遂变而首言燕('蓟丘')而次言齐('汶篁'),错综流动,《毛诗》卷论《关雎·序》所谓'丫叉法'(Chiasmus)也。"钱先生的意思是说:前三句先说齐国的实物("大吕"等),后说燕国的地方("元英"等),到了后两句出现了倒转,先说燕国的地方("蓟丘"),后说齐国的实物("汶篁")。然后,钱先生又"聊复举例,以博其趣",旁征博引,征引了大量的例子来说明"丫叉句法"的表现特点、结构类型等。

在修辞学里,Chiasmus通译为"交错配列法",是古希腊人常用的一种修辞手法,希腊文中表示字母X或交叉形状的词语。《牛津大词典》提供的释义是:

A grammatical figure by which the order of words in one of the two clauses is inverted in the other. (OED) 在两个并列句中,前后两句词语组合的顺序正好相反。

陆谷孙《英汉大词典》里举了一个例子：He went to the country, to the town went she.

查阅案头必备的几部《文学术语词典》（如 J. A. Cuddon, *The Penguin Dictionary of Literary Terms and Literary Theory*, Fourth Edition; M. H. Abrams, *A Glossary of Literary Terms*, Eighth Edition），发现英语文学中也常见这一修辞手法。比如，约翰生博士的《人生希望多空幻》(*The Vanity of Human Wishes*)：By the day the frolic, and the dance by night.（白天嬉戏，晚上跳舞。）

蒲柏的《人论》(*Essay on Man*)：His time a moment, and a point his space.（他的时间是一刻，而他的空间则是一点。）蒲柏比较喜欢使用这一修辞手法：Works without show, and without pomp presides.（工作毫不炫耀，也不受炫耀主宰。）前一句中动词位于副词短语之前，后一句中动词则位于副词短语之后。A fop their passion, but their prize a sot.（纨绔子弟是她们的热恋，但她们的收获却是酒鬼。）在这里，除句子结构外，单词长度和语音等的相似（fop, sot）也增强了交错配列的效果。除了单词的顺序倒置，短语的位置倒转也能构成交错配列，比如在叶芝的"An Irish Airman Foresees His Death"（"一位爱尔兰飞行员预见死亡"）一诗中有这样的诗句：The years to come seemed waste of breath, /A waste of breath the years behind.（未来的岁月似毫无意义，毫无意义的是以往岁月。傅浩译。）

值得一提的是，交错配列法不仅出现在诗歌中，在散文里也常见。比如在雪莱的《诗辩》中有这样的一个句子：Poetry is the record of the best and happiest moments of the happiest and best minds.（诗歌记录的是最美好、最幸福时刻的最愉快、最杰出的思想。）句中两个形容词的位置成了交错配列。

学者焦亚东教授在《〈容安馆札记〉谈艺录》（上海三联书店2021年版，第312—316页）一书的第七百八条"论'丫叉句法'"中对钱先生对"丫叉句法"的论述有详尽读解和阐发，读者可以参看。拜读了焦教授此书后，还得知钱先生在《容安馆札记》里征引了十六则文献来阐释这一修辞手法，而在《管锥编》中又增加了十余则文献，充分显示了钱先生渊博的学识和谈艺的旨趣。除了在《管锥编》里提到的德国学者海因里希·劳斯贝格的著作《文学修辞手册》，钱先生还在《容安馆札记》中提及另一位德国学者沃尔夫冈·凯塞尔（Wolfgang Kayser, 1906—1960）的著作《语言的艺术作品：文艺学引论》，焦教授为此加了一个详细的注释，并且引了该书中译本第四章"语言的形式"中的一段话："假如两个句的部分或两个句包含一个句首重复，不是平行地安排而仿佛是图画与镜中的图画，这样的安排大家就说是'对偶倒置式'。"其所举例子如西班牙诗人贡哥拉一首十四行诗，前云："呵，耸立的城墙，呵，尖塔，你们戴上／荣誉，庄严，文雅的王冠！／啊，伟大的河流，……。"后云："那么我远望的眼睛就不配／看见你的河流，你的尖塔，你的城墙，／你的平原和你的高山，呵故乡，……。"先言"城墙""尖塔""河流"，而承之以"河流""尖塔""城墙"，正好是钱锺书先生所说的"先呼后应，有起必承，而应承之次序与起呼之次序适反"的"丫叉句法"。据焦教授注释，这部中译本出自著名德国文学研究家、翻译家陈铨先生之手，上海译文出版社1984年出版。焦教授还指出，中译本误认为凯塞尔是瑞士人，姚文放在2014年7月25日出版的《中国社会科学报》上撰文《沃尔夫冈·凯塞尔是瑞士人，还是德国人》指谬。这条注释信息量很大，读后获益匪浅，也足见焦教授治学严谨，值得称道。

总而言之，中西诗文中的这种修辞手法"交错配列法"旨在"错综流动"，使句子更具表现力，句法不致呆板凝滞，于谋篇布局则更显巧妙别致。

（发表于2024年1月22日《南方周末》）

文章见报后,收到诗人、翻译家董伯韬先生微信留言:文中所引杜甫《大历三年春自白帝城放船出瞿塘峡》一诗中"神女峰娟妙,昭君宅有无;曲留明怨惜,梦尽失欢娱"的句法,明人唐元竑《杜诗捃》卷一中称之为"参差顶针法",王夫之《古诗评选》卷四则称之为"迭为承受"。感谢董先生补正,窃以为"参差顶针""迭为承受"似都比钱先生的"丫叉句法"要来得雅切,当然更比"交错配列法"典雅了。

"风马牛不相及"里的"风"究竟该怎么解释

近读《中华读书报》(2024年1月19日)上南京大学莫砺锋先生"何为学术,学术何为?"一文,莫先生说:"只要是从事严肃认真的思考与撰述,都是值得肯定的学术工作,我们必须尊重学者的学术个性。……我只看学术本身,决不顾及学者所在平台之高低,所有头衔之大小,或是有无项目经费的支撑或获奖等级的加持。"莫先生的态度极为中肯,令人感佩。莫先生接着举例提到淮阴师范学院已故的两位前辈学者于北山与周本淳,列举了两位前辈的主要学术成果,其中有周本淳先生的《读常见书札记》。莫先生说这是一本"毫不起眼的小书,但我经常翻阅,还曾向南大的研究生推荐此书,因为周先生做学问非常踏实。他学习顾亭林写《日知录》'采铜于山'的精神,一条一条地排比材料、考辨是非,几乎每一条都提出了很好的见解"。周先生撰写的这本书我恰好也认真读过,自认受益匪浅,完全赞同莫先生对此书的高度评价。比如,《读常见书札记》中有一条札记"风马牛不相及",认为自古以来对"风"字的解释莫衷一是,没有确解。周先生列出了人们习见的关于"风"的三种解释,最后他征引了马永卿《懒真子》卷四中一段逸事。马永卿先引《左传》中"风马牛不相及"的出处,并表示对《左传注疏》说"马牛之风佚,盖末界之微事,故以取喻"未甚明白;然后就此事请教了刘安世(元城先生)。元城先生回答道:"此极易解,乃丑诋之辞耳。齐楚相去,南北如此之远,虽马牛之病风者,犹不相及。今汝人也,而辄入吾地,何也?"周先生认为"刘安世此解贯通全文,且传出楚人词锋之利,似甚于前引三说"。这里把"风"训为"疯",意思是:马牛虽发疯狂走,也未能由齐及楚。这是对"风"字的第四种解释。

"风马牛不相及"最早见于《左传·僖公四年》:"(齐侯)遂伐楚,楚子使与师言曰:'君处北海,寡人处南海,唯是风马牛不相及也。不虞君之涉吾地也,何故?'"后比喻事物互不相干。这样理解没有问题,但"风"字究竟是什么意思,诚如周先生所言,学界历来有三种不同的解释。我们在一般的工具书里也能查到对"风"的不同解释。《辞源》里有"风马牛"条,给出了两种解释:一是把"风"理解为"牝牡相诱",意思是说,如果把马和牛放在一起,使它们相配,那是不可能的事,故以取喻不相干也。这一解释有些不合情理,正式的外交场合说出如此辞令,拟于不伦。二是把"风"理解为"奔逸、走失",《尚书》中有"马牛其风"之说,《尚书注疏》里解释为"因牝牡相逐而遂至放佚远去也"。意思是说:齐楚两国相去甚远,即使牛马走失,也不至于越过国界,从北海奔至南海,进入对方境内。《王力古汉语字典》采纳了第一种解释,不过加了"备考"二字。《辞海》则采纳了第二种解释,而以第一种解释为"附见"。第三种解释不见于工具书,有学者以古诗"胡马依北风"为依据,解释说马的习性是逆风而奔,牛则喜欢顺风而行,一南一北,互不相涉。这里把"风"理解为自然界之大风,这一解释似符合情理,为大家所普遍接受。

其实,周先生所赞同的"风"即"疯"字,其解释也见于上述《辞源》和《王力古汉语字典》之中,而且两部工具书提供的书证完全相同:宋张世南《游宦纪闻》十"(杨)凝式虽仕历五代,以心疾闲居,故时人目以风子"。诚如周先生所言,如果将"风马牛不相及"里的"风"理解为"疯",则整句话的意思自然顺畅,而且楚使在外交场合词锋犀利、寸步不让的形象也呼之欲出了。

我写成上述文字后,发给师友同好征求意见。《新民晚报》"夜光杯"的编辑史佳林先生读后发现了一个问题:文章中提到的两个把"风"训为"疯"的例子恰好都在宋代,极有可能这种用法在宋代前后才出现,不然宋之前的千年时间里不大可能没有人如此作解。史先生的意见很有道理。我们阅读古代经典时,切记不能"以今度古",这一点大概周本淳先生当年也没有注意到。

(发表于 2024 年 2 月 1 日《钱江晚报》"晚潮")

如何理解"百足之虫,死而不僵"

《红楼梦》第二回《冷子兴演说荣国府》:"古人有云:百足之虫,死而不僵。如今虽说不及先年那样兴盛,较之平常仕宦之家,到底气象不同。"人民文学出版社版《红楼梦》注:"百足之虫,指马陆、蜈蚣一类节肢动物。这类动物被截肢成几段后仍会活动,故称死而不僵。"从这个注释判断,"僵"字的意思是"僵死"或者"僵硬"。查《说文解字》人部:"僵,偾也。"是倒仆的意思。中华书局版《搜神记》卷六:"哀帝建平三年,零陵有树僵地,围一丈六尺,长十丈七尺。民断其本,长九尺余,皆枯。三月,树卒自立故处。"如果把这里的"僵"训为"僵死",那么后文的"自立故处"就无从解释了。所以对"百足之虫,死而不僵"的理解应该是:百足这种虫子,即使死了也不会倒下。另外,"百足之虫"不是泛指"有一百只脚的虫子",而是专指"马陆、蜈蚣"这类节肢动物。李善注《文选》曹冏《六代论》:"百足之虫,至死不僵,以扶之者众也。"引《鲁连子》:"百足之虫,断而不蹶,持之者众也。"这显然也是把"僵"解为"蹶",而"蹶"的意思是"跌倒"。值得一提的是,据李时珍的《本草纲目·马陆》记载:弘景曰"此虫甚多,寸寸断之,亦便寸行。故《鲁连子》云'百足之虫,死而不僵'"。陶弘景虽错引了《鲁连子》,但对"百足之虫,死而不僵"的意思并没有理解错。《史记·苏秦列传》:"详僵而弃酒,"《汉书·眭弘传》:"僵柳复起。"其中的"僵"字都是"倒下""倒伏"的意思。

曹雪芹在《红楼梦》里还借人物探春之口再次引述过这句话,详见第七十四回:

可知这样大族人家，若从外头杀来，一时是杀不死的。这可是古人说的，"百足之虫，死而不僵"，必须先从家里自杀自灭起来，才能一败涂地呢！

我查阅了英国汉学家、《红楼梦》译者大卫·霍克思（David Hawkes）的译文，发现他对这句话的理解有误，可以说完全有违原意。他把"百足之虫"译为"有一千条腿的野兽"（the beast with a thousand legs），把"僵"理解为"僵死"（dying）。而同样是杨宪益和戴乃迭夫妇的英译，相比于霍克斯的英译而言，在对原文的理解上往往有胜出之处。杨氏夫妇对"百足之虫，死而不僵"的理解就完全正确："僵"是"倒伏在地"之意。（A centipede even when dead won't fall to the ground.）

（发表于2024年4月27日《钱江晚报》"晚潮"）

"姊妹"与"姐妹"

我曾在《夜光杯》上写过一篇《"兄弟"一词有多义》的小文章,文中提及古时甚至有称"姊妹"为"兄弟"的,所举的例子是《孟子·万章上》:"弥子之妻与子路之妻,兄弟也。"当时因找不到更多的例子,以为称"姊妹"为"兄弟"这一用法极为少见。最近读袁庭栋先生所著《古人称谓》,袁先生提供了另一个例子:《明史·费宏传》中"宏从弟编修寀,其妻与濠妻兄弟也"。袁先生特别告诫说:"这种用法虽然很少见,但我们也应当知道,以免误解。"袁先生说得极是。

与兄弟一样,姊妹之称,也是古今皆同。《尔雅·释亲》里说:"男子先生为兄,后生为弟",这是对兄弟的解释;还说:"男子谓女子先生为姊,后生为妹",意思是男子称比自己先生的女子为姊,称比自己后生的女子为妹,这固然没错,但容易造成误解。其实,在先秦时期,女子也可称比自己先生的女子为姊,比自己后生的女子为妹,这在《诗经》里可以找到例子:《诗经·邶风·泉水》中"问我诸姑,遂及伯姊"。郝懿行在《尔雅义疏》里指出《尔雅·释亲》对"姊妹"的解释不当:"女子亦谓女子先生为姊,《尔雅》略举一边耳。"与兄弟称呼不同的是,今天我们更多的是以"姐妹"用来称呼"姊妹"。袁先生指出,以"姐"代"姊",早在唐代就有,如李白《寄东鲁二稚子》:"小儿名伯禽,与姐亦齐肩。"到了宋代,这种用法已经很普遍,吴曾《能改斋漫录》里就说:"近世多以女兄为姐。"但在古代,"姐"在称谓中不仅有"姊"的含义,在有的地方还可以用来称呼"母",《说文解字》中"姐"条:"蜀谓母曰姐。"

最近,我突然想到,其实在我家乡浙江东阳,"姊妹"或"姐妹"也是可以用来称呼"兄弟"的。从发音来看,东阳方言(属吴方言之一种）似更倾向于称呼"姊妹"；在用法上，"姊妹"可以包含"兄弟"在内。比如，"我家姊妹四个"的意思既可以是"我家有四个姐姐妹妹"也可以是"我家有四个兄弟姐妹"。所以，在东阳方言里，如果有人问你："姊妹几个？"通常是包括"兄弟"在内的；如果问你"弟兄（哥弟）几个"则不包括"姊妹"在内了。我感兴趣的是，现如今"姊妹"（包括"兄弟"在内）的这种用法，不知使用范围有多广？除了东阳，现在还有哪些地方的人还在使用这种称谓？就这个问题，我曾分别请教过来自山东、山西、河南等中原地区，甘肃、宁夏等西北地区，还有浙江温州、绍兴地区的同事和朋友，他们都说当地有这种用法。

还有一种说法是，"姊妹"可以包括"兄弟"在内，但"姐妹"则不可以。这一说法不知是否成立。苦于在古代文献中找不到例子，特求教于大方之家，幸有以教我。

（发表于 2024 年 4 月 30 日《新民晚报》"夜光杯"）

"羽扇纶巾"究竟指的是谁

苏轼《念奴娇·赤壁怀古》一词千古流传，是一首绝妙好词，稍有文化的中国人都对之耳熟能详。近来在手机短视频中看到有人指出，在这首词的版本流传过程中出现了多处文字和断句上的差异，也因此造成理解上的不同。比如，在文字上的差异："乱石穿空""惊涛拍岸""谈笑间""樯橹"在有的版本里是"乱石崩云""惊涛裂岸""谈笑处""强虏"；断句的差异："故垒西边，人道是三国周郎赤壁""羽扇纶巾，谈笑间樯橹灰飞烟灭"在有的版本里是"故垒西边人道是，三国周郎赤壁""羽扇纶巾谈笑间，樯橹灰飞烟灭"，还有的版本把"小乔初嫁了，雄姿英发"断为"小乔初嫁，了雄姿英发"，"多情应笑我，早生华发"断为"多情应笑，我早生华发"等等。

在文字上，"穿空"和"崩云"，"拍岸"和"裂岸"，"谈笑间"和"谈笑处"，就意义和气势而言差别不大，我以为不必深究。"樯橹"和"强虏"则全然不同，一为物一为人，从后文"灰飞烟灭"视之，应以"樯橹"为是。

关于断句，有人认为虽然词调已定下每句字数，但为了抒情达意的需要，在不改变字数的前提下，断句可以适当挪动位置，这是"词家一法"。清代词评家王又华在《古今词论》中引用毛稚黄词论云："东坡'大江东去'词'故垒西边，人道是三国周郎赤壁'，论调则当于'是'字读断，论意则当于'边'字读断。'小乔初嫁了，雄姿英发'，论调则'了'字当属下句，论意则'了'字当属上句。'多情应笑我，早生华发'，'我'字亦然。……"毛稚黄还举了苏词其他例子，然后说："文自为文，歌自为歌，然歌不碍文，文不碍歌，是坡公雄才自放处。他家间亦有之，亦词家一法。"当代著名词学家吴世昌先生也认为"了"字当属下句，叶嘉莹先生则认为应该断成"故垒西边人道是"，她也认为在词调格律上应该这样断句，并且认为这是一种"顿挫的美"，凡是韵文都有顿挫和节奏，有的时候顿挫节奏和文法上的结构是合一的，有的时候顿挫上的停顿跟文法上的停顿不需要完全合一（参看叶嘉莹《唐宋词十七讲》）。

本文关注的问题是："羽扇纶巾"到底指的是谁？一般都认为是指周瑜。比如，上海辞书出版社《宋词鉴赏词典》里就说："'雄姿英发，羽扇纶巾'是从肖像仪态上描写周瑜束装儒雅，风度翩翩。纶巾，青丝带头巾，'葛巾毛扇'，是三国以来儒将常有的打扮，着力刻画其仪容装束，正反映出作为指挥官的周瑜临战潇洒从容，说明他对这次战争早已成竹在胸、稳操胜券。"叶嘉莹先生也认为："写周瑜当年儒将风流的姿态是'羽扇纶巾'，按现在我们的印象，以为诸葛亮才是拿着一把羽毛扇。其实，拿着羽毛扇在魏晋之间而言，一些儒将风流的人常常都是如此的。就是说，指挥作战带兵的将军，不只是勇武的将军而已，而且是读书的儒将。"叶先生还引了《晋书》里的《顾荣传》和《谢万传》来说明"羽扇""纶巾"为当时儒将之装束。还有论者从前后语气上判断，"遥想公瑾当年"一气贯注，应该指的是周瑜，若指诸葛亮则割断了文气。

周本淳先生在《读常见书札记》一书中对上述观点做了反驳。他认为"羽扇纶巾"指的是诸葛亮，理由如下：史传特写大将服装，意在明其风度，必表其特异者，如诸葛亮羽扇纶巾、羊叔子轻裘缓带。若将皆如此，则不烦浪费笔墨矣。周先生征引史籍《语林》和《蜀志》等，描写诸葛亮均用"葛巾羽扇"或"巾葛毛扇"，无一例外。还引苏轼本人的诗"书生古亦有战阵，葛羽巾扇挥三军"为证。此诗标题《犍为王氏书楼》，犍为为蜀地，此处非诸葛亮莫属。至于以"羽扇纶巾"属之诸葛则割断文气，且与上文"三国周郎赤壁"不合，周先生首先指出：按诸词律，"羽扇纶巾谈笑处"七字为句，不当于"巾"字断句。因音律需要，此处省去介词"与"，补足句意则是周瑜"与"诸葛亮在谈笑之间即成就破曹大业。我也以周先生的理解为是，而且，这里的"谈笑处"是"谈笑时"之意，"处"与"时"互文，表时间之意，古诗文中常见，无需赘言。其次，上文有"一时多少豪杰"，此处因周瑜而附及诸葛，既非割断文气，且与"多少豪杰"有照应，"雄姿英发"强调周瑜之英武，"羽扇纶巾"形容诸葛之潇洒，二人相映成趣。如若属之一人，则"雄姿英发"与"羽扇纶巾"势难相协调也。我认同周先生"一时多少豪杰"非指周瑜一人、诸葛亮也在其中之说，但对其"雄姿英发"和"羽扇纶巾"不能属之一人的说法不敢苟同，前述所谓的"儒将"即是。

我以为，周先生的两条反驳意见均切中肯綮，言之有理，不妨作为我们阅读和理解苏轼这首词的参考。如此，也契合古人所谓"诗无达诂"的意思。

（发表于2024年6月3日《钱江晚报》"晚潮"）

"鞋者谐也"

——读《管锥编》札记之二

钱锺书《管锥编》"太平广记·三六卷八五"一则讲"鞋者谐也",读来颇有意思。《太平广记·稽神录·华阴店妪》:杨彦伯将行,失其所着鞋,诘责甚喧,妪曰:"此即神告也;夫将行而失其鞋,是事皆不谐矣!"钱先生指出:鞋者谐也,此唐人俗语,唐诗中屡见。他列举了王涣《惆怅诗》:"薄幸檀郎断芳信,惊嗟犹梦合欢鞋";白居易《感情》:"中庭晒服玩,忽见故乡履;昔赠我者谁,东邻婵娟子。因思赠时语,特用终结始:'永愿如履綦,双行复双止'";李商隐《戏题枢言草阁》:"逮(钱先生写作"及")今两携手,对若床下鞋";陆龟蒙《风人诗》:"旦旦思双屦(钱先生误为"履"),明时愿早谐"。钱先生还引张云璈《四寸学》卷一:今俗新婚之夕,取新妇鞋,以帕包裹,夫妇交递之,名曰"和谐";《中华古今注》卷中:凡娶妇之家,先下丝麻鞋一两,取和谐之义。

"鞋"这个字最早何时出现在古代典籍中呢?通过语料库搜索发现,西汉刘安所著《淮南子·齐俗训》"不亟于为文句疏短之鞋"似乎是"鞋"字最早见于文献记载。东汉许慎的《说文解字》里"鞋"作"鞵",对"鞵"的解释是"生革鞮也",段玉裁注认为"鞮"泛指一般的鞋。南北朝时期的学者颜之推著《颜氏家训·治家》里有"麻鞋一屋,弊衣数库"之说,说的是邺下有一个将军,贪得无厌,家里积蓄甚多。后来这个将军因犯罪被法办,没收其家产时,发现光麻鞋就收藏了整整一屋子,破旧衣服堆满了几个仓库。"鞋"字在唐诗中就大量出现了,例子之多不胜枚举,钱先生说"唐诗中屡见",不谬。

我们都知道"鞋"在古代典籍里还有"屦"和"履"的用法。《说文解字》段注里说明了"屦""履"和"鞵（鞋）"的历时变化："古曰屦，今曰履；古曰履，今曰鞵。名之随时不同者也。""屦""履""鞋（鞵）"三者是同一物，时代不同，名称亦异。另据东晋时的重臣蔡谟说："今时所谓履者，自汉以前皆名屦。《左传》屦贱踊贵，不言履贱；《礼记》户外有二屦，不言二履。贾谊曰冠虽敝不以苴履，亦不言苴履。《诗》曰纠纠葛屦，可以履霜。"蔡谟所说甚是。《孟子·滕文公上》："皆衣褐捆屦织席以为食。"王力先生《古汉语字典》里说：《易》《诗》《礼》《春秋传》《孟子》皆言屦不言履，周末诸子、汉人书乃言履。不难看出，"屦"最早出现，"履"后出，"鞋（鞵）"最晚出。

从古籍文献看，"屦"只用作名词，"履"除了用作名词外，尚可用作动词，作"践"解。《易》和《诗》中"履"一共出现三次，都是"践"的意思。上引"纠纠葛屦，可以履霜"是其中一例，还有《诗·小雅·小旻》："战战兢兢，如临深渊，如履薄冰。"另外，《庄子·山木》："衣弊履穿，贫也，非惫也"；《史记·留侯世家》"良（张良）业为取履，因长跪履之"中两处"履"引申为动词：穿鞋。"履"作名词用还有一个引申义"领土"：《左传·僖公四年》"赐我先君履"，杜预注"所践履之界"。

最后说说"靴"。"靴"字不见于《说文解字》，《隋书·礼仪志七》："靴，胡履也，取便于事，施于戎服。"可见，"靴"为古代少数民族人所穿。在古代典籍中"靴"字的出现应该更晚些，不会早于"鞋"字。六朝贾思勰的《齐民要术·煮胶法》中有"靴底"用以煮胶的说法；白居易《东城晚归》诗："晚入东城谁识我，短靴低帽白蕉衫。"说明唐朝时汉人已经开始穿靴了。钱先生《管锥编》中说：鞋为吉，以字音也；靴为凶，则以字形。"以字音"指的是：鞋者谐也。"以字形"，钱先生引用了《北齐书·徐之才传》里徐之才的说法：

"靴"者,"革"傍"化",宁是久物?徐说当然是开玩笑,所以钱先生说他"此复毫厘千里也"。

(发表于2024年7月11日《钱江晚报》"晚潮")

爱德华·吉本是怎么学习外语的

读《吉本自传》(*Memoirs of My Life*)，在 Residence in Switzerland 一章中，吉本写道："在我留居瑞士洛桑的最后三年里，可以说我是认真踏实求学而取得成绩的；不过我总想特别认定1755年的后八个月是我异常用功和飞速进步的一段时间。"（戴子钦译《吉本自传》，生活·读书·新知三联书店，第61页）接着他介绍了一种非常好的学习外语的方法，练习法文与拉丁文的互译。到1755年3月，他在洛桑已经待了有20个月时间，住在他父亲的朋友家里，生活需要迫使他听法语和讲法语。经过几个月的努力，他的法语水平得以迅速提高。"我用不断重复同一语音的方法练好读音；我尽力记住各种各样的单词和习语、语法规则以及词性区别。通过练习，获得从容与流利；通过苦功，获得正确与雅致。因此到我被召回英国之前，我已能自然地用法语进行思维，对于听、讲、写法语，都比英语更熟悉了。"（同上，第57页）(In Pavilliard's family, necessity compelled me to listen and to speak, and if I was at first disheartened by the apparent slowness, in a few months I was astonished by the rapidity of my progress. My pronunciation was formed by the constant repetition of the same sounds; the variety of words and idioms, the rules of grammar, and distinctions of genders, were impressed in my memory. Ease and freedom were obtained by practice; correctness and elegance by labor; and before I was recalled home, French, in which I spontaneously thought, was more familiar than English to my ear, my tongue, and my pen.) 难怪有学者指出吉本的不朽巨著《罗马帝国衰亡史》语言受法语影响至巨。为了学好拉丁文，吉本采用了法文与拉丁文互译的方法，这种方法也有助于提高翻译水平。

吉本写道："由于我自己的成功，我愿意介绍这个方法供学习外文的人仿效。我选了某些古典作家，如西塞罗和韦尔托（17至18世纪法国历史学家），其文笔的纯净与优美，是最为世人所赞赏的。比方说，我拿西塞罗的一封信译成法文；译后将它放在一旁，等到我把原文的词句全都忘记了，再将我的法文译本尽我所能译成拉丁文。于是拿我的蹩脚译文同这位罗马演说家的平易、文雅、恰当的句子逐句对照。我也取韦尔托《罗马共和国变革史》的几页作了同样的试验。我将这几页的法文译成拉丁文，过了一段相当长的时间，返译成我自己的法文，再拿译本与原文细细比观其同异。我逐渐地减少羞愧，逐渐地对自己增添满意。我坚持这种来回翻译的练习，写满好几本练习簿，直到我懂得了两种语言的用法特点，并且掌握了至少一种正确的文体。"（In my French and Latin translations I adopted an excellent method, which from my own success I would recommend to the imitation of students. I chose some classic writer such as Cicero and Vertot, the most approved for purity and elegance of style. I translated, for instance, an epistle of Cicero into French; and after throwing it aside, till the words and phrases were obliterated from my memory, I re-translated my French into such Latin as I could find, and then compared each sentence of my imperfect version, with the ease, the grace, the propriety of the Roman orator. A similar experiment was made on some pages of *the Revolutions of Vertot*; I turned them into Latin, re-turned them after a sufficient interval into my own French, and again scrutinized the resemblance or dissimilitude of the copy and the original. By degrees I was less ashamed, by degrees I was more satisfied with myself; and I persevered in the practice of these double translations, which filled several books, till I had acquired the knowledge of both idioms, and the command at least of a correct style.）

犹记得翻译家思果先生在其《翻译研究》一书中也提及过他的翻译经验：将霍克思翻译的《红楼梦》倒译回去，然后拿自己的中文翻译跟曹雪芹的原文对比，会发现自己的中文与曹雪芹之间的差距。

文学拾英

《婚变》译后记

2003年，杰弗里·尤金尼德斯凭借其小说《中性》获得了包括普利策奖在内的三项文学大奖，一时声誉鹊起，成了美国当代风头甚健的知名作家。尤金尼德斯出生在密歇根州的底特律。《中性》获得诸多奖项后，当地的报纸这样评论道："底特律终于有了属于自己的伟大小说了。都柏林因为詹姆斯·乔伊斯而闻名……底特律也因在此土生土长的尤金尼德斯而闻名。"2011年，尤金尼德斯又向世人推出了他精心创作的《婚变》一书。小说一经发表就赢得了如潮好评，《纽约时报》《洛杉矶时报》《底特律自由新闻报》等纷纷发表书评，认为这是"融现实主义、现代主义和后现代主义创作风格于一炉"的长篇佳构。小说引发读者思考一个看似简单实则深刻的问题：爱情和婚姻仍然是现代小说的主题吗？现实生活如何诠释爱情和婚姻？

小说讲述了三名布朗大学学生毕业前后所经历的波折与迷惘。"婚变"本是女主角英语专业的马德琳·汉纳的论文主题。她在论文中阐述婚姻情节对于传统小说的重要意义，而现实中的她却也陷入婚恋的困境无法自拔。美丽的马德琳与才智过人的伦纳德·班克黑德尽管出身和个性截然不同，但依然是一对令人羡慕的校园情侣。孰料伦纳德由于家庭遗传及破损的童年而患有躁狂抑郁症，两人的感情因此蒙上阴影。出生于东部中上阶层家庭的马德琳，父亲是退休的大学校长，做任何事情都周密思量、按部就班，母亲永远衣着谈吐考究而不免刻意，行事冷静而城府颇深。马德琳继承了汉纳家特有的理性，无处不求清洁与秩序，并本能地远离情绪不稳定的人。因此，爱上患有精神疾病的伦纳德令她自感无奈。她既痛苦绝望又割舍不下，甚至一度为此放弃了对未来的思考和努力。毕业前后的马德琳面临能否自立的严峻考验。一方面,马德琳在父母的羽翼下长大,生性柔顺,不可能像叛逆的姐姐阿尔文那样事事出格,但耳濡目染20世纪60至70年代的女权运动氛围,其内心仍渴望独立。她原想摆脱父母的管束,在毕业后与恋人生活,可是伦纳德的疾病使她既无法拒绝父母的帮助,又难以避免与他们的争执。另一方面,马德琳的学术之路同样迷雾重重。在八十年代初流行解构与符号的美国大学校园,马德琳却不合时宜地酷爱英国维多利亚时期的文学。她曾试图赶上潮流,选修了一门符号学课,却总是被言必称罗兰·巴特、德里达的同学轰得哑口无言,也没能从教授那里学到这门"显学"的精要(连这位教授都是从新批评阵营倒戈的)。身处以父母为主导的家庭之中、以男友为主导的恋情之中、以流行理论为主导的学术圈之中,马德琳的自我又在哪里?理智的个性与不理智的感情,对独立的渴望与对自我的茫然,两相纠缠,令马德琳迷惘。

伦纳德在波特兰一幢出过谋杀血案的房子里长大。父亲是个失败的古董画商,后来抛妻弃子,与情人私奔。长年酗酒的母亲便将对丈夫的恨投射到年幼的伦纳德身上。伦纳德在高中时即显现躁狂症状,却也因此更加精力旺盛、思维敏捷,并以优异成绩被常春藤大学录取。仿佛是为了弥补童年期的亲情缺失,也因其风趣机智、自信活泼的个人魅力,大学期间的伦纳德广交朋友,尤其异性缘极佳,但他从未真正走出孤独。当他在符号学课上认识并爱上马德琳,却下意识地不敢完全接纳对方,甚至对她的表白横加嘲讽,迫使向来顺从的马德琳愤然离开,而他自己也终于抑郁症爆发。短期住院治疗之后,伦纳德如愿进入知名生物学家云集的科德角朝圣者湖实验室,同时也赢回了得知他病情的马德琳,两人一同开始新生活。然而等待伦纳德的并不是作为青年才俊的锦绣前程。药物的副作用损害了他的头脑和身心,折磨着他与马德琳的感情。此外,他还不得不面对马德琳父母的质疑和反对。伦纳德决定走一步险棋,开始在自己身上做起了实验。他擅自减少医生处方剂量,详细记录每日状态,据此调整用药量,自以为能够找到一个最大幅度降低副作用之害而又最高限度发挥躁狂症"优势"的方案。这孤注一掷的行动初见成效,马德琳为伦纳德的"康复"而欣喜,并接受了他的求婚。但就在两人蜜月期间,伦纳德再次精神崩溃,为自己的狂妄付出了代价。伦纳德对马德琳的感情与他的病史一样充满曲折,最初的强势表象掩盖的是他对接受爱的无能为力,发病尤其服药之后,他失去了往日的魅力与自信。对于不离不弃的马德琳,他自惭形秽,爱的天平偏转,但依然无法平衡。他的抗争虽使形势似有转机,不过仍以失败告终,两人的短暂婚姻也随之失效。伦纳德是天才与病人的结合体,他的过人才智既是天赋也是病症。疾病既将他推向成功,又将他抛向失败,既是他无法战胜的强敌,又是他自身的一部分——这就是伦纳德的困境。

  经典的婚姻情节不会没有第二个追求者,这里的第二个追求者是宗教专业学生米切尔·格拉马迪克斯。米切尔从第一眼看见马德琳起便对她一往情深,不过大学四年间始终未能得到芳心。毕业正逢经济不景气,尽管米切尔对宗教的认识深刻而独到,为教授所器重甚至为情敌伦纳德所钦佩,但宗教研究的学位却无法帮助他找到合适的工作。于是他和室友拉里·普莱希特毕业后便结伴远行,先赴欧洲开眼界,然后到物价低廉的印度,希望能等经济萧条过去之后再回国。熟读宗教典籍的米切尔已不满足于学术上的探索,开始尝试像那些圣贤一样以自己的灵魂接近上帝,因此他将这段旅行视为"朝圣之旅",而事实上他的确经历了出乎预想的心灵磨砺。刚一离开象牙塔,米切尔便感受到现实世界的冷峻:暑假里在老家底特律开夜班出租车,在饭馆打杂端盘子以积攒旅费;在巴黎,为了省钱,和陌生人同居一室,饿着肚子在街头游荡,最后只好躲进免费博物馆;在加尔各答特蕾莎修女的垂死者之家做了三个星期的志愿者,为病入膏肓者清洁身体……但这些"磨难"似乎并未使米切尔的宗教体验有令人惊喜的提升。即便是在垂死者之家中,那一具具污秽而了无生气的病弱之躯也并未使他感觉自己离基督的精神更近了,尽管他懂得特蕾莎修女的教导,所谓"那些残缺不全、疾病缠绵的身体,就是基督的身体,每一具都拥有内在的神性";尽管他敬佩另一名志愿者的热忱,此人放弃了在美国的事业,举家来到印度帮助穷苦人。而米切尔的"朝圣之旅"另有一个障碍,即他的情欲。刚到巴黎,他就因为不由自主被街头的性感女郎吸引而遭到拉里的女友克莱尔嘲笑。克莱尔先是搬用女权主义理论与米切尔辩论宗教的含义,后又指责他歧视女性、将女性"物化"。但米切尔的情欲实则是对女性尤其是对马德琳的爱慕。他明知"觉悟来自欲望的泯灭",然而他对于宗教义理的把握、对于宗教之于人类困境的认识都是智性上的,他并未能克服最为感性的阻碍。终于,米切尔的精神之旅以一个极具讽刺意味的场景结束——他终于无法忍受垂死者之家中病人的污秽及毫无尊严的处境,仓皇逃走。

米切尔游历近一年之后回到纽约,在一次聚会上遇到伦纳德、马德琳夫妇。出乎他意料的是,伦纳德主动与他聊起自己的一次超自然体验,并暗示已做好准备投入宗教。当夜伦纳德即出走,米切尔陪同伤心欲绝的马德琳回到新泽西家中。他在马德琳家附近找到一座教友派礼拜堂,便经常参加他们的集会,企图在默思中获得上帝的启示,但每次都无法摈弃杂念。他一直幻想能最终获得马德琳的爱情,以为这次终于可以取代伦纳德的地位。就在他自以为赢得马德琳的时候,他在教友派的集会上真的听到了内心的声音。但那不是上帝的启示,而是直觉在告诉他,马德琳只是将他当作迷茫之际的慰藉,只是为了坚定自己斩断过去的决心。

大学毕业一年之后,三个历经坎坷的年轻人不得不重新面对人生的选择。返回波特兰老家隐居的伦纳德能否走出躁郁症的阴影?进入哥伦比亚大学读研究生的马德琳能否逆潮流继续学术之路?意识到自己局限的米切尔能否在精神追求中找到新的方向?当传统小说在主角步入婚姻殿堂之时便圆满结束，这部小说则是在主角走出婚姻与爱情之时戛然而止，留给读者一连串问号。

然而作者并不止于讲述三个年轻人的成长故事，而是以主人公的足迹串联起20世纪60到80年代美国社会的许多层面，甚至将欧洲与印度也纳入美国人精神状况的背景板。常春藤大学的学子，热衷于以全新理论解构文学与宗教经典，在抛弃上一代人的价值观之际又没有找到新的精神指引；中上阶层优越感十足，但60年代以来的女权主义运动仍未能使中上阶层的女性摆脱对自我身份的困扰；公立医院的精神病患，挣扎于社会底层，徒劳地在宗教或者毒品、酒精中寻求出路；传统工业城市，潦倒的失业者为经济萧条而忧心忡忡；印度及东南亚各地，欧美人纷至沓来，既为躲避经济不景气的冲击，同时试图在东方宗教中寻找心灵寄托……广阔的视野与丰富的细节，使这个关于爱情与婚姻的故事折射出一个时代的面貌。

《婚变》所包含的也许尚不止这些。古人云诗无达诂，对一部意蕴极为丰富的小说的解读必然也是仁者见仁智者见智的。就翻译本身而言，不同的译者也会呈现不同的译本，因为译者本人就是读者之一。以上，权当是译余废墨吧！

（此文为上海译文出版社2016年版《婚变》译后记，收入本集时略有改动）

尼采《查拉图斯特拉如是说》英译本导读

1844年10月15日,德国伟大的哲学家、诗人弗里德里希·威廉·尼采出生于普鲁士一个虔诚的基督教牧师家庭。他的父亲是路德派的牧师,家庭成员中除父母外还有祖母、两个姑妈和一个妹妹。尼采在自传《看,这个人》中曾说:"我的祖先是波兰贵族,我的血液中因而有着多种民族性。"1849年父亲因病去世,给年幼的尼采以沉重的打击,他的生活再也难以平静。这或许是他后来过着四处漂泊生活,成为一个无根的世界主义者的主要原因。

尼采七岁时进入一所私立学校就读。他在学校里学习拉丁语、希腊语,还学习宗教、射箭术。尼采在学校期间还开始了其创作生涯,创作了五十五首诗歌和一部短剧。这充分体现了他的早熟和异于常人的天赋。

翌年入多恩预科学校,尼采有机会接触到了歌德的作品,领略了优秀德文作品的诗韵之美;同时接触到了一些音乐作品,培养起了对音乐的兴趣和爱好。在校三年里,他对音乐、诗歌和书画的兴趣不断加深。

1861年,尼采开始对北欧古代英雄史诗产生深厚兴趣,并深深喜欢上了席勒、荷尔德林、拜伦和莎士比亚等人的作品。从这一年开始,尼采对上帝的存在、灵魂的不朽、圣经的权威等产生了怀疑。他甚至对基督教产生了初步的怀疑,并试图对之进行深入研究。尼采对人类的生活状况也表示了不满。他认为:"所有以前的哲学都像是古巴比伦人建造的通天塔:所有努力的目标总是想直接升入天堂或想在地上建造天堂。"

1864年,尼采从普夫达寄宿学校毕业。他对宗教、语言、历史、地理和自然科学等都表现了极大的兴趣。但他在自传简史中写道："为了未来的求学我给自己提出了一个明确的原则：抑制自己兴趣广泛但却一知半解的倾向，培养自己对某一专业的兴趣并且探寻它最深奥的秘密。"在选择未来专业方向时，尼采决定放弃从事艺术的想法而立志钻研语言学。与此同时，尼采决定致力于古典学的研究。他认为德国戏剧起源于史诗，而希腊戏剧则发源于抒情诗并且含有音乐的因素。这个认识在后来他的第一部著作《悲剧的诞生》中得到了深入的发展。1864年10月，尼采入波恩大学攻读哲学和神学，但次年便离开了波恩大学。他随即进入莱比锡大学。尼采在此期间倾心于叔本华哲学和瓦格纳音乐，他如饥似渴地阅读叔本华刚出版不久的著作《意志和表象的世界》。瓦格纳是尼采心中仅次于叔本华的受崇拜者。他认为"正如叔本华是自柏拉图以来最伟大的哲学家那样，瓦格纳代表了现代音乐发展的最高峰"。令人觉得有趣然而同时又感到遗憾的是，二十年后尼采却称瓦格纳为"狡猾的响尾蛇""典型的颓废者"，到最后与之彻底决裂。《悲剧的诞生》是尼采深受叔本华意志哲学和瓦格纳音乐影响的一部巨著。

1870至1871年间，尼采的身体状况一直不佳，但他克服多种疾病的折磨，致力于《悲剧的诞生》的撰写。他边疗养边创作，《悲剧的诞生》终于在1872年1月正式面世。尼采在其自传中说："这本书最先说明希腊人如何处理悲观主义，如何克服悲观主义。"尼采的朋友们对《悲剧的诞生》一书评价甚高，称这部著作是"哲学艺术批评"的力作，"从哲学上丰富了美学"。对此尼采感到很高兴。

1877年，尼采开始构思其第二部著作《人性的，太人性的》，同时也开始对他向来崇拜的叔本华产生了疑问，并开始摆脱叔本华的哲学。在这部著作中，尼采表述了以下主要观点：他认为世界上不存在绝对的价值，没有超然的真理标准与圣戒，超人的本性之间没有绝对的对立；善与恶都是在人类出现后才存在的，并且是在相互的对立依存中发展的；只有实行道德约束，人们才能摆脱邪恶与冷酷。在《人性的，太人性的》一书的第二卷中，尼采批判了叔本华的唯意志论，指出叔本华认为自然界的各种物质元素也都会有意志力并且是趋向同一的意志力是十分荒谬的。尼采还提出了他对欧洲浪漫主义和古典文化的看法。在该书的第三卷中，尼采指出了浪漫主义和古典主义的差别，前者从时代的弱点中汲取了自己的力量，而后者产生于自己时代的力量。尼采还论述了善与恶的对立和矛盾。这期间，尼采的健康状况不断恶化，一直生活在受疾病折磨的痛苦中。

1882年，尼采完成了《愉快的智慧》一书，书中集中探讨了关于疯狂的问题。他说："高贵与疯狂看来是十分接近的，因为它能使人预见无法用现实的标准来衡量的那些价值。"在该书的第三部分，尼采以寓言的方式，借狂人之口宣告"上帝已死"。

1883年，尼采开始撰写《查拉图斯特拉如是说》（中文译本也有称为《苏鲁支语录》的）第一卷。《查拉图斯特拉如是说》是尼采所有著述中最受读者喜爱的作品，但尼采本人并没有亲眼目睹其获得巨大成功。该书的前三卷分别花了十天左右的时间完成，于1883年和1884年由施迈茨纳出版社出版，但销量极为有限。第四卷写完后找不到出版社出版，尼采只得自费交由莱比锡的一家出版社出版，只印了40册，作为礼物分送给了几位挚友。1885年，该书第四卷的撰写告竣，可直到1891年，包括第四卷在内的足本《查拉图斯特拉如是说》才得以出版，其时尼采已经因多年疾病缠身而开始精神失常，对后来发生的事情无从知晓也不复有记忆。家人害怕该书因亵渎罪而被没收，但最终这样的事没有发生。这部书是尼采借查拉图斯特拉之口阐述了自己的哲学思想，但不像一般的哲学著作那样枯燥乏味，是用文学的语言写成的散文诗，颇具文学价值。在谈及这部书的创作起因时，尼采曾经在《看这个人》中写道："这部作品的基本构想是永远回归思想。构想出现在1881年8月间的一天。那天我在希尔瓦普拉纳湖畔的森林中散步,距离苏莱村不远有一块巨石,这块巨石犹如金字塔般耸立着。我驻足其边,脑海里萌发了这个思想。如果从那天算起,一直到分娩期的1883年2月,《查拉图斯特拉如是说》的妊娠期应该是18个月。"在《查拉图斯特拉如是说》一书中,尼采塑造了一位反基督形象的查拉图斯特拉(生活于约前七至前六世纪),这个形象以一个新价值的创造者的面貌出现。他宣传这个人的自我超越,并预言将来人们可以不要上帝的帮助便能实现自我与人性。在不到一年的时间里,尼采的创作激情空前高涨,非常顺利地完成了该书的第二、三卷。他自己说,这部书迸发了几十年来所积聚的力量。他自诩,通过这部书,他已经把德国语言带到了最高境界。"我猜想,我以这部《查拉图斯特拉如是说》使德语达到了完善的地步。"他尤其欣赏第二卷中《夜歌》的语言之美,自称本歌为"旷古之最孤独之歌"。确实,有不少论者认为,《夜歌》是德语作品中的翘楚之作。在尼采的所有著作中,《查拉图斯特拉如是说》可以说是最有代表性的一种,影响也最大,在世界上流传甚广,自然也不是容易读的书。西方学者一直认为这部书是世界文学史上的杰作之一。

全书的内容大致如下:第一卷写到查拉图斯特拉在山上过了10年隐居生活,到了40岁时决定下山,到群众中去传布自己的思想。他在森林里遇到了一位年长的圣人,圣人劝他放弃去群众中布道,也不要喜欢群众,而是应该待在森林里赞美上帝。他随后来到森林外的市镇,向群众讲述超人,可是群众都不理解他所讲的内容。他看到一个走钢索的人受到一个小丑的胁迫摔死了。他把尸体带走,埋在一棵空心树里。查拉图斯特拉以施与者的身份向他的弟子们传道说教,最后他要求众弟子去寻求真正的自我,他与众人分别。

第二卷写回到山上的查拉图斯特拉梦见自己的教义在人世间遭到歪曲,他不得不再次下山,到他的朋友和仇敌那里去,去拯救众弟子于水火之中。于是,他来到幸福小岛(the Happy Isles)上传道说教。他在岛上遇到了"同情者"(the Pitiful)、"教士们"(the Priests)、"有德行的人"(the Virtuous)、"贱民"(the Rabble)、"著名的智者"(the Famous Wise Ones)、"高尚的人"(the Sublime Ones)、"学者"(Scholars)、"诗人"(Poets)、"预言家"(the Soothsayer),他对这些人进行了无情的批判。他心中产生了永远回归的思想,无声的声音(without voice)希望他说出这一思想,但是他觉得自己力量尚不够强大。最后,无声的声音只好失望地对他说:"哦,查拉图斯特拉,你的果实成熟了,但你自己还没有成熟,摘不了果实!因此你必须再回到你的孤独中去,因为你应当成熟得更丰美些。"("O Zarathustra, thy fruits are ripe, but thou art not ripe for thy fruits! So must thou go again into solitude: for thou shalt yet become mellow.")他只能忍痛离开他的朋友们。

第三卷写查拉图斯特拉离开幸福小岛,登船走向归程。上船后有两天时间他没有开口说话,既没有对别人的目光作出反应,也没有回答他们提出的问题。之后,由于他对船上的远行者不顾危险出行表示钦佩,他又开口传教。他向他们讲述了他对永远回归的预感[《幻觉和谜》(the Vision and the Enigma)];他赞美日出之前的清空之美[《日出之前》(Before Sunrise)];登上陆地后,他痛斥现代人的侏儒矮小化[《侏儒的道德》(the Bedwarfing Virtue)];同时,他又借一个满嘴白沫的傻子之口抨击现代都市文化[《路过》(On Passing-by)];回到市镇,他痛骂那些重新恢复基督教信仰者,对他们极尽讽刺之能事[《背教者》(the Apostates)]。随后,他回到山上,他在洞穴里赞美孤独的好处,贬斥山下的人类社会。最后,永远回归的思想逐渐成熟,夜半钟声敲响了十二下,唱出了永远回归之歌。

第四卷写到查拉图斯特拉坐在山洞前的石头上,这时来了一位预言者,他具有极端的厌世情绪(暗指叔本华),要引诱他走上最后的罪恶——同情。此时远处传来求救声,这是绝望之中的高人(the Higher

Man）意欲引起查拉图斯特拉的同情。他于是走出山洞，先后遇见了君王、有良心的学究（暗指达尔文）、老教皇、最丑的人（无神论者）、魔术师、自愿的乞丐（the Voluntary Beggar）（暗指托尔斯泰），还有一个自称是他的影子（the Shadow）的追随者。他们在上帝死后不知道该如何生活下去，他们面临危机，陷于绝望，所以向他求救。他们比那些贪图安逸的群众要高出一等，所以被称为高人。查拉图斯特拉分别和他们进行了交谈，请他们到他居住的山洞里用餐。在《驴子节》（the Ass-Festival）一章中，查拉图斯特拉看到高人们对驴子祈祷、崇拜，既恼怒又高兴，因为他们通过驴子摆脱了忧郁和绝望，获得了快乐和康复，但他们毕竟不是他所期待的人物，无法将他们引为同道。最后他期待的预兆出现了。一头狮子来到他面前，他欢呼道："查拉图斯特拉变得成熟了，我的时辰到了，这是我的早晨，我的日子开始了，起来吧，起来，你这个伟大的正午！"于是，他离开这些高人们，离开山洞，准备下山，迎接"伟大的正午"（great noontide），去追求他所要从事的事业。全书至此结束。

《查拉图斯特拉如是说》的英译本初看很简单，没有复杂的长句和艰涩的词汇，但其中不乏晦涩难解之处。要了解深层的内涵，不是语言层面可以解决的，得花功夫阅读尼采的其他著作，还得查阅尼采研究者为阅读此书所作的注释，进行相互参详。

在1885年完成《查拉图斯特拉如是说》之后的十五年里，尼采一边与病魔作斗争，一边不间断地著书立说。作品给他以愉悦和满足，但同时也给他带去了痛苦和折磨，因为作品每每遭人误解、歪曲。

尼采终生未娶，不是生活中缺乏他爱的女性，而是像他这样的人不适合结婚。他在写给母亲的信中说过："您的儿子不适合结婚，我所需要的是保持独立直到生命的最后一刻。"

1900年8月20日，尼采突患感冒，发高烧，呼吸困难。病魔折磨了他五天，最终夺走了他的生命。

尼采的遗骸葬于故乡洛肯他父母的墓旁。

关于《查拉图斯特拉如是说》的中译本，坊间有六种较为流行。早年的三种，一种是徐梵澄译的《苏鲁支语录》，一种是楚图南译的《查拉斯图拉如是说》，还有一种是尹溟译的《查拉斯图拉如是说》。进入二十一世纪以来，又有三种新译本流行于世，分别是钱春绮译的《查拉图斯特拉如是说》、杨恒达和孙周兴翻译的同名译本。新出的三种译本各有千秋，都值得阅读。另外尚有鲁迅、郭沫若及周国平等的节译本行世。注者不同程度地参考了上述诸译本，特此说明。

（此文为上海译文出版社2019年版《查拉图斯特拉如是说》英文注释本导读）

哈姆雷特的警句

莎士比亚名剧《哈姆雷特》第二幕第二场中国王克罗狄奥斯派罗森坎兹和格登斯腾去试探哈姆雷特，看看他是否真的疯了，发疯的原因是什么。这两位从小跟哈姆雷特一起长大，是哈姆雷特的好友，他们去执行任务不致引起哈姆雷特怀疑。用国王的话来说："他这个年轻人的行为你们熟悉，因此请你们两位俯允在宫中稍稍逗留一阵子；你们这样陪着他，鼓励他寻开心，有机会就收集你们能够捡拾的资料，看看是什么把他这样折腾，又不为我们所知；看看真相展露后，我们是否有能力加以治疗。"（黄国彬译）国王的话说得冠冕堂皇，言外之意读者或观众当然不难领会。

哈姆雷特与两位好友见了面。三人先是以带有性暗示的语言调侃了命运女神一番。哈姆雷特这样做自然是出于对自己不幸命运的愤懑和控诉，而对于接受国王委派来试探哈姆雷特的两位朋友来说，他们是受了命运女神的捉弄而不自知。随后哈姆雷特说道："两位好朋友，命运女神怎样对待你们了，要你们来到这个监狱？"哈姆雷特说的"这个监狱"指的是丹麦，并且说丹麦是"所有监狱中极坏的一个"。但罗森坎兹说他们不认为是这样。于是，哈姆雷特说了一段极为精辟的话："噢，对于你们就不是监狱。世界根本就没有好坏；是好是坏完全由你的想法来决定。在我看来，丹麦是个监狱。"（There is nothing either good or bad, but thinking makes it so. To me it is a prison）哈姆雷特说的"想法"（thinking）是对上文罗森坎兹"我们并不认为是这样"（We think not so, my lord.）中"认为"（think）一词的回应。

黄国彬先生的《哈姆雷特》译注里指出：莎学专家认为哈姆雷特这句话渊源有自。牛津世界经典丛书（Oxford World's Classics）"牛津莎士比亚"（The Oxford Shakespeare）《哈姆雷特》一剧的编辑、莎士比亚研究专家、加拿大滑铁卢大学荣休教授希巴德（G. R. Hibbard）指出：这一广为流传的说法在当时有多种不同的版本，蒂利（Morris Palmer Tilley）编撰的《十六、十七世纪英国格言词典》（*A Dictionary of the Proverbs in England in the Sixteenth and Seventeenth Centuries*）里就收有"A man is weal or woe as he himself thinks so."（一个人是好是坏就看他自己是怎么想的）。另一位莎学专家、最具权威的《莎士比亚全集》阿登版（Arden）中《哈姆雷特》一剧的编辑哈罗德·詹金斯（Harold Jenkins）也指出，稍早于莎士比亚的英国诗人埃德蒙·斯宾塞（Edmund Spenser, 1552—1599）在其长诗《仙后》第六卷第九章里写道：It is the mind, that maketh good or ill, /That maketh wretch or happy.（正是思想制造了善恶，制造了苦乐。）按照 C. S. 刘易斯（C. S. Lewis, 1898—1963）在《牛津英国文学史》"十六世纪卷"中的说法：斯宾塞"在英国文学传统里论声名的稳定性和地位的中心程度仅次于莎士比亚和弥尔顿而已"。以斯宾塞在当时英国文坛的至尊地位、以《仙后》在当时读者中的影响而言，莎士比亚读过《仙后》似乎不应成为问题。

与莎士比亚同时代的法国作家蒙田（Michel de Montaigne, 1533—1592）写过一篇随笔，见《蒙田随笔全集》第一卷第十四章，题目就是：That the Taste of Goods or Evils Doth Greatly Depend on the Opinion We Have of Them. 权威的中译有三，均译自法文原文，可资参考："论善恶之辨大抵系于我们的意识"（梁宗岱译）、"善恶的观念主要取决于我们自己的看法"（马振骋译）和"对好坏的判断主要取决于我们的主观看法"（潘丽珍等译）。上述英译出自《蒙田随笔集》最早的英译本，由伦敦一家叫做 V. Sims for E. Blount 的私人出版机构于 1603 年出版，译者是 John Florio。根据莎学家的研究，从时间上推断，哈姆雷特的这句台词可能受益于上述三个来源。

不过话说回来，即使莎士比亚没有受过上述作家的影响，不同的作家曾经有过类似的说法也属再正常不过的事情,何况莎士比亚绝非等闲之辈。他让哈姆雷特说出的包含有精辟思想的台词远不止这一句。另据莎学家、剑桥版《莎士比亚全集》中《哈姆雷特》一剧的编辑约翰·威尔逊(John Dover Wilson)指出,莎士比亚还在《奥赛罗》一剧中借依阿高(Iago)之口说过类似的话:'Tis in ourselves that we are thus or thus.(见《奥赛罗》第一幕第三场)梁实秋译为:"我们变成这样,或那样,这全在我们自己。"

事物本身应该是有客观评判标准的,但是在现实生活中,我们都会遇到各种困惑,遭逢各种困扰。古希腊有句格言说,困扰我们的不是事物本身,而是我们对事物的看法。蒙田在文章中说,假如我们都能不折不扣地把这句格言当成真理,那么人类的不幸就会得以减轻:"如果说坏事只是因为我们的判断而出现在我们中间,那么我们也就有能力对它们不屑一顾或避凶趋吉。如果事物可以由人支配,为什么就不能掌握它们,为我所用呢?如果我们心中的恶与烦恼,本身不是恶与烦恼,只是来自于我们任意对它们的定性,那也由我们来改变吧。"(马振骋译)

(发表于 2022 年 7 月 9 日《文汇报》"笔会",后被收入"笔会文粹"2022 年度年选文集《想念,每一个人》中)

约翰生博士的"恩俸"

哈佛大学已故教授沃尔特·杰克逊·贝特(1918—1999)在《约翰生传》中说:"除了莎士比亚之外,塞缪尔·约翰生比其他任何作家都更具魅力。"从政治家到农场主几乎人人都会引用他的至理名言。贝特教授认为,约翰生之所以具有令人着迷的吸引力,深层次的原因在于他极大地满足了人类需要朋友、珍惜朋友的天性(沃尔特·杰克逊·贝特著《约翰生传》,李凯平、周佩珩译,广西师范大学出版社2022年版,第3页)。除了对朋友表现出的坦诚与勇气外,贝特教授认为约翰生还具有其他三种品质:在道德上极为坦荡;注重解决实际问题;无与伦比的广泛涉猎。所以,自莎士比亚以降,没有人比他更符合古希腊警句中对柏拉图的评价:"无论前往哪个方向,我们都会在途中与他迎面相遇。"(第5页)

我一直喜欢读鲍斯威尔的《约翰生传》(上海译文出版社即将推出鲍斯威尔所著《约翰生传》全译本,译者为著名翻译家蒲隆先生),在课堂上和文章里经常提及此书。2022年广西师大出版社出版了贝特教授《约翰生传》的中译本,我一口气读完了译本。两位译者的译文流畅可读,十分感谢他们的辛勤付出。两部传记对照着读别有一番滋味。贝特教授的传记虽然大量引用了鲍斯威尔传记中的内容,但材料的剪裁和安排甚是得当,款款写来,别具特色。虽不能说后出转精,也绝对算得上是同类传记中的精品之作了。我还看过英国作家约翰·韦恩(John Wain)写的《约翰生传》,印象就不是那么深刻。

读完这两部传记后一个强烈的印象是:约翰生博士一生事业辉煌但是生活并不富裕。贝特教授在传记中写道:约翰生虽然自己生活并不富裕,但乐于助人、乐善好施,直到他晚年,他的家都是贫困潦倒之人与年老体弱之人的收容所,他的家里始终收留六到八位食客。这些人中有腿脚不便者、盲人、病人,还有伤心欲绝者。他们在约翰生家里找到了一片安稳的乐土,借以躲避种种不幸。除此之外,他一直给乞丐布施财物。离开家门时,他会把口袋里所有的银币都施舍给守在门口的穷孩子们。多年以来,每当他走在深夜回家的路上,他同样会给露宿街头、靠行乞为生的孩子施舍个把便士,这样他们早晨就能买到食物不致挨饿。约翰生之所以这样做,是因为他有着对穷人和弱者的怜悯之心。他曾经对斯雷尔夫人说:"为什么不准他们(指穷人)享受到生活中的美好?如果将他们通往快乐的道路全都堵死,并认为他们的快乐过于粗鄙而无法接受,这必定是野蛮之举。生活就像一粒药丸,如果没有包上糖衣,我们中间就没有人能够忍受咽下它的苦涩……"(沃尔特·杰克逊·贝特著《约翰生传》,第661页)

到了1762年7月,约翰生的经济状况有了明显的好转。时任英国首相比特伯爵(the Earl of Bute)代表英国国王乔治三世授予约翰生每年三百英镑的恩俸(pension)。据说一开始是约翰生的好友亚瑟·墨菲和托马斯·谢里丹请比特首相的挚友亚历山大·韦德伯恩帮忙,希望首相从中说项,说服国王授予约翰生恩俸。托马斯的儿子理查德·谢里丹是英国文学史上著名的戏剧家,学英国文学专业的人都知道他写的《造谣学校》。托马斯·谢里丹本人是英语语音学的权威,有发音词典面世(1780年)。托马斯之所以能说服韦德伯恩授予约翰生恩俸,是因为他能经常见到韦德伯恩。韦德伯恩想改变自己的苏格兰口音,一直师从托马斯,所以两人之间建立起了深厚的友谊。鲍斯威尔在晚年曾问过韦德伯恩谁是"主要促成这件事情的有功之臣"。韦德伯恩只是回答说"他(约翰生)的所有朋友都助了一臂之力(All his friends assisted)"。但据托马斯·谢里丹所说,韦德伯恩是最大的功臣(参见上书第465、466页)。国王为什么要授予约翰生这笔恩俸呢?据鲍斯威尔在《约翰生传》里说:1762年年初,有人向国王描述约翰生为学问渊博、品德高尚之人（a very learned and good man）。国王乔治三世登基后竭力想在文人学士面前展示自己的爱好和善行，而文人学士们也竭力怂恿国王成为科学和文学艺术的保护者。比特伯爵荣幸地宣布君主钦定的授予约翰生恩俸的建议。关于恩俸，当时传说纷纭。有人怀有恶意地说这是对约翰生的政治贿赂，要他抛弃公开宣称的原则，成为政府的工具。这当然是诽谤和中伤。国王授予约翰生的恩俸仅仅是作为对他文学上取得的辉煌业绩的酬劳，没有任何附带条件，甚至连规定他应该为政府写作的默契都没有（参见James Boswell: *Life of Johnson*, p.264. Oxford University Press, 1980）。

在乔治三世和比特首相同意授予约翰生恩俸之后，韦德伯恩请墨菲通知约翰生本人。约翰生对这笔突如其来的恩俸抱持什么态度呢？约翰生得到消息后，随即前去看望朋友雷诺兹爵士，问雷诺兹爵士自己接受这笔恩俸是否合适，因为这是在他那部出版于1755年的《英语词典》中对"恩俸"（pension）和"接受恩俸者"（pensioner）二词下过定义之后。这些定义广为人知且被广泛引用："恩俸"是指不相等地给任何人的一种补助，在英国，通常理解为给国家雇用来背叛他祖国的人的报酬（An allowance made to any one without an equivalence. In England it is generally understood to mean pay given to a state hireling for treason to his own country.）。"接受恩俸者"是指用定期津贴雇用来服从其主人的国家的奴仆（A slave of state hired by a stipend to obey his master.）。他知道自己如果接受这笔恩俸，就会被人攻击为虚伪，实际也确实如此。有位叫查尔斯·丘吉尔的诗人因为约翰生对他的诗歌不感兴趣而对约翰生怀恨在心，乘机报复约翰生说"他一边谴责恩俸，一边又接受恩俸"（参见贝特《约翰生传》，第467页）。约翰生对此并不在意，但为了慎重起见，他还是咨询自己的朋友，了解是否该接受皇家的恩俸。雷诺兹爵士对此发表了其个人看法，认为为了他的文学成就，每年从国王那里获取恩俸，决不会有任何非议的。雷诺兹同时指出，约翰生英语词典中的那些定义对他本人并不适用。(参见 James Boswell: *Life of Johnson*, p.265）对于雷诺兹的回答，约翰生深表满意。他随后致信比特伯爵并且拜访了他，对他表示感谢："我想让您知道，您给予我的恩情并无不妥，我谨以此表达我的谢意"，称自己"分外受宠若惊，因为这并不是自己偏袒政府而获此殊荣"。比特伯爵的答复是："并非是因为你偏袒政府而授予你恩俸，也不是为了让你偏袒政府而授予你恩俸。"他还特别指出："将恩俸授予你并不是要让你做什么，而是奖励你过去的贡献。"（It is not given you for anything you are to do, but for what you have done.）与约翰生同时代的法国思想家卢梭曾有拒绝接受法国国王赏赐给他的恩俸之举，因为卢梭认为，有了恩俸，"真理完蛋了，自由完蛋了，勇气也完蛋了。从此以后，怎么还能谈独立和淡泊呢？一接收这笔恩俸，我就只得阿谀奉承，或者噤若寒蝉了"。约翰生大概也有与卢梭相类似的担心吧！所不同的是，约翰生最终还是接受了这笔恩俸。

不过，约翰生接受了恩俸之后还是为政府做了一件对他来说并不光彩的事。1774年9月5日北美大陆会议第一届会议在美国费城召开，十三个殖民地一致反对英国政府的征税措施。针对北美殖民地的"权利宣言"，约翰生受诺思内阁之邀撰写了一篇应答，题为《征税非苛政：答美洲会议的决议与讲话》。这本小册子遭到了英国许多有识之士的攻击，约翰生感到良心不安。他向挚友威廉·杰拉德·汉密尔顿抱怨说，他是以一个文人的身份享受恩俸的，所以政府要求他写政论小册子。他甚至情绪非常激动，扬言决意辞掉给他的恩俸。他的朋友表示推辞掉恩俸的做法不合适。他接受了朋友的忠告。他曾经对这位朋友表示愿意终生享受给他的恩俸，但他从来没有因为自己政治上的劳作索要或接受政府的任何报酬。(参见 James Boswell: *Life of Johnson*, p.594）

对于约翰生而言，三百英镑的恩俸是一笔巨款。为了报答国王授予的这笔恩俸，约翰生决定通过自己的成果来证明获取恩俸是名副其实的，否则将因此而蒙羞。他受恩俸的激励，奋力完成了《莎士比亚作品集》，并且写出了气势磅礴的《莎士比亚作品集前言》。这篇前言被公认为英国文学史上的一座丰碑。关于这笔恩俸，约翰生还说过这样的话："如果我在二十年前能领到这笔钱，我就会去君士坦丁堡学习阿拉伯语。"（贝特《约翰生传》，第608页）长期以来，约翰生已经习惯了简朴的生活，所以这笔恩俸用于他自己身上的只占很小一部分。他也采纳了雷诺兹的建议，利用这笔恩俸去雷诺兹的故乡德文郡进行为期六周的旅行。约翰生一直想出去旅游，因为囊中羞涩无法成行，这次终于可以如愿以偿了。

当然，每年三百英镑的恩俸并不能彻底改变约翰生中年时期窘迫的经济状况。如本文开头所说，约翰生乐于助人、乐善好施的性格注定了他只能过着并不富裕的生活，直到晚年他的经济状况才有所改善。这是为读过鲍斯韦尔和贝特的《约翰生传》的读者所熟知的。

（发表于2023年1月26日《文汇报》"笔会"，发表时题为"每年三百英镑——约翰生博士的这笔'恩俸'是怎么回事"）

毕竟是劳伦斯

2022年，上海译文出版社和南京译林出版社的编辑几乎不约而同地来问我是否愿意翻译英国作家劳伦斯的最后一部小说《查泰莱夫人的情人》（以下简称《查》）。也许是因为，我曾不止一次说过在劳伦斯的所有长篇小说中我本人最喜欢这本书，所以编辑以为我会答应翻译此书。需要说明的是，《查》不是劳伦斯最优秀的作品，《儿子与情人》《虹》《恋爱中的女人》都比这部作品出色。英国著名批评家F. R. 利维斯（F. R. Leavis）承认劳伦斯是"我们这个时代最伟大的文学天才"，但在其评论劳伦斯的名著《D. H. 劳伦斯：小说家》中却并没有对此书作过多的评价，只是轻描淡写地说中篇小说《姑娘和吉普赛人》在相同题材的表述上比这本书更为出色，这本书不是劳伦斯著作中的经典作品。

我喜欢这本书的理由之一，跟一段美好的回忆有关。我读大二时来了一位英国外教，教我们精读课。我那时已经听说过此书，还看过当年译成中文的《审判〈查泰莱夫人的情人〉》，觉得《查》实在与众不同，作为英语专业的学生似乎应该读一读；于是问这位外教关于《查》的情况。外教一脸惊讶，她说自己没有读过，对我的问题不知该如何回答，但她答应让家人寄一本来给我。上世纪八十年代中期从国外邮寄书籍需要近一个月的时间，《查》在我的期待中终于到了我手上，是企鹅出版社的普及本。我从理查德·霍加特（Richard Hoggart）的序言开始看，花了一个星期时间囫囵吞枣地读完了全书，英语词汇量随之增加了不少。当时想读此书完全是出于好奇，倒不完全是"闭门读禁书"的心理。

《查》于1928年写成，最先在意大利的佛罗伦萨出版，1932年作者死后两年在英美出版了洁本（abridged edition），直到1960年才由企鹅书屋（Penguin Books）出版全本。其间还打了一场轰动一时的官司，女王检察官起诉企鹅书屋。经过许多专家学者甚至包括宗教界人士出庭作证辩护，陪审团最终宣布企鹅书屋无罪，允许出版。企鹅书屋为此在正文前专门写了一段"出版方献词"（Publisher's Dedication）：因为出版这本书，按照1959年公布的《禁止淫秽出版物法》，企鹅书屋被起诉。审判会在伦敦的老贝利法庭进行，时间是1960年10月20日至11月2日。因此，这一版本献给十二位陪审员（三位女士和九位男士）。他们一致裁定"无罪"，从而使劳伦斯最后这部小说得以第一次在英国与读者大众见面。（For having published this book, Penguin Books were prosecuted under the *Obscene Publication Act*, 1959, at the Old Bailey in London from 20 October to 2 November 1960. This edition is therefore dedicated to the twelve jurors, three women and nine men, who returned a verdict of "Not Guilty", and thus made D. H. Lawrence's last novel available for the first time to the public in the United Kingdom.）出庭作证的一共有二十五人，包括作家 E. M. 福斯特、文学批评家 F. R. 利维斯和文化学家理查德·霍加特等知名人士。《禁止淫秽出版物法》最初于1857年由坎贝尔男爵提出，故又称坎贝尔法案，1959年重加修订并正式公布实施。1959年新版中有这样几项重要条款：一，如作品中有利于科学、文学、艺术或某一知识领域者，作者不应视为犯罪；二，有关专家对出版物的文学、艺术、科学及其他方面价值之鉴定，可视作合法读物之证据；三，对作品应作全面考察，不能断章取义地进行处理；四，作者和出版商虽未被传出庭，也可对作品进行申辩。正是依据上述条款，经过证人们的据理力争，《查泰莱夫人的情人》和企鹅书屋最终打赢了这场官司。

一本书的出版如此充满波折，难道仅仅是因为此书涉嫌淫秽吗？但诚如理查德·霍加特在序言中所言：《查泰莱夫人的情人》不是一本肮脏的书，它干净、严肃、精彩。(Lady Chatterley's Lover is not a dirty book. It is clean and serious and beautiful.) 我读下来的感觉还真是这样的。我后来又断断续续看过几遍，还读过湖南人民出版社 1986 年出版的中译本，译者是饶述一。后来出现了两个中译本，一是人民文学出版社 2004 年出版的赵苏苏译本，一是译林出版社 2021 年版的黑马译本。我喜欢《查》的另一个原因是英语语言本身的美，我在教学中经常举此书的第一段给学生欣赏：

Ours is essentially a tragic age, so we refuse to take it tragically. The cataclysm has happened, we are among the ruins, we start to build up new little habitats, to have new little hopes. It is rather hard work: there is now no smooth road into the future, but we go round, or scramble over the obstacles. We've got to live, no matter how many skies have fallen.

我手头的三个中译本对这段文字的处理各有千秋：

我们根本就生活在一个悲剧的时代，因此我们不愿惊惶自扰。大灾难已经来临，我们处在废墟之中，我们开始建立一些新的小小的栖息地，怀抱一些新的微小的希望。这是一种颇为艰难的工作。现在没有一条通向未来的康庄大道，但是我们却迂回前进，或攀援障碍而过。不管天翻地覆，我们都得生活。

（饶述一译）

我们的时代说到底是一个悲剧性的时代，所以我们才不愿意悲剧性地对待它。大灾大难已经发生，我们身处废墟之中。我们开始建造新的小小生息之地，培育新的小小希望。这是相当艰难的：没有一条通向未来的现成坦途，但我们绕道而行，或爬过障碍，我们总得活下去，不管天塌下来多少。

（赵苏苏译）

我们这个时代根本是场悲剧,所以我们不再作如是观。大灾大难已经发生,我们身陷废墟,开始在瓦砾中搭建自己新的小窝,给自己一点新的小小期盼。这可是一项艰苦的工作:没有坦途通向未来,但我们东绕西绕,或者翻过障碍前行,不管天塌下几重,我们还得活下去才是。

(黑马译)

我本人更欣赏赵苏苏的译文,忠实自不必说,读起来也朗朗上口。记得董桥先生在《英华沉浮录》里也提供过一个译文版本:我们这个时代根本是个可悲的时代,我们偏偏不肯认命。狂澜既倒,我们都在断瓦颓垣之中,慢慢养成一点新习惯,抱着一点新希望。费劲是相当费劲了:此去并无坦途,可是重重障碍,我们也有法子绕路走,甚至手脚并用攀过去。反正我们不管天塌了多少下来都只好活下去。董先生把 new little habitats 翻译成了 new little habits。经人指出后,他写了一段长长的说明文字,读来颇为有趣,不妨照录如下:

李时宇先生给我的来信中提到我当年译的这段文字,说是"美中不足的是错译'habitats'一字,想是先生一时大意错看成'habits'所致"。我记得当时我和我的老同事、老朋友黄俊东为了避免英文用铅字排字不好看,故意用我手头纽约 Greenwich House 一九八三年出版的《查泰莱夫人的情人》一书的那段原文制电版印出来。原文清清楚楚用"habits",不是"habitats",我没有看错,也没有译错。那个版本是 Greenwich House Classics Library 精装本,卷首有玛利兰大学哲学教授 Moreland Perkins 写的《前言》。

从李先生的长信中不难看出他也是一位治学认真仔细的人,不会把"habits"错看成"habitats"。我于是翻检一盒盒的藏书,希望找出另一个版本的《查泰莱夫人的情人》。我果然找到一本平装本,是一九六八年纽约 Bantam Books' Inc. 出版的 Bantam Modern Classic。翻到卷首的那段话，用的真是"habitats"而不是"habits"。李先生也没有错：我们引用的是两个不同的版本。劳伦斯这部书波折重重，删改几次，被禁被盗，各版文字难免会有出入。

董桥先生也许有所不知，《查》共有三个稿本，初稿《查泰莱夫人初稿》和二稿《约翰·托马斯和简夫人》分别于1944年和1972年出版，1932年出过洁本。

关于约翰·托马斯（John Thomas）和简夫人（Lady Jane），这里不妨多说几句。《查泰莱夫人的情人》最后结尾部分是守林人梅勒斯写给查泰莱夫人康妮的一封长信，在信的最后有这样一句话：John Thomas says good-night to Lady Jane, a little droopingly, but with a hopeful heart. 根据Eric Partridge编撰的《英语俚语俗语词典》（*A Dictionary of Slang and Unconventional English*）第八版的解释：John Thomas 和 Lady Jane 分别指"男根"和"女阴"，表达方式于十九世纪中叶开始在英国流行。这句话如果直接照字面意思翻译成中文，读者大众恐怕难以理解其中的意思。不妨来看看三个译文：（饶述一译）约翰·多马士向珍奴夫人道晚安，头有点低垂着，但是心是充满着希望的；（赵苏苏译）约翰·托马斯向简夫人道晚安，他有一点点情绪低落，但却怀着一颗充满希望的心；（黑马译）约翰·托马斯向珍妮夫人道晚安了，头有点低垂着，但心里充满希望。a little droopingly 语含双关，似也只可意会。哈哈，翻译还真不是件容易的事儿！

（发表于2023年2月13日《上海书评》）

莎士比亚与英译钦定本《圣经》

著名学者、诗人、翻译家林以亮（宋淇）所作《文思录》（辽宁教育出版社 2001 年版）中收有一篇题为《莎士比亚的生日礼》的文章。文章只有区区几百字，却是短小精悍，读了感觉既有趣又有料，不由得令人大为叹服。据文章披露，钦定本《圣经·旧约》"诗篇"（Psalms）的第四十六篇，从第一词顺数，第四十六词为 shake（莎），从末一字倒数，第四十六词为 spear（士比亚），加在一起正好是 Shakespeare（莎士比亚）。钦定本《圣经》出版于 1611 年（林文误为 1661 年，想来绝不会是林先生一时疏忽，应该是手民之误），付印之期应该是 1610 年，莎士比亚出生于 1564 年，到 1610 年刚巧是四十六岁，因此推测钦定本《圣经》译者中一定有莎士比亚的友人，半开玩笑地把他的名字拆开嵌入其中，以纪念他的生辰。

我当年读到此文时既惊又喜，用"拍案叫绝"和"欢呼雀跃"等词来形容当时的读后感一点也不为过。我手头正好有一本钦定本《圣经》，翻开一查果如林文所言。林先生感叹道：想不到这个秘密竟然三百余年后为人揭露出来了。林先生还查了各种《圣经》版本，包括钦定本的修订本、天主教的耶路撒冷本、基督教的新英国本、天主教的新美国本，发现 spear 一字各本均予保留，只是位置前后不一，shake 一词则用意义相近的其他字眼代替了。我也查了新国际版（New International Version）和《新美国标准版》（New American Standard Bible）的《圣经》，发现代替 shake 一词的是 quake。其他如《圣经》的英国标准版（English Standard Version）和新修订标准版（New Revised Standard Version）同样都保留了 spear 一词，而用 tremble 取代了 shake。从此在英国文学史的课堂上每当讲到《圣经》和莎士比亚时，我就会跟学生分享这则趣闻，学生的反应也是既惊又喜。

无独有偶，最近读美国著名藏书家、书话作家爱德华·纽顿的《藏书之乐》（浙江大学出版社 2011 年版，译者为陈建铭。1992 年北京的三联书店出版过《聚书的乐趣》，是该书的简译本，译者为赵台安和赵振尧），在《旧目与新价》一章中竟又看到了与林文内容几乎完全相同的这则趣闻。文章写道：最近有一项新论据指出，《大卫诗篇》（*Psalms of David*）乃出自培根之手。这位枪手为了掩饰代笔捉刀的事实，巧妙地把别人的大名偷偷藏进内文里头。如果这会儿你手边刚好有詹姆斯国王钦定本《圣经》，劳驾翻开《诗篇》第四十六篇，从前头算起第四十六个词，再从末尾往前算到第四十六个词，保证教你有醍醐灌顶的顿悟。这里的"别人"就是莎士比亚，而林先生说的"莎士比亚的友人"被坐实为培根。在这段文字之前，纽顿说到有人怀疑莎士比亚第一对开本里的那些剧作是否果真全部出自莎士比亚之手。有人认为有的莎士比亚剧作可能是由培根创作的。他引用美国学者、莎士比亚专家赫拉斯·霍华德·弗内斯的话："既然我们拥有如此优秀的剧作可供欣赏，还去斤斤计较谁写的干吗？"（《藏书之乐》，第139页）然而，这样的争议自然不会轻易平息。

纽顿的《藏书之乐》（*The Amenities of Book Collecting and Kindred Affections*）最早出版于1918年，甫一出版即成为畅销书，而且一版再版，被公认为同类书籍中的经典之作。从该书的出版时间不难推断，纽顿文中所说的"最近有一项新论据"应该出现在1918年之前不久，距离钦定本《圣经》出版的时间1611年，确如林先生所说有"三百余年"了。不过，我还是有一点疑问：林先生文章劈头第一句"最近有人考据出来"，从行文来看这一"最近"应该是林先生写这篇文章之前不久。据《文思录》（这是大陆版书名，原名为《更上一层楼》）作者"序"里交代"这本文集的第一篇《文思录》发表于1977年，最后一篇《偶思录》完成于1986年"，那么这篇《莎士比亚的生日礼》最早应该完成于 1977 年前后。如此看来，林先生所谓的"最近有人考据出来"也应该是 1977 年之前不久。林先生所说的"最近"与前述纽顿所说的"最近"有了将近六十余年的差距，按常理这个"最近"应该以纽顿所说的为准。

纽顿文中说是培根把莎士比亚的名字嵌入了《诗篇》之中，这一说法也值得怀疑。我们不妨看看著名英国文学史专家道格拉斯·布什（Douglas Bush）在其权威著作《十七世纪早期的英国文学》中关于钦定本《圣经》英译情况的介绍。1603 年，詹姆斯王即位之初，清教徒教士强烈要求国王编修《圣经》英译本，国王经过激烈的思想斗争下诏翻译。钦定本《圣经》从 1607 年开始组织翻译，最早有 54 位学者参与，其中的 6 名成员于翻译过程中因故离开或去世。英译委员会（committee）一共分为六个小组（groups），威斯敏斯特大教堂、牛津大学和剑桥大学分别负责两个小组。具体分工如下：威斯敏斯特的两个小组负责翻译《旧约》中从《创世纪》到《列王纪》部分和《新约》的《使徒书信》部分，由威斯敏斯特教长 Lancelot Andrews 领衔，成员包括希伯来专家 Hadrian Saravia 和当时最负盛名的阿拉伯学者 William Bedwell 等；剑桥大学两个小组翻译《旧约》中从《历代志》到《雅歌》部分和《旧约》的《次经》，原由钦点的 Edward Lively 教授主持，但他不幸于 1605 年病逝，其时正式翻译尚未开始，改由 Robert Spalding 博士顶替，成员包括精通希腊语和希伯来语的 Lawrence Chaderton 博士、同样通晓希腊语和希伯来语的 Thomas Harrison、"浑身充满希腊细胞且极为勤勉肯干的"Andrew Downes、1610 年成为西德尼·萨塞克斯学院院长的 Samuel Ward 以及国宝级的希腊文和希伯来文学者 John Bois 等；牛津大学两个小组负责《旧约》从《以赛亚书》到《玛拉基书》部分和《新约》中的《福音书》《使徒行传》《启示录》，由钦点的希伯来文学者 John Harding 和 John Reynolds 两位教授担纲，成员包括对希伯来文化烂熟于心的 Miles

Smith 博士、精通包括希腊语和阿拉伯语在内的多种语言的 Richard Brett 博士、希腊文学者 John Harmer 博士、1611 年跻身坎特伯雷大主教的 George Abbot 以及学识渊博的 Henry Savile 勋爵等。初稿译出后在各个组之间互相传阅、修改，最后由 John Bois 和 Samuel Ward 两位权威专家组成的中心组拍板定稿，到 1611 年最终出版。不无遗憾地是，我们从委员会、小组到中心组的总共 48 位组成人员中均未找到培根的名字。（参见 Douglas Bush: *English Literature in the Earlier Seventeenth Century 1600—1660*, Oxford University Press, New York and Oxford, 1962, p.66）查一下培根的履历可以知道：1607 年培根担任副检察长，1613 年担任总检察长。他在钦定本《圣经》翻译期间（1607 年至 1611 年）一直在宦海里浮沉，应该不会有雅兴来从事翻译工作的。不过，这只是我大胆的推测。我查遍了关于培根的几乎所有生平介绍，都没有列出他从事《圣经》翻译的经历。

如果说钦定本《圣经》的英译者确实有意将莎士比亚的名字嵌入其中，那么至少可以说明三个问题：首先是莎士比亚的生卒年不存在疑问了；其次可以肯定莎士比亚确实就是所有那些第一对开本剧作的作者无疑，而后来所谓的莎士比亚是否是这些剧作作者的争论都属于无稽之谈；最后也说明，莎士比亚早在 1607 年和 1610 年之间就已经奠定了在戏剧界的崇高地位，用林先生文中的话来说，权威如钦定本《圣经》已经认为"此中有人，呼之欲出"了。后来的事实也充分证明，莎士比亚根本无需借钦定本《圣经》之力而名耀千古。

杨周翰先生的《十七世纪英国文学》是一部经典之作，为所有治英国文学的学者所必读。杨先生在其中的《英译〈圣经〉》一文中谈到钦定本《圣经》的影响时说："不管怎样，宗教通过《圣经》所散布的影响，科学家和哲学家都无法摆脱，这在十七世纪前期尤其突出。"十七世纪的平等派和掘地派利用《圣经》里包含的人道思想和千年王国的社会理想为旗帜，向封建王朝发起攻势，清教徒们更是对英国国教因拥有世俗权力和神圣权力而导致腐败奋起反抗，这些都是不争的事实。难怪十九世纪生物学家赫胥黎曾经指出：《圣经》是穷人和受压迫者的大宪章。总之，英译钦定本《圣经》自出版之日起对英国社会生活的方方面面，包括政治、经济、文化各方面，都产生了无从估量的深刻影响。我们学习和研究西方文学，如果对钦定本《圣经》不熟悉，那是很难有所成就的。仅举英国文学史上莎士比亚之后最伟大的诗人弥尔顿为例，弥尔顿作品题材的两大来源是古典作家和《圣经》，不熟悉《圣经》里的典故就无法读懂弥尔顿的作品。

（发表于 2022 年第 3 期《随笔》）

鲍斯威尔《约翰生传》中关于中国的几条记载

著名英国文学研究专家、南京大学已故教授范存忠先生的《英国文学论集》里收有"鲍士韦尔的《约翰逊传》"一文。文章于鲍士韦尔（今译鲍斯威尔）之为人、才华及与传主约翰逊（今译约翰生）之间的关系所述极详；对《约翰生传》这部"近代的"传记之显著特点及重要意义作了说明。文章最后说到约翰生和鲍斯威尔与中国的关系。近读上海译文出版社新出的《约翰生传》（蒲隆译），发现除了范先生文中提及的约翰生和鲍斯威尔关于中国长城的一番议论外，另外尚有多处涉及中国、中国人及中国文化的讨论，颇值得注意，也颇值得引述。

范先生文中提及的约翰生和鲍斯威尔关于中国长城的一段议论，时间是在1778年4月10日。这天鲍斯威尔和约翰生谈到去遥远的国度旅游，两人谈兴甚浓，约翰生尤其显得兴高采烈：

> 他眉飞色舞，热情洋溢地谈到去遥远的国度旅行；这样可以开拓思想，还可以从中获得人格的尊严。关于参观中国长城他表现出一种特殊的热情。一时我也受感染，说我真的相信我应当去看看中国的长城，如果我没有孩子的拖累的话，因为照顾孩子是我的职责。"先生，（他说）这么做了，你就在培养子女出人头地方面做了一件大事。他们就会沾你那种精神和好奇的光。他们就会永远被看作一个参观过中国长城的人的子女。我是认真的、先生。"（《约翰生传》，第1026页）

范先生认为：这次谈话，一半真，一半假，充分流露出约翰生的幽默感。诚然，不过我觉得，除了约翰生的幽默，更多流露出的是他们两位对于中国长城的景仰之情：到过中国长城是件永远值得骄傲的事情，值得向子孙后代炫耀。约翰生本人曾经跟思雷尔夫人说过：如果资金足够的话，他将不顾年事已高，要做的第一件事就是去开罗旅行，然后坐船沿着红海前往孟加拉，再环游印度。他梦寐以求的旅行是游览中国的长城，他十分珍惜的一件物品就是长城上的一块石头。

《约翰生传》中最早提到中国人是在1734年11月25日，这时鲍斯威尔还不认识约翰生。鲍斯威尔正式认识约翰生是在1763年5月16日。他们的认识过程颇具戏剧性，记述的文字也甚为精彩。当时约翰生已经54岁，而鲍斯威尔只有22岁，在此之前鲍斯威尔已经对约翰生的大名早有耳闻，也读过他的作品，已不胜"高山仰止"之情。（详情可看《约翰生传》，第321—322页）从彼此认识之日起，两人的交情一天深似一天，见面时无所不谈，不在一起时互通信件。鲍斯威尔与约翰生认识21年（约翰生活了75岁），在一起的时间只有276天，但他们相处融洽，成为莫逆之交。用约翰生自己的话来说，他一旦失去了鲍斯威尔就如同失去了一只手、一条腿（If I were to lose Boswell, it would be a limb amputated.）。《约翰生传》中1734年关于中国的记载不是鲍斯威尔直接听约翰生说的，而是他引述约翰生为游记作家洛博所作《阿比西尼亚游记》英译本（原为法文）"前言"中的文字：

> 读者在这里不会发现不可改造的不毛之地，也找不到得天独厚的膏腴之国；没有永久的阴霾，也没有不断的阳光；这里的民众没有被描绘成毫无人性可言，也没有被说成全都是个人或社会美德的典范。这里既没有无宗教体制又无清晰语言的霍屯督人；也没有礼数完善、百科皆通的中国人；……（《约翰生传》，第55页）

这里约翰生说中国人"礼数完善、百科皆通"，其评价是正面的。有意思的是，据《约翰生传》记载，《阿比西尼亚游记》一书的英译是约翰生躺在床上口授完成的，他连校样都懒得看一遍就送去排印了，书出版后他从出版商那里拿到了5几尼的稿酬。当时他只有26岁。这部译著出版后很少有人知道是他的作品，他自己也一直不把它当回事。1776年3月31日，鲍斯威尔将这部译著（他从朋友那儿借来的）给约翰生看时，约翰生还口口声声说"别理它""甭说它"。

1768年春的某一天，鲍斯威尔去拜访约翰生，两人谈到俄国人和中国人，约翰生劝鲍斯威尔读读约翰·贝尔写的《从俄国圣彼得堡到亚洲各地游记》一书。鲍斯威尔进一步问他是否还应该读迪阿尔德（Du Halde，又译杜赫德）关于中国的描写和纪事。约翰生的回答是迪阿尔德的这本书可以参考参考。（《约翰生传》，第450页）其实早在1738年9月，约翰生在写给朋友爱德华·凯夫的信中就提到了迪阿尔德的《中国写照》（Description of China，又译《中国通志》）一书，当时正由《绅士杂志》（The Gentleman's Magazine）出版者凯夫先生每周分期连载，约翰生从书中选了一些篇章经他润色后供《绅士杂志》刊用。（《约翰生传》，第99页）说明约翰生通过《中国写照》一书已经对中国有了深刻的了解，所以会建议鲍斯威尔去读这本书。《绅士杂志》连载《中国写照》的内容都是对中国的宣传，说中国是一个了不起的大国：物产丰富、城市繁荣、人民勤劳、工艺精湛等。同时也是为《中国写照》一书做广告。约翰生本人也在《绅士杂志》上发表关于中国的文章，据学者考证至少有两篇。第一篇是以读者来信的方式刊登在杂志上的，主要是称赞中国人民，说"他们的古代文物、他们的宏伟、权威及其特有的风俗习惯和美好的政治制度，都毫无疑问地值得大家注意"。第二篇文章没有署名，但据鲍斯威尔判定出自约翰生之手。这篇文章有三部分组成，第一部分介绍了中国的年历，第二部分是关于孔子的小传，第三部分是《中国写照》的篇目介绍。最有趣的是第二部分，叙述了孔子的生平和所处的时代，介绍了孔子的教育思想，最后说到了他的著述。

约翰生对中国的园林艺术也极为欣赏，1781年在谈到《诗人传》

（约翰生晚年巨著）中对爱德华·扬（Edward Young）《夜思》一诗的评价时说：

> 具体的诗句就不必一一关注了，力量就在整体当中；整体中有一种宏伟壮丽，就像据说中国田园具有的那种无边无际、千变万化的宏伟壮丽。（《约翰生传》，第1225页）

鲍斯威尔很是认同约翰生对《夜思》一诗的评价，但他没有对中国园林艺术表明过态度。据范存忠先生文中所说，鲍斯威尔虽然读过关于中国的书籍，也曾向约翰生请教过有关东方的风物，但他对中国的东西所知不多，仅仅对中国的锣表示了极大的兴趣。他曾经在大庭广众间敲响了一面不知从哪儿弄到的锣，其响声惊得满座肃然。约翰生对中国园林的兴趣可能是受了威廉·坦普尔爵士（William Temple, 1628—1699）《关于园林》一文的影响。范存忠先生在《中国文化在启蒙时期的英国》一书中指出：坦普尔这篇文章的最后几段谈到了中国园林，这几段文字后来被十八世纪作家一再引用，并对当时的艺术风尚发生了影响。

约翰生还曾经给英国建筑师威廉·钱伯斯爵士审阅过《中国建筑》一书的手稿，约翰生为此感到十分高兴，说道："它（指《中国建筑》）需要的不是增补，不是更正，而是几行引言。"约翰生写好了"引言"，威廉爵士原封不动地采用了。这段"引言"很重要，可以看作是约翰生对中国及中国艺术和文化的总体态度，不妨引录如下：

> 对中国学术、政策、艺术滥发的漫无边际的颂扬显示，新奇以多大的威力吸引人们关注，尊重又怎样自然而然地膨胀为赞叹。我决不希望被列入中国优秀品质的夸大吹捧者之列。我认为中国人伟大或聪明只是与周围的国家相比而言，无意把他们置于与世界这一地区的古人或现代人相抗衡的地位上；然而必须承认，他们有权引起我们注意，

把他们看作一个另类而且非常奇特的人种：看作一个被地理位置与所有文明国家隔开的地区的居民，没有榜样的帮助形成了自己的风俗，发明了自己的艺术。(《约翰生传》，第 1329 页)

这位大建筑师钱伯斯年轻时到过中国，他当时是瑞典东印度公司的船舶货物管理员，除了广州，可能还到过中国其他地方。在中国期间，他对中国建筑做了大量的速写。

当然，跟十七世纪末到十八世纪中叶期间的大多数欧洲人一样，约翰生对中国人和中国文化的评价也不总是肯定的，诚如范存忠先生所说："他们中许多人热情地赞扬中国和中国的人和事，同时还有人提出不同意见。意见是多种多样的。其中有的人摆事实、讲道理，现在看来仍有激发思考的作用，但是也有人破口谩骂，或弄虚作假，企图蒙蔽读者，流于嘲讪或诽谤。"(《中国文化在启蒙时期的英国》，第 42 页)《约翰生传》中记录了一段约翰生和鲍斯威尔之间的谈话，时间是在 1778 年 5 月 8 日。他们谈到了东印度人，约翰生称东印度人为野蛮人。一般而言，当时的欧洲人称东印度人主要是指印度及其周边国家的人。当鲍斯威尔说"您该把中国人除外吧？"时，约翰生的回答却是"不，先生"。显然约翰生认为中国人也是野蛮人，这就是范先生所说的"嘲讪或诽谤"了。鲍斯威尔接着问："他们没有艺术吗？"约翰生回答道："他们有陶瓷制造术。"鲍斯威尔进一步追问："您怎么看他们的字呢？"约翰生的回答是："先生，他们没有一个字母表。他们没法构成其他所有国家已经构成的词。"而当鲍斯威尔极力肯定汉字数量之多、汉语比其他任何语言更有学问时，约翰生的回答却是"这种语言粗，所以只是更难而已；就像用一块石头砍树比用一把斧头花的力气更多。"(《约翰生传》，第 1085 页)这就十足显示了约翰生对汉字和汉语的无知了。

（发表于 2023 年 5 月 31 日《文汇报》"笔会"）

苏珊·桑塔格谈女性和"美"

  1975年,苏珊·桑塔格发表了两篇文章:《女人的美:贬损,抑或力量源泉?》和《美:接下来会有什么改变?》。这是两篇关于女性主义的随笔,观点犀利,文笔优美,属于"桑塔格所写的最佳随笔文章","明确地展示了'美'的意象世界与实际的人类生活的真实世界之间的联系"。据《桑塔格传:人生与作品》一书的作者本杰明·莫泽说:桑塔格关于女性主义的文章,包括这两篇在内,在她生前从未再版,她完全有机会把这些文章收入自己后来出版的几卷文集中。桑塔格之所以不把这些文章收入文集,是因为她觉得"文化的风向,到了20世纪70年代末,随着最早、最紧迫的目标的实现,女性主义已然失去了一定的势头"。(参见本杰明·莫泽《桑塔格传:人生与作品》,姚君伟译,译林出版社2022年版,第429页。)桑塔格去世后,她关于女性主义的随笔文章均被收入文集《苏珊·桑塔格:二十世纪六七十年代随笔》(*Susan Sontag: Essays of the 1960s & 70s*, 2013)。

  在这两篇文章中,桑塔格首先明确指出:将"美"和女性联系在一起最终导致的结果只能是既损害了"美"这个概念本身也损害了女性应有的形象。这不能不说是一个石破天惊的观点。桑塔格在文章中写道:对于古希腊人而言,"美"就是美德(beauty was a virtue),是一种杰出的品性(a kind of excellence)。古希腊人认为拥有这种杰出品性的人是内在美和外在美相匹配的"完人"(a whole person)。苏格拉底就是这样的完人,他"睿智、勇敢、享有盛名、充满魅力",但他其貌不扬。在苏格拉底那些崇拜者,尤其是那些出身高贵、天真无邪、相貌堂堂的雅典青年人看来,他的美德和外表并不冲突,其貌不扬并不影响他们对苏格拉底的总体评价。这只不过是生活中的一个悖论,而这种悖论在日常生活中几乎无处不在。但是,我们现代人则不然。我们不但轻而易举地将"内在美(性格、才智等)"和"外在美(外表相貌)"截然分开,而且对这两者的完美结合则常常感到诧异:这个世界上居然还会有既相貌堂堂又德才兼备的人存在!

其次,桑塔格尖锐地指出:由于受到基督教的冲击,"美"失去了原来处于古典理想的人类美德中的中心地位。基督教将一个人的美德或杰出品性仅仅局限于道德层面,这样一来,外在美就变得虚无缥缈了。外在美成了孤立、随意、浅薄的诱惑(an alienated, arbitrary, superficial enchantment)。尤其是最近两个世纪以来,"美"的声誉每况愈下,一日不如一日,成为了一种既定的概念,仅仅被用来形容或描述女性。而女性在两性中又始终处于第二位,即西蒙娜·波伏瓦所说的"第二性"(the second sex)。因此,桑塔格认为:把"美"和女性联系在一起,"美"在道德层面的地位就更显式微了;把"美"作为女性的代名词,或者用"美"来形容或描述女性,既是对"美"这个概念的损害,也是对女性形象的贬低。

桑塔格认为,把女性和"美"联系在一起,其实是鼓励孤芳自赏、强化女性的依赖感和不成熟。整个社会,包括女性在内,都认为女性只关注自己的外表美,因为现代人已经认定"美"和杰出品性无关,只是外表美而已。相反,整个社会对男性的看法则不同,对男性的身份的确认是看他的地位、工作,至于外表长相则是次要的。女性追求美无可厚非,但如果把这种追求视为女性必须承担的义务,那对女性而言就是自我压抑了:女性只有完美无瑕才是无可挑剔的,不然总会被人指出身体的某个部分不够完美,人们往往是从身体的各个部分来评价或审视女性的。而对待男性则不同,人们只需扫上一眼就可以对男性是否英俊潇洒做出评价了,无需对其身体的各个部分逐一审视。更有甚者,男性根本无需完美无瑕,外表过于完美反而是缺陷:缺乏男子汉气概。一个美男子身上有这样那样的缺陷或瑕疵,反而更招人喜欢。桑塔格举了一个例子：一位女影评人认为美国著名制片人、导演、演员罗伯特·雷德福（Robert Redford）脸颊上有一粒肉色的痣，恰恰是这粒痣成就了雷德福英俊的外表形象，避免了他被讥讽为仅有一张"漂亮脸蛋"的演员。桑塔格由衷地感叹道：这一评论包含了多少对女性的贬抑和对"美"本身的侮辱啊！

桑塔格还认为，对于女性而言，梳妆打扮并非只是一件乐于为之的人生快事，它还是一种责任，是女性的分内之事。女性在职场上打拼，想要有所成就，除了出色的工作能力，还得花心思梳妆打扮让自己充满女性魅力。但是，这样一来女性就得面临左右为难、进退失据的尴尬：她梳妆打扮成了魅力四射的"悦目性别"（the fair sex）的同时又不免遭受质疑——她是否能够做到客观、专业、权威和思虑周详（objective, professional, authoritative, and thoughtful）。所以，女性无论是化妆还是不化妆都要遭受诟病乃至谴责。

文章最后，桑塔格呼吁应该找到一种办法，将"美"从女性那里分离出来，同时为了女性而拯救"美"。（There should be a way of saving beauty from women—and for them.）

学界和读者一般习惯将桑塔格视为女性主义者，其实并非如此。《桑塔格传》披露了一个事实：美国著名诗人阿德里安娜·里奇（Adrienne Rich）也是一流的散文作家，她和桑塔格都是《纽约书评》的作者。有一次，桑塔格在《纽约书评》上发表了一篇针对电影导演莱妮·里芬斯塔尔的文章。这位导演声称她的作品只对美忠诚，甚至她拍摄的纳粹主题的电影都是作为杰作奉献给观众的。由于对美的追求，莱妮·里芬斯塔尔拍摄的电影一直被视为杰作，即使是纳粹主题的电影也得以在电影节上放映，她本人也是电影节上的贵宾。纳粹主题的电影当然会遭受评论界的攻击，桑塔格曾为莱妮·里芬斯塔尔进行辩护，这在20世纪60年代是尽人皆知的。桑塔格在《论风格》一文中写道：一个美丽的物体，无论有多么令人讨厌，都可能激发去改善某种品质——无私、沉思、专注、情感的觉醒。（参见《桑塔格传》，第425页）但是，到了1975年，桑塔格的态度发生一百八十度转变，她写道："十年前，作为少数人的趣味或敌对趣味似乎值得为之辩护的艺术，今天看起来，似乎再也不值得了，因为它提出的道德问题和文化问题已经变得严肃，甚至危险起来，当时还不是这样。"（第427页）她讽刺里芬斯塔尔"将纳粹时代描写成'德国遭受破坏的重要的20世纪30年代'，这是需要有点创造性的人才做得到的"。桑塔格的文章几乎令里芬斯塔尔的声誉受到毁灭性打击。她还猛烈抨击了那些让里芬斯塔尔在受人尊敬的体面道路上风光了很久的评论家们。（第428页）里奇看到这篇文章后给《纽约书评》编辑部写了一封信，反对桑塔格文中的观点：里芬斯塔尔近来一跃而为一座文化丰碑，这背后的推动力部分肯定是由于她是一个女人。里奇却认为，让里芬斯塔尔起死回生的是影迷，而不是女性主义者；女性主义者实际上只是对电影的放映表示抗议。桑塔格看到这封信后暴跳如雷，她指责里奇诉诸"20世纪60年代幼稚的左翼思想"，这种左翼思想已经从"女性主义一派"变成了"纯粹的蛊惑人心的煽动"，而"女性主义一派促进了心智与情感之间腐臭的、危险的对立"，这种思维方式是"法西斯主义的根源之一"。桑塔格对里奇的这番抨击，使她疏远了女性主义者，女性主义者也绝不会把她当成她们中的一分子。（第431页）自从跟里奇的这番交锋之后，桑塔格其实已经跟女性主义一派分道扬镳了，而这种分道扬镳也许可以解释桑塔格为什么不愿把自己关于女性主义的文章收入文集中的原因吧。

最后需要指出的是，这部《桑塔格传》并不是如有些人认为的是关于桑塔格身体、欲望乃至性生活的八卦故事，或者全书写的都是桑塔格与亲人及诸多同性、异性情人之间的情感纠葛。虽然书中也多少写到了这些，但更多的是对桑塔格不同时期作品的解读和思想的剖析。桑塔格是一个灵肉分离的人。诚如康慨先生在《灵肉分离桑塔格》一文最后所说:"桑塔格阅人无数,莫泽只拣选必要的关系加以描述和分析。但他并未辜负传记家的职责。他充满同情心的文字尤其令人印象深刻。"读者诸君如果抱着窥淫癖般的心态来读这部传记,那是要失望的。

(发表于 2023 年 5 月 31 日《中华读书报》,译林出版社公众号 2023 年 6 月 27 日转载了此文)

病眼虽枯心未碎
——读《弥尔顿传》

  学界一般把英国诗人约翰·弥尔顿（1608—1674）的生平和创作分为三个阶段：第一个阶段（1608—1639），弥尔顿自17岁进入剑桥大学基督学院，毕业后没有参加工作，而是随家人搬迁至位于伯克郡的霍顿村，在此居住了五年，把他的大部分时间花在阅读上，并且"继续显然已经着手的学术研究"（《弥尔顿传》，戈登·坎贝尔、托马斯·N·科恩斯著，翟康、陈睿文译，浙江大学出版社2023年版，第95页）。1638年春，弥尔顿像当时的英国年轻贵族子弟一样前往意大利游历，1639年8月回到英国，这样也就结束了他第一阶段的生活。在这一阶段，弥尔顿创作了一些较短的诗歌和戏剧作品，如《快乐的人》《沉思的人》《科玛斯》《利西达斯》等。第二个阶段（1640—1660）是弥尔顿从事政治活动的时期。1649年即国王查理一世被处死的这年，弥尔顿被任命为国务会议的外语部拉丁文秘书，负责处理外交文书。1652年，弥尔顿双目失明。由于失明他作为拉丁文秘书的公务职能被缩小到了有限的范围，比较繁重的任务交给了别人，但他仍为清教主义的革命政权而四处奔走。在这一阶段，弥尔顿的主要作品是论战性质的政治小册子和十四行诗。政治小册子一共有25本，其中21本是用英语写的，4本是用拉丁语写的。十四行诗的数量不多，一共24首，其中19首是用英语写的，5首用意大利语写成。第二个阶段（1660—1674），查理二世复辟后，弥尔顿受到迫害，曾遭囹圄之灾，经人多方说情方被释放，此后幽居家中闭门不出，通过口授由人笔录从事著述。三大史诗作品《失乐园》《复乐园》《力士参孙》完成于这一阶段。（参见王佐良《英国诗史》）马克·帕蒂森的《弥尔顿传略》(金发燊、颜俊华译,生活·读书·新知三联书店,1992年版)里差不多也是如此划分的:弥尔顿的一生是部三幕的戏剧。第一幕显示出他潜居霍顿平静安宁的生活,《快乐的人》《幽思的人》和《黎西达斯》便是这一幕的表演。第二幕中他呼吸着党派激情与宗教仇恨的猛烈炽热的空气,产生了那闪耀在他散文小册子战斗号角中令人惊骇的火焰。那三部伟大的诗作,《失乐园》《复乐园》和《力士参孙》,是他孤身只影又普罗米修斯般伟大的最后时期的产物。那时他双目失明,贫病交迫,又没有依靠,他独自在堕落的世界面前,证实公道、节制和审判即将来临。(《弥尔顿传略》,第16页)

《弥尔顿传》一共分为六个部分,完全遵循上述三个阶段的划分,每两个部分为一个阶段。两位作者在"引言"里讲了撰写这部传记的原因。人们普遍认为,弥尔顿的生平资料比起莎士比亚来要多得多,为他立传应该是轻而易举的事。17世纪晚期就有五部弥尔顿的传记,"这些作者或是与弥尔顿相识,或是从认识弥尔顿的人那里获得素材"。(第1页)这些人里包括弥尔顿的外甥爱德华·菲利普斯、文物研究者约翰·奥布里和安东尼·伍德、弥尔顿的挚友西里亚克·斯金纳、自由思想家及哲学家约翰·托兰等。早期的这些传记作家在不同时期与弥尔顿有过接触,因而他们的著作具有一定的权威性。但是,正因为这些人或者是弥尔顿的亲属或者是他的挚友,所以他们有关弥尔顿生活和言论的记录"在盲目地为一位好友和一位有培育之恩的舅舅辩解,旨在回应各种针对弥尔顿生平和名誉的抨击"。(第2页)这样的传记就会失去客观性,而最需要客观看待的,"就是弥尔顿讲述自己的生活(如在《再为英国人民声辩》中)或在诗里以第一人称语气发言(如在《失乐园》的多个开篇祷告中)的部分"。(第2页)

弥尔顿习惯根据不同作品的需要来塑造自己的经历和个人形象,比如弥尔顿在《再为英国人民声辩》中称,在霍顿的时期是一段自我教育和闲暇的时间,展现了西塞罗式"高贵的闲暇",但是他对霍顿的描述是出于论战的需要，不应被理解为对霍顿那些年生活的可信记录。(第97—98页)其实，弥尔顿在霍顿的生活一点也不"闲暇"：1637年是他在霍顿时期最为重要的一年。这一年年初他的父亲老弥尔顿收到法庭传票，一个叫托马斯·科顿的人对他提起诉讼，指控他与人合谋诈骗，试图窃取科顿家族的财产。1637年4月3日，弥尔顿的母亲萨拉在霍顿去世。1637年8月10日，弥尔顿的好友、基督学院年轻的研究员爱德华·金在前往爱尔兰探望亲人的途中在安格尔西岛海岸溺水身亡，弥尔顿为他写了悼诗《利西达斯》。这是弥尔顿最伟大的悼亡诗，也可以说是最优秀的英语短诗。(第99—106页)鉴于此，两位传记作家认为有必要在研读这些带有自传色彩的篇章段落的基础上重新写一部传记。可以说，这部传记的一个显著特点是，首次对事实的记录建立在查阅了所有可用文献的基础之上。还有一个显著特点是作者对史料编撰的研究。几个世纪以来学者对17世纪早中期宗教、社会尤其是政治生活的理解处于变化之中，对其作品的研究也处于变化之中，最明显的例子是著名诗人T. S.艾略特在写于不同时期的两篇评论弥尔顿的文章里，对弥尔顿的评价可谓大相径庭。这里不妨举一个例子来说明有必要重写这部传记的原因。《弥尔顿传》的两位作者在第五章中写道：几个世纪以来，人们一直认为，弥尔顿于1632年举家搬迁至霍顿村，直到1638年前往意大利之前，他一直居住在此。但是，两项最新的发现却颠覆了这个说法。1949年，在英国国家档案馆发现的大法官法院的四项结案清楚地表明从1632年9月14日(也许更早)到1635年1月8日(也许更晚)，弥尔顿一家不住在霍顿，而是住在哈默史密斯。1996年，在哈默史密斯和富勒姆档案馆发现的一些文件表明弥尔顿一家在1631年4月30日前就住在哈默史密斯，而弥尔顿的父亲可能一直在劳德派小礼拜堂担任堂区俗人执事。(第71页)所以事实是，1632年7月3日，弥尔顿获得文科硕士学位后，从剑桥搬到位于哈默史密斯的一座房子里，确切位置不得而知。

　　这部《弥尔顿传》不仅仅是对弥尔顿生平和作品的介绍,对弥尔顿不同时期的思想的研究也是其重中之重,所以传记的标题是 *John Milton: Life, Work, and Thought*。弥尔顿的思想既激进又复杂:"他青年时期对文化的态度遥遥领先世人,但思想上却克制压抑,后来为教会改革而抗争、为弑君和共和制辩护,最终在王政复辟的凶险中保持了政治操守和精神独立。"(第3页)他的思想虽激进复杂,但从长远看来都是占据主流和上风的。比如,他认为政府无权干涉公民的宗教信仰,人民如何做礼拜以及做不做礼拜不应由国家法律机构规定。关于出版自由,他认为统治者无权决定哪些书籍应该被出版哪些书籍不该被出版。他还主张"婚姻以相互喜爱、思想契合为基础,一旦失去这些基础,应当以离婚来结束这种痛苦,让双方可以尝试新的婚姻关系"。(第3页)这种婚姻观在17世纪还是非常超前的,为后来的人们所普遍接受。弥尔顿自己一生有过三次婚姻。婚姻生活并没有给他带来多大的幸福,这也许可以解释他为什么一再写关于离婚的小册子的原因。关于政治体制,他认为最好的政体应该是共和制,他自己的祖国迄今还不是共和制政体,但他的这一思想对法国和美国都产生了巨大影响。"法国革命者借用了弥尔顿的观点为他们的革命事业服务。"美国的开国元勋们,比如本杰明·富兰克林和托马斯·杰斐逊,都研读过弥尔顿的作品,"并以此来设计他们的共和制、解决一些具体问题"。(第3页)

　　读完这部传记,我们可以对弥尔顿的生平、著作和思想有一个较为全面的了解。有三个读者比较感兴趣的问题值得一讲:一是他为什么会被称为"基督学院的淑女"的,他对这个绰号的态度是什么?二是他1638年开始游历欧洲意大利,期间中断旅行回国的原因究竟是什么?这次游历给了他什么影响?三是他是怎么失明的,失明对他一生有着怎样的影响?

一，The Lady of Christ's 基督学院的淑女。1631年7月8日，弥尔顿在剑桥大学基督学院举行的一次活动中发表演说:《第六篇演说试讲稿》。在这篇演说稿中，弥尔顿首次提到了他的绰号"淑女":"有人最近给我取了一个绰号'淑女'。为什么我在他们眼里缺少男人气概呢?……我猜想是因为我从无勇气像职业拳击手那样对着瓶口喝酒，或是因为我的手掌没有由于把犁而长老茧；或是因为我没有在七岁时就去农家做雇工，以致从未在阳光下睡午觉——最后也许是因为我从未像那些嫖客一样展示我的威猛阳刚。我希望他们不再丑态毕露，就像我不经意间会显得像女人一般。"

Some people have lately nicknamed me the Lady. But why do I seem to them too little of a man? ... I suppose because I have never had the strength to drink off a bottle like a prize fighter, or because my hand has never grown horny with holding a plough-share; or because I was not a farm-hand at seven, and so never took a midday nap in the sun—last because I never showed my virility in the way these brothellers do. But I wish they leave playing the ass as easily as I the woman.

这是弥尔顿本人的"夫子自道"，从语气上判断他似乎对这个绰号有些不满。据《弥尔顿传》的作者说：这个名称最早由弥尔顿的遗孀提出："他太俊美了，大家都叫他'基督学院的淑女'"。两位作者推测：弥尔顿获得这个绰号，可能是因为他的肤色白皙，或是因为他的举止或外表青涩、柔弱（第65页）。马克·帕蒂森《弥尔顿传略》里说："他的同学们开玩笑给他取的'基督学院淑女'的外号是他举止温文尔雅的证明。"（第8页）虽然，弥尔顿对大家给他取的绰号有些不满，但他很珍惜这个绰号，因为这是维吉尔的绰号。据生活于4世纪的文法学家多纳图斯关于维吉尔的传记《传略》记载，维吉尔在那不勒斯求学时的道德行为堪称楷模，当时人们给他的绰号是"童贞女"，

所暗示的少女气质与"基督学院的淑女"是一致的。（第65页）

二，弥尔顿像当时的英国贵族子弟一样对欧洲文艺复兴的策源地意大利始终怀有向往之情。早在1629年年底在剑桥大学就学期间他就开始学习意大利语，还有证据表明他可以用意大利语阅读和写作。他大量阅读了但丁、彼特拉克、塔索、阿利奥斯托等意大利作家的作品。他创作的十四行诗中有5首是意大利语写就的。弥尔顿为什么要去意大利游历？据《弥尔顿传》的作者推测：这段旅行可能代表了他对上层社会的向往，或是要逃离家庭（他没有工作，与寡居的父亲住在霍顿），或是逃避某些丑闻，又或是摆脱父亲的期许——父亲希望他对当时发生的一些事情不要反应过度从而引起当局的注意，对他不利。（第111页）这些推测都不无道理，但更深层的原因是：弥尔顿遗传了父亲在音乐方面的天赋，对意大利的音乐文化有浓厚的兴趣；意大利有一批学识渊博的名人，他想利用自己业已掌握的意大利语结识这批名人。总之，无论出于什么原因，他决定要去探索这片"清新的树林和新鲜的草地"（《利西达斯》最后一行"fresh woods and pastures new"）。（第111页）

弥尔顿在拿到护照、几封介绍信和一大笔钱后即开始了欧洲之行。第一站是法国巴黎，然后到了位于现在法国南部独立的萨伏伊公国。萨伏伊公国包括现在法国萨瓦和上萨瓦地区，以及意大利的奥斯塔山谷和皮埃蒙特地区。萨伏伊的领土向南延伸，沿着一条狭窄的走廊通向地中海，港口就是尼斯。（第115页）弥尔顿在这里没有停留多久。到达尼斯后，他找到了一条前往热那亚的通道。热那亚当时是一个独立的共和国，弥尔顿在此首次领略了一个富庶的共和国，但他在热那亚的时间也不长。他乘坐的轮船经里窝那、比萨、美第奇港，最终抵达托斯卡纳。

弥尔顿似乎只是途经比萨，然后沿着阿诺河走了四十五英里到达佛罗伦萨。据他在《再为英国人民声辩》里说，他在佛罗伦萨逗留了大约两个月。他特别喜欢这座城市,因为它不仅有着优雅的语言,还拥有高雅的才子。他在此结交了许多门第显赫、学识渊博的绅士朋友。(第118页)这也说明了他来意大利游历的目的。弥尔顿在佛罗伦萨最重要的活动是拜访了意大利物理及天文学家伽利略。他在《论出版自由》里提到了这次会面:"就在那里,我找到并拜访了著名的伽利略。他已年迈,由于对天文学的思考与方济各会和多明我会的审查员想法不一致,遭到了宗教裁判所的软禁。"(第121页)为什么说与伽利略的这次会面对弥尔顿来说很重要呢?弥尔顿拜访伽利略时,这位天文学家已经失明,而且因为自己的著作几乎丧命。我们在伽利略身上或许可以看到弥尔顿晚年的形象,而在弥尔顿身上显然存在着对失明的伽利略的崇敬之情。我们在读《失乐园》时可以看到伽利略的名字和对他所取得的成就的赞颂。

从佛罗伦萨出发,弥尔顿越过亚平宁山脉,经博洛尼亚和费拉拉到达威尼斯。他在威尼斯将自己在一路上搜集到的大批书籍运往英国。据他的外甥说这些书都是稀有的珍本,其中有两箱他精心挑选的乐谱。他的目的地是罗马。他在罗马逗留了一段时间,主要也是跟一些才华横溢的绅士见面畅谈,然后离开罗马前往那不勒斯。那不勒斯当时是西班牙的一个总督行省,他在那里经人引荐结识了詹巴蒂斯塔·曼索侯爵。侯爵是一位艺术资助人和诗人,弥尔顿跟他交往颇为投契,两人有诗作往还,表达了相互之间的仰慕之情。

弥尔顿在《再为英国人民声辩》中声称,他本来打算去西西里岛,然后去希腊,但是"英格兰内战的坏消息把我召回来了"。(第133页)他自己说"当我的公民同胞们在国内为自由而战的时候,我为了获取知识却在外国优游自在是卑鄙无耻的"。这一庄严的说法后被广泛引用,以此来说明他中断意大利游历匆忙回国的原因。不过,据马克·帕蒂森在《弥尔顿传略》里记述,弥尔顿回国的步伐并非匆匆忙忙,而是十分从容不迫的。他在罗马停留了两个月,而且又在佛罗伦萨待了两个月。（第44页）值得注意的是，弥尔顿回国的理由很是令人费解。《弥尔顿传》的作者分析了其中令人费解的原因：第一，英格兰当时还没有爆发内战。1639年1月26日查理一世要向苏格兰人宣战，但弥尔顿在消息传到那不勒斯时已经启程返回，更何况英格兰内战始于1642年。第二，对于一个匆匆而归的人来说，弥尔顿在路途花的时间太长了。他由陆路缓慢地经过威尼斯和日内瓦，六个月后才回到家。第三，弥尔顿有可能想效仿威廉·利斯高和乔治·桑迪斯（都是英国作家、翻译家和旅行家）前往西西里岛，但他并不想去希腊。希腊似乎不太可能是他憧憬的地方，除非是缅怀其过去的历史。总之，弥尔顿无意前往希腊，而且他所给出的理由，是根据后来发生的事件以及他在1654年出于论战目的而构建的，并不是依据他在那不勒斯的回忆。（第134页）

意大利之行对于弥尔顿一生而言是极为重要的，他对自己的未来充满了信心，也找到了未来的方向。他知道自己可以成为——也许只能成为——一名诗人，这是他的责任和使命。尽管当时教会和国家日益显露的危机很快把他引向了其他方向，但他已经明确了自己最终发展的方向，用他自己的话来说，他已经取得了文化上的胜利。（第140页）马克·帕蒂森也认为，弥尔顿的意大利之行出现了两种相互冲突的感情旋律：诗人天生强烈的感受力和自由人对教权统治的愤懑。在接下来的人生第二阶段，弥尔顿卷入政治斗争，为自由而战，写了大量的小册子，这是与他的意志相抵触的，是违背他的天赋才能的。但这一阶段是他诗人生涯的一个插曲，是他一生真心诚意生活的一个片断。（《弥尔顿传略》，第73页）由于政治愿望的最终破灭，他将回到当诗人的本能上来，最终还是诗占据了他的真情实感，还是诗人的荣誉构成了他的雄心壮志。（同上，第103页）

三，1649年3月15日，弥尔顿被任命为外语部拉丁文秘书。最初任期是一年，但实际上他在这个岗位上干了四年半之久。《弥尔顿传》花了较多的篇幅叙述了外语部的内部组织结构以及它与被清洗的议会之间的复杂关系，这有助于我们理解弥尔顿所做的工作和他在处理公务时面对的各种压力和困难。弥尔顿为什么要接受这份工作？据《弥尔顿传》的作者分析：公职确乎有些魅力是其他工作所没有的，外交团以及与它相关联的活动具有明显的吸引力，有时它还会任用那些满腹经纶的博学者和近期欧洲大陆最顶尖的人文主义学者。当然，这个职务也确实提高了弥尔顿的经济收入，他的个人财富大幅增加。(第229—230页）弥尔顿在《为英国人民声辩》中自己记述了接受这项职务的动机："始终没有人看到我为升迁而奔走，也没有任何人看到我为个人目的而出入于议会大厅，或出现于下议院，或企图通过朋友提出什么要求。"接着他说出了在国内政局动荡时期自己大部分财产被扣押，同时又要缴纳一份不合理的税款，过着俭朴生活的窘境。弥尔顿接受这份公职还有一个重要原因是他对自己能力的自信。他可以极其娴熟地翻译拉丁语口语和书面语，可以在极短的时间内写出一封外交书信来。(第233页）

弥尔顿在这个岗位上恪尽职守。他精力旺盛、能力过人、辩才无碍，他还能流利地运用拉丁语向欧洲各国发出英国的声音。很显然，国务会议任命弥尔顿担任这一职务是明智之举也是成功之举。(第233页）然而，这份工作也给他带来了身体上的伤害。从1649年3月开始，他便感觉到因为用眼过度，视力严重受损。他的视力开始变弱似乎是在他36岁时，先是左眼，然后是右眼，症状逐渐加重，到1652年上半年终于完全失明，这时他才43岁。弥尔顿的父亲直到84岁视力依旧完好无损，他的母亲则因弱视从30岁开始就戴眼镜。他有可能遗传了母亲的"弱视"。另据眼科医生告知，弥尔顿罹患的很有可能是间歇性闭角型青光眼，这种病在现代是很容易治愈的，但在17世纪，几乎可以肯定会导致失明。(第235页）

弥尔顿在1654年9月28日写给朋友的一封信中详细写明了视力

变弱最终失明的经过:"我想或多或少有十年了。在这十年里,我注意到我的视力变得越来越弱,越来越模糊。……甚至在早上,如果我像往常一样开始阅读,我的双眼内部便会立即感到剧痛,使我无法继续读下去……视力一天天地衰退,色彩也随之变暗,眼睛内部似乎破裂了;而现在,纯黑一片,好似带着熄灭或灰白色的光,好似与它交织在一起,汹涌而出。不过日夜在我眼前漂浮的雾似乎更接近白色,而不是黑色;当我转动眼球,就会有一点微弱的光仿佛穿过一条裂缝般透进来。"(第234页)

失明是人所可能遭受的最残酷的痛楚之一。比起其他人来,弥尔顿的痛苦则尤甚,因为他是一个整天只同书本、文字打交道的人,没有人比他的损失更大了。肉体的痛苦尚在其次,他还要经受政敌带给他的精神的痛苦。有一位名叫萨尔马修斯的在与弥尔顿的论战中竟然这样嘲笑弥尔顿的失明:"小犬,一度是我可爱的小乖乖,如今目光迟钝,或者不如说是个瞎子,他从来不曾有过心灵上的洞察力,如今丧失了肉体上的视力;一个愚蠢的花花公子,异想天开竟自以为是个美人;一头肮脏不堪的畜牲,全身没有比烂眼皮更带人气的东西;于他最合适不过的判决便是把他绞死在最高的绞刑架上,枭首示众,悬挂在伦敦塔上。"(《弥尔顿传略》,第120—121页)这番话无异于恶毒的人身攻击。

弥尔顿自己也在两首十四行诗中谈到了失明的痛苦。一首写于1652年他刚刚失明后不久,那时的心情是这样的:

> 我这样考虑到:我未及半生,就已然
> 在黑暗广大的世界里失去了光明,
> 同时那不运用就等于死亡的才能
> 对我已无用,纵然我灵魂更愿
> 用它来侍奉造我的上帝,并奉献

我的真心,否则他回首斥训——
于是我呆问:"上帝不给光,却要人
在白天工作?"——可是忍耐来阻拦
这怨言,答道:"上帝不强迫人作工,
也不收回赐予:谁最能接受
他温和的约束,谁就侍奉得最好:
他威灵显赫,命千万天使奔跑,
越过陆地和海洋,不稍停留:——
只站着待命的人,也是在侍奉。"

(屠岸译)

看得出弥尔顿的内心是非常痛苦的,他甚至对上帝也抱有怨言,但他没有绝望。三年后的1655年他又写了一首十四行诗,谈及失明,心情似乎有了变化:

西里克,三年来我这眼睛全失了神,
它尽管外表上没有斑点,没有污垢,
被剥夺了光,已忘掉了看。一年到头
这废眼珠里再也没出现过日月星辰,
再没有出现过一个男人或一个女人。
可我只坚定、忍耐、向前行。没有抗议,
没有反对上帝的手或苍天的旨意,
也绝对没有让我的希望减少半分,
心,退缩一寸。什么在支持我,你要问?
良心!朋友,意识到:是为了捍卫自由
我才用力过度而永远失去了它们!
我这神圣的使命现已传遍了全欧。
这认识会带我——若无更好的带路人——

走过人世的舞台,瞎,但知足而优游。

(陈维杭译)

痛苦依然深切,但他宽慰自己:为了捍卫自由的神圣使命而失明,而且这一使命已经传遍欧洲,他不再有任何怨言了。我们看到了一个开朗自信的弥尔顿,我们期待着他的人生第三个阶段的到来,那时更加辉煌的三部史诗将横空出世。

最后要说一说《弥尔顿传》这部书的翻译。这部长达五百多页的巨著移译之难自不待言,语言层面的艰难尚在其次。原著作者查阅了大量的档案材料,牵涉到众多的人物和事件,对弥尔顿生活时期的英国乃至欧洲的历史必须熟稔于心。总体而言,两位译者的译笔流畅可读,中文表达精准地道。《弥尔顿传略》一书的译文较之《弥尔顿传》则要逊色得多了,有不少地方佶屈聱牙,令人几乎难以卒读。两相比较,更显得《弥尔顿传》翻译的难能可贵。感谢两位译者的辛勤付出,为中文读者奉献了一部关于传主生平、作品和思想的传记。

(发表于2023年6月3日《上海书评》,后被浙江大学"中世纪与文艺复兴研究"公众号转载)

伏尔泰与同时代英国名士的交往

1726年,伏尔泰(1694—1778)因与权贵争吵,得罪权贵,被投入巴士底狱,旋即被驱逐出国。这年5月,伏尔泰到了英国,在英国居留了两年多,结识了蒲柏、斯威夫特等作家。回到法国后,他在《哲学书简》中竭力推崇英国的社会政治制度,对英国的商业和文学也赞赏有加。他还向法国读者介绍了莎士比亚。1753年,伏尔泰迁居日内瓦,在此完成了《风俗论》。这是一部论述罗马帝国灭亡后的世界历史的著作。1758年,伏尔泰在离瑞士边境不远的费尔奈购置了地产,建造了一幢小别墅,一面从事写作,一面接待各方来客,并且同欧洲各国各阶层人士广泛通信,使费尔奈成为欧洲舆论的中心。这一时期,他创作了《哲学词典》和《历史哲学》。在戏剧方面,他的观念趋向保守,企图阻止戏剧向浪漫主义方向发展,甚至想重新回到严格的古典主义,对莎士比亚戏剧在法国的影响之大感到不安。他自己的悲剧创作都不成功。

伏尔泰一生的履历和行藏远非上述寥寥数语可以概括。我之所以仅仅列出这样简单的几条,是考虑在我谈及他与同时期几位英国名人之间的关系时,有助于读者理解,因而加深印象。除了上文提及的蒲柏、斯威夫特等诗人作家外,他还与史学家吉本(Edward Gibbon)、传记作家鲍斯威尔(James Boswell)、经济学家亚当·斯密(Adam Smith)有过直接接触。英国文豪塞缪尔·约翰生与伏尔泰虽然没有直接接触,但互相对彼此的作品有所评骘。

鲍斯威尔在《约翰生传》中记录了约翰生对伏尔泰的一些评价。总的说来,约翰生对伏尔泰的为人和作品评价都不高。约翰生向人如此概括伏尔泰:一个智力非常敏锐、文学素养不高的人。(《约翰生传》，蒲隆译，第741页）这个评价多少还算是比较客气的，更有甚者是在1766年2月15日，鲍斯威尔向约翰生提到他与卢梭在其意大利山野隐居处度过一段时光，约翰生说："我认为他（卢梭）是个坏中之坏（I think him one of the worst of men）；一个应当被逐出社会的无赖。……"鲍斯威尔又问他："先生，你认为他像伏尔泰一样坏吗？（Sir, do you think him as bad a man as Voltaire?）"约翰生的回答则是："嘿，先生，确定他们的罪行孰重孰轻还真叫人犯难。（Why, Sir, it is difficult to settle the proportion of iniquity between them.）"（同上，第413页）这已经直截了当地视伏尔泰如"坏人"了。约翰生对伏尔泰的恶评极有可能是因为伏尔泰对莎士比亚剧作评价不高，认为莎士比亚的戏剧违背了喜剧和悲剧不能相混的铁律，所以他的戏剧本质上是低劣之作。另外，伏尔泰对莎剧在法国的巨大影响也感到不满。在《莎士比亚戏剧集》的"序言"中，约翰生对伏尔泰嗤之以鼻。针对伏尔泰的一些说法，约翰生说："这些都是小才做的小评（These are the petty criticisms of petty wits）。"针对伏尔泰的指责，约翰生犀利地指出：莎士比亚的戏剧，并非严格意义上批评者所理解的悲剧或喜剧，而是属于自成一种体裁的作品；它所展现的是凡尘俗世真实的状貌，其中既有善也有恶，既有悲也有喜，善恶悲喜所构成的比例关系无穷之多，组合的形式也不胜枚举；它所表现的正是这样的人世之道：有人受损，必然有人获益；有人在匆忙奔赴酒宴的途中，有人在把自己的亡友埋入土中。（利奥·达姆罗施著《重返昨日世界》，叶丽贤译，广西师范大学出版社，第350页）伏尔泰说莎士比亚把克劳蒂斯国王写成酗酒之徒是不成体统，约翰生反驳说，伏尔泰没有抓住克劳蒂斯性格中的"普遍人性"。约翰生认为，莎剧中悲喜交错虽不符合法则，但合乎生活本身。这是约翰生用常识、历史本身的发展来为莎士比亚戏剧违背"三一律"作了辩护。据鲍斯威尔回忆，伏尔泰出于报复，在他笔扫千军时，有次对约翰生发起攻击。鲍斯威尔读过伏尔泰写的这篇文章,但由于伏尔泰的著作卷帙浩繁,他苦苦检索,仍未找到这篇文章,所以无法在《约翰生传》中加以引用。(第405页)鲍斯威尔认为,伏尔泰在欧洲大陆是一个举足轻重的人物,不可等闲视之,约翰生应该对伏尔泰的这篇文章直接做出回应,于是他催促约翰生这么做。约翰生答应说也许会答复的,然而,他从未答复。(第405页)虽未正面答复,但约翰生并非没有回应。后来蒙塔古夫人在其《莎士比亚论》里驳斥了伏尔泰对莎士比亚剧作的误读,维护了莎士比亚的地位。鲍斯威尔认为,考虑到多少年轻人被伏尔泰风趣却错误的看法所误导,蒙塔古夫人的论著对某一类读者理解莎士比亚是很有帮助的,因而也是值得称道的。他相信约翰生也会承认这一点。约翰生的回答是:"对于此人(伏尔泰)它是结论性的。"(第473页)

当然,对伏尔泰的作品,约翰生并不是全盘否定的。约翰生承认法国人也许在文学各个门类中虽然不能说登峰造极,但在每个门类中都非常高超。他认为,伏尔泰是一位叙事高手,他的主要优点就在于对事件的巧妙挑选和安排。(第505页)有人说蒲柏的诗在他生前远比死后受人推崇,约翰生不同意这个看法,认为蒲柏的诗在他死后同样受人推崇。他追加了一句:没有一个作家像蒲柏和伏尔泰那样生前就名满天下。(同上,第1078页)1778年5月16日,约翰生就自己的作品《拉塞拉斯》和伏尔泰的《老实人》的相似性作了一番评论,其中提到:《老实人》比伏尔泰的其他任何作品都要更有气势。(同上,第1098页)还有一次,约翰生跟鲍斯威尔说他最近(1768年春天)在家乡利奇菲尔德待了很长一段时间,但离开前变得十分厌倦。鲍斯威尔说:"我感到奇怪,先生,那是您的故乡呀。"约翰生反唇相讥:"嘿,苏格兰也是你的故乡呀!"鲍斯威尔曾经向约翰生吐露过对苏格兰的厌倦之情。鲍斯威尔不喜欢在一个地方待久,在伦敦待久了也会厌倦,所以有约翰生那句名言:"如果你厌倦了伦敦,你就厌倦了生活。"接着,鲍斯威尔谈到苏格兰在文学方面的进展,约翰生表现出对苏格兰格外强烈的偏见:"先生,你们从我们这里学了一点东西,你们就自以为了不起了。休谟永远也写不出历史(写过《英格兰史》),如果不是伏尔泰在他之前树立了榜样的话(指《风俗论》),他是伏尔泰的应声虫。"(第448页)这是对伏尔泰作品的间接肯定。伏尔泰对约翰生编撰的《英语词典》十分欣赏。约翰生编撰词典时没有图书馆可供使用,却写出了四万多个词条,同时给每个词条下了定义。他还从前两个世纪以来的各个学科领域摘录了十一万四千条英语例句,以阐释这些词语在各个场合使用时的不同意义。法兰西科学院反对约翰生的做法,声称法兰西科学院的身份就是"权威",因而不必引述其他权威。伏尔泰不同意法兰西科学院的意见,他在临终前还打算催促法兰西科学院学习约翰生的方法,以改进他们的编纂程序。(沃尔特·杰克逊·贝特著《约翰生传》,李凯平、周佩珩译,广西师范大学出版社,第322页)

鲍斯威尔本人应该不止一次见过伏尔泰。他在荷兰的乌特勒支大学学习法律期间游遍了整个欧洲大陆。1763年5月16日他在伦敦见过约翰生后不久就出发去荷兰了。次年11月,他去了瑞士,在瑞士会见了两位名人:卢梭和伏尔泰。得到卢梭接待对鲍斯威尔来说是一项壮举,得到伏尔泰接待则不然。伏尔泰当时居住在法国与瑞士接壤的费尔奈,住在富丽堂皇的小别墅里。鲍斯威尔和伏尔泰的谈话随意而简短。他记录的最有趣的评论是,虽然伏尔泰曾在英国度过了两年多的流亡生活,能说一口流利的英语,但已经不再使用英语了:"说英语必须把舌头放在牙齿之间,可我的牙齿全都掉光了。"(利奥·达姆罗施著《重返昨日世界》,叶丽贤译,广西师范大学出版社,第139页)这里说的是1764年12月24日鲍斯威尔第一次会见伏尔泰的故事。鲍斯威尔的原文是这样写的:

I asked him if he still spoke English. He replied, "No. To speak English one must place the tongue between the teeth, and I have lost my teeth."

钱锺书先生的散文《小说识小》里讲到伏尔泰的《老实人》时提及这则趣闻：昔鲍士威尔谒见伏尔泰，问以肯说英文否，伏尔泰答曰："说英文须以齿自啮舌尖，余老而无齿。"钱先生接着写道：盖指英语中 th 一音而言。

鲍斯威尔在日记里详细记录了这次会见过程，首先是两人对基督教信仰展开了激烈争论。两人坐在客厅里，眼前摆放着一本大大的《圣经》。在相当长的一段时间里，伏尔泰和鲍斯威尔势均力敌。鲍斯威尔接着沾沾自喜地写道："我的举止圆柔从容，人见人爱。我跟任何人相处，只要受得了他，就会调整自己，去迎合他的做派。这样一来，他就像与另一个自己相处时那样轻松自在。在我起身告辞之前，他都不会以为我是陌生的访客。"鲍斯威尔这些话说得过于自信了。其实无论是卢梭还是伏尔泰，对他这位访客的印象都没有那么深刻。伏尔泰对任何充满热情的年轻人都会亲切接待或者写信鼓励，但是一见完或者一写完就记不起来了，只隐约记得"那个英吉利小子"（that English bugger）。几个月后，鲍斯威尔写信给伏尔泰，希望能够继续联系下去，却收到了伏尔泰冷嘲热讽的回复。（《重返昨日世界》，第 140 页）

在鲍斯威尔的《约翰生传》里，约翰生和鲍斯威尔都讨厌吉本，称他为异教徒。（同上，第 410 页）原因大约是吉本年轻时放弃了英国国教，皈依了罗马天主教；另一个原因是吉本的《罗马帝国衰亡史》第十五和第十六章引发了众怒。在当时，"一个人如果顺从了罗马教廷，或者勾引他人去顺从，其罪孽相当于叛国"。（《吉本自传》，戴子钦译，生活·读书·新知三联书店，第 49 页）变成天主教徒后，吉本的人格备受斥责，他被说成是反复无常之徒。所以，吉本就再也无法在牛津大学待下去了，于是父亲决定送他去洛桑。在他留居洛桑的几年时间里，吉本为渴求进步而勤奋学习，掌握了拉丁语和法语，法语的水平甚至比母语英语还好。

吉本在《自传》里写到在他被父亲从瑞士洛桑召回英国之前，他有幸见到了当代最特出的人物（the most extraordinary man of the age）。这个杰出人物就是伏尔泰。在吉本眼里，伏尔泰写有各种散文韵文的著作，往往都很出色，而且始终是引人入胜的。他说："当时我对伏尔泰的评价，是超过他的实际分量的。我想见到他的愿望很容易地得到了满足。他将我作为一名英国青年，有礼貌地接待了我。但我不能吹嘘说另眼相看。我就是这样见到了这位诗人。"（同上，第70—71页）从吉本的这番描述可以看出，伏尔泰确实忙于接待来自各地的来访者。据说他在洛桑居留期间曾接待过五百多位来自欧洲各地的来客。吉本还提到他为了拜见伏尔泰，记熟了伏尔泰在莱芒湖畔写的一首颂歌，虽然一字不差地背诵给伏尔泰听，但他处事不够谨慎，把这首诗的抄本流传了出去，引起了伏尔泰的不快。吉本在与伏尔泰相处期间，有幸聆听了伏尔泰亲自登台朗诵自己的诗作。伏尔泰还组织了一个上流社会男女的演出班子，其中有些人颇具表演天才。伏尔泰将自己创作的剧本搬上舞台，亲自关心指导演员排演。在两个冬天，就在位于蒙雷波的地方剧场上演了他创作的三部悲剧和一部喜剧。伏尔泰还在剧中扮演了角色。吉本热心地观看了所有的演出，为伏尔泰在舞台上的诗歌朗诵深深折服，从此吉本培养起了观赏法国戏剧的爱好。吉本坦承，对法国戏剧的爱好一定程度上降低了他对莎士比亚伟大天才的盲目崇拜，而这种崇拜心理是任何一个英国人从孩提时代起就逐渐形成了。吉本认为：伏尔泰的才智和哲学，他的文章和戏剧，在一个显而易见的程度上改善了洛桑的风气，他自己也受到了这种风气的影响。五年后，吉本再次前往欧洲"壮游"（Grand Tour），"按照习惯法则，也许还有理性法则，对于一个有身份的英国人来说，出国旅游是完成其应受的教育"。（同上，第108页）吉本这次绕道去了洛桑。而"由于某种宗教上的争吵，伏尔泰在一气之下，已经离开了洛桑，隐居到他在费尔奈的楼阁里去了"。(同上,第113页)吉本在这里再次拜访了伏尔泰,但这次的拜访,其热情已大不如前。吉本尽管具备了更好地与伏尔泰结交的资格,他发表了第一部用法语创作的作品《论文学研究》,在法国颇具影响,但他却并不想跟伏尔泰作更亲密的交往。(同上,第113页)

跟吉本一样,亚当·斯密也对伏尔泰充满了崇敬之情。1765年10月间,斯密来到瑞士日内瓦旅行,在此逗留了两个多月,也是跟吉本一样的"壮游"。期间他结交了许多私人朋友,其中就有一位特朗钦博士极其赞赏斯密的才华。经他介绍,斯密认识了伏尔泰。斯密曾经见过伏尔泰五六次。同大多数英国客人一样,斯密肯定也在费尔奈这位文学泰斗的可俯瞰湖景的小别墅里受到了热情接待。据约翰·雷所撰《亚当·斯密传》记载:伏尔泰是斯密最崇敬的在世的伟人,因而斯密总是怀着激动的心情,回忆同伏尔泰的会面。但关于他们的交谈留下的记录很少,仅存的记录是斯密好友塞缪尔·罗杰斯在斯密去世前一年访问爱丁堡时的日记。斯密与伏尔泰谈到了法国的一些名人,比如黎塞留公爵;也谈到了恢复省议会或维持省长特任制下的行政管理制度等政治问题。(参见约翰·雷著《亚当·斯密传》,胡企林、陈应年译,商务印书馆1983年版,第170页)伏尔泰告诉斯密说,黎塞留是自己的老朋友,但此人性格怪僻。伏尔泰讲了一些黎塞留公爵的趣闻轶事:他进过巴士底监狱,在维也纳借过大使馆的餐具,从未归还。伏尔泰还跟斯密说,黎塞留公爵认为英国人只有一种调味品,即融化了的黄油。斯密自己谈及伏尔泰时语气中总是充满了崇敬。"当塞缪尔·罗杰斯偶然将某个很机敏然而浅薄的作家说成是'一个伏尔泰'时,斯密使劲地拍着桌子,对罗杰斯说:'先生,伏尔泰只有一个!'"(同上,第170页)斯密的朋友们回忆,斯密在谈到他曾与伏尔泰有个人交往,而今仍景仰其风采时,总是带着明显的激动神情。有一天,斯密让一个朋友观看他房间里所供奉的伏尔泰的精致胸像时,慷慨激昂地说了这样一番话:"理性受赐于他之处不可估量。通过他给予一切教派的狂信者和异教徒的大量嘲笑和讽刺,才有可能使人类的知性产生真理之光,使人们作好准备,去进行一切有理智的头脑应该进行的探索。他对人类的贡献,远远大于那些板着脸的哲学家。后者写的书只有极少数人读,而伏尔泰的书是为一切人写的,一切人都在读。"(同上,第172页)伏尔泰为一切人写、一切人都在读的这些书就是《哲学词典》和《历史哲学》。斯密所言不虚,伏尔泰的小说和哲学书籍至今仍有大量的读者,包括中国读者。

(发表于2023年11月19日《文汇报》"文汇学人")

诗人济慈的最后日子
——读《济慈传》

  2023年12月6日英国《卫报》刊登了书评作者、自由撰稿人埃拉·克里默（Ella Creamer）的文章，标题是"济慈学者发现罗马警方调查了去世前的诗人"（Keats scholar finds that Roman Police investigated poet before death）。这位"济慈学者"名为亚历山德罗·格兰奇（Alessandro Gallenzi），是伦敦的一位出版商，同时也是诗人、剧作家、小说家和翻译家。文章说格兰奇在查阅十九世纪罗马警察局的档案文献时发现一项有关济慈病情的记录。济慈的名字被误拼成John Xeats。记录中写道：济慈接受了警方调查，他的女房东要求他搬离她的房子，因为他没有向女房东说明自己身患结核病的情况。在当时的罗马，结核病被认为是一种触染性疾病，济慈如果不隐瞒病情就无法找到住处，即使找到了住处，昂贵的房租他也支付不起。

  济慈在1820年年初感到胸闷气短、呼吸困难，同时伴有肺部出血，医生们建议他离开英国前往意大利疗养。济慈在朋友约瑟夫·塞文（Joseph Severn）的帮助下，乘坐"玛利亚·克劳瑟号"轮船，克服途中恶劣天气、晕船和食物稀少等困难，于1820年11月15日抵达罗马。济慈和塞文到达罗马后即与在罗马的一位年轻苏格兰医生詹姆斯·克拉克取得联系（克拉克医生于1826年回到伦敦，后来成了维多利亚女王的御医，还被女王封为准男爵），希望他帮助寻找住处。克拉克帮助他们找到了位于罗马西班牙广场26号的一处公寓，是两间狭小但舒适的房间。

  看了《卫报》上的这篇文章，我并没有觉得惊奇，因为哈佛大学已故教授沃尔特·杰克逊·贝特早在1963年出版的经典著作《济慈传》中就有类似信息的披露:"女房东安娜·安吉莱蒂夫人已经猜到济慈得的是什么病,并按照规定通知了警方。"(《济慈传》,程汇涓译,广西师范大学出版社2022年版,第878页)这应该不是什么令人惊讶的秘密。我猜想,《卫报》的这位专栏记者之所以写这篇文章,也许是因为她觉得济慈这位弥尔顿之后英国文学史上最伟大的诗歌天才去世之前居然受到了罗马警方的调查,这有些让人难以接受。其实,罗马警方的介入是出于济慈的结核病可能在罗马造成广泛传染的忧虑,女房东也怕自己受到牵连,所以报了警。这是当时意大利和英国医学界及民众对结核病认知上的差异所致。英国医学界仍对肺结核的传染性存疑,意大利的医生却不这样认为。早在济慈一行乘坐的船只到达那不勒斯湾时,他们不得不接受那不勒斯官方的命令:船只必须隔离十天,因为官方听说伦敦部分地区出现了小型斑疹伤寒瘟疫,来自伦敦的这艘船必须接受监视和审查。(《济慈传》,第855页)可见意大利人对触染性疾病持有高度警惕性。记得米歇尔·福柯在《疯癫与文明》一书中说过:同样是对待麻风病,法国采取的手段要比英国约克郡采取的手段凶残得多。看来,欧洲大陆对触染性疾病的防范要比英国严格。而且,当时在罗马乃至意大利境内的绝大部分地区,结核病患者居住过的房间里的所有物品必须在其去世后用火烧掉。

塞文大概知道意大利政府或罗马警方的这一规定。他们租住的房间实在过于逼仄,济慈非常想换个环境,搬到隔壁较为宽敞的那个大房间里去住。但大房间里"摆放着新租来的钢琴、塞文的绘画材料、他们买的书、一张沙发以及其他家具"(同上,第879页)。如果有人知道济慈搬进了这间房子,那么那些东西在他去世以后就都要烧掉。这些东西值150英镑左右,对经济拮据的他们来说是一笔价钱不菲的损失。如何瞒着女房东安吉莱蒂夫人搬进这间房间?塞文为人老实温和,对济慈极为忠实。他是济慈临终前最为可靠、最可依赖的朋友,用贝特教授的话来说"约瑟夫·塞文正是在这个阶段占据了济慈人生故事里的突出位置"。为了济慈,塞文不得不使出了巧诈。贝特在《济慈传》里是这样写的：塞文心生一计。……济慈待在大房间里时,不能让安吉莱蒂夫人和她的仆人进入。他满脑子都是恐惧和对未来的不可预料,他自己在罗马身无分文,且深陷从未预想过的处境。绝望的塞文首先搬动家具,接着把家具一件件堆起来,堵住了门。为了不引起任何人（包括济慈）的好奇心,这事只能悄悄地做。假如济慈知道这一切蒙蔽手段是为了逃过女房东的注意,甚至罗马警方的调查,以及他死后塞文面临的处境,那么济慈一定会痛不欲生的。"最大的困难是向他隐瞒一切。"塞文觉得济慈对他所做的事"半信半疑",但不管有怎样的怀疑和想法,济慈此时缄默不言。（第879页）济慈是诗人,在生活中不乏诗人的敏感,他怎么会不知道呢？他只是不想让好朋友感到难堪罢了。

济慈曾经学过医,他对自己病情的凶险程度是有所了解的。还在他第一次肺部出血时（1820年2月3日）,据他的另一个朋友查尔斯·布朗在《约翰·济慈生平》一书中记载：我听见他说："那是我嘴里的血。"我走过去；他正好仔细端详床单上的一滴血。"布朗,把蜡烛拿来,让我看看这滴血。"他认真地凝视了许久,抬头看着我的脸,脸上平静的表情我永远无法忘记。他说道——"我知道那种血的颜色；——是动脉血；——颜色骗不了我；——这滴血是我的死亡通知书,我肯定要死了。"（第819页）当时医生们对结核病的治疗方法肯定会让今天的医生感到可怕：每当济慈失血,他们就割开他手臂上的一条静脉,放出更多的血。放血治疗各种疾病是英国几百年来的普遍做法,我们在读鲍斯威尔的《约翰生传》时也见识过同样的治疗手段。另外就是限制病人的饮食,这在济慈那个时代也是常用的治疗手段,其结果是病人的身体变得越来越虚弱。中国古代也有类似的疗法。苏东坡在惠州时痔疮发作,当地缺医少药,在痛苦不堪中辗转呻吟达一百多天。后来采纳一位道士的建议,用控制饮食的方法来治病,苏东坡总结为"主人枯槁,则客自弃去"。当然这是万不得已采用的无可奈何的治疗方法:用"主人枯槁"的代价换取疾病的"自弃去"。更令人奇怪的是,医生们居然不认为济慈患的是结核病。有一位呼吸系统疾病权威罗伯特·布里医生认为济慈的病从根本上来说是神经性的,治疗的关键在于休息,避免情绪激动,建议济慈少费心思写诗。济慈知道自己曾与患有结核病的家人(他的弟弟汤姆患结核病去世)朝夕相处,自然有理由怀疑自己也染上了同样的病。但此时的他宁愿选择相信医生的话,"毕竟,他的确遵照布里医生的叮嘱,放弃了创作乃至思考诗歌的努力。从此刻到其人生尽头,即便他那么热爱诗歌,也把它完全放下了"。(第820页)

据塞文后来回忆,济慈即便在生命最后时刻,也"从未完全失去他那令人愉快且灵活的头脑"。那些时刻在塞文的记忆里永不磨灭,济慈努力迸发出来的机智和欢乐是为了他这位尽心竭力、不离不弃照顾他的挚友。最终,在去世前一两个星期,济慈告诉塞文,他不想在坟墓上留下名字,也不要墓志铭,只写一句话:"此地长眠者,声名水上书。"但是济慈一生中最要好的两位朋友塞文和布朗却并没有完全兑现济慈的遗愿,对墓志铭做了润饰,其语言"不仅背叛了济慈临终要求所隐含的精神,而且其改动方式恐怕会令济慈感到痛苦不堪"。(第889页)他们只是略去了济慈的名字,因为济慈对此的意愿十分强烈。但他们在墓碑上刻上了这样的话:"坟墓里埋着一位年轻英国诗人的遗体。他临终前,为同胞的怠慢感到极度痛苦。他希望墓碑上刻下这句话:'此地长眠者,声名水上书。'"(第889页)其他朋友反对在墓碑上刻上"任何超出济慈本人要求的文字"。最终版墓志铭的措辞里,塞文将"为同胞的怠慢感到极度痛苦"改为"因敌人恶意的伤害,而内心痛苦"。塞文为什么要这样改呢?当时英国许多人把济慈的早死归罪于保守派在报刊上对他的人品和诗歌的恶毒攻击,比如拜伦就认为济慈是"被一篇文章杀害的"(snuffed out by an article)。拜伦认为保守刊物《布莱克伍德爱丁堡杂志》和《季刊》上两位批评家的恶毒攻击把济慈给活活气死了，这两个批评家是约翰·吉布森·洛克哈特（即不久成为著名小说家司各特乘龙快婿的那位有才气而傲慢的人）和约翰·威尔逊·克罗克。拜伦还写了一首小诗来讽刺《季刊》(*Quarterly Review*)：Who killed John Keats? / "I," said the *Quarterly*. /So savage and Tartarly. / "'Twas one of my feats."（是谁杀害了济慈？"我"，《季刊》回答说。/ 如此残忍而凶恶。/ "那是我的杰作之一。"）雪莱也在济慈去世三个月后写成一首挽诗《阿都内伊斯》(*Adonais*)，诗中控诉《季刊》是毁灭济慈的罪魁祸首，认为《季刊》对他的《恩狄米昂》所作的野蛮批评，对他的敏感的心灵产生了极强烈的影响。这一刺激导致了他肺部血管的破裂，肺痨现象立即发生。以后较为开明的批评家虽然承认他的伟大的天才，但已无法疗治他惨遭攻击的伤势"。精神刺激是否会导致肺部血管破裂，这是一个医学问题。王尔德在1877年跟一位叫亨特·布莱尔的朋友结伴前往罗马，他谒见了教皇庇护九世，同时也拜谒了济慈墓。据布莱尔说：王尔德对济慈的恭敬程度超过了教皇（参见理查德·艾尔曼著《都柏林文学四杰》，吴其尧译，上海译文出版社2023年版，第30页）。王尔德还为济慈写了一首诗，其中开头几句写道：他终于摆脱尘世的不公和痛苦，/ 长眠在上帝的蓝色帷幔下；/ 在生命和爱情还鲜嫩时被剥夺了生命 / 殉道者中最年轻的在这里被杀。/ 他和塞巴斯蒂安一样美，一样被卑鄙地害死，……（《济慈墓》，谈瀛洲译，《王尔德全集》第四卷，中国文学出版社2000年版，第4页）王尔德在诗中所表达的意思是：济慈死于"尘世的不公"，"被卑鄙地害死"，因为塞巴斯蒂安"被邪恶的敌人绑在树上。尽管身中数箭，他仍抬起他的眼睛，用圣洁、热切的目光，凝视着正向他敞开的天国的永恒的美"。（同上，第4页）他的死似乎与肺结核病没有直接的关系。布朗也为自己建议改变墓志铭措辞的行为感到后悔，他写信给塞文："若一位垂危的朋友，一个好人，对其墓志铭的措辞留下过严格的嘱托，那人们就该听从他的要求——假如这世间仍有真诚善意的话。我为自己的错误忏悔，也必须重复我在罗马对你说的话，'除了他自己规定的墓志铭，我希望政府准许抹去其余每一个字'。"（《济慈传》，第890页）遗憾的是，塞文并未听从布朗的建议。

需要指出的是，报刊上针对济慈诗歌《恩狄米昂》的这些攻击，"不论多么令人不快，其实并不危险。因为它太针对个人了"。（《济慈传》，第476页）济慈本人对这首诗也不满意。他之所以写这首诗，是因为要考验自己，看自己是否能有足够的想象力和创造力来完成一首长达4050行的叙事诗。他在写给弟弟乔治的一封信中说："……何况一首长诗还可以考验创造力，而我认为创造力是诗歌的北极星，犹如幻想是它的帆，想象是它的舵一样——近年来人们已经忘记创造力是诗歌的一个优点了。"他自己承认《恩狄米昂》是失败之作。

1821年2月23日，济慈病逝于罗马，得年仅仅只有25岁。济慈与雪莱、拜伦齐名，同为浪漫派诗人，在英国文学史上享有盛誉。王佐良先生对包括济慈在内的英国浪漫主义诗人的诗歌创作成就有过中肯的评价："他（济慈）在英国浪漫主义诗歌史上是一个承先启后的关键人物。华兹华斯和柯尔律治是浪漫主义的创始人，拜伦使浪漫主义的影响遍及世界，雪莱透过浪漫主义前瞻大同世界，但他们在吸收前人精华和影响后人诗艺上，作用都不及济慈。"（《英国浪漫主义诗歌史》，外语教学与研究出版社2016年版，第334页）这应该是对诗人济慈的最高评价了。

（发表于2024年7月8日《上海书评》）

《哈姆雷特》中的毒药 hebenon 到底是什么

莎剧《哈姆雷特》中老国王因中毒而死，不少观众和读者都很想知道他中的到底是什么毒。在《哈姆雷特》第一幕第五场中，老国王的鬼魂告诉王子哈姆雷特自己被弟弟克劳狄斯用毒药害死的整个过程：当我按照每天午后的惯例，在花园里睡觉的时候，你的叔父乘我不备，悄悄溜了进来，拿着一个盛着毒草汁的小瓶，把一种使人麻痹的药水注入我的耳腔之内。那药性发作起来，会像水银一样很快地流过全身的大小血管，像酸液滴进牛乳一般把淡薄而健全的血液凝结起来；它一进入我的身体，我全身光滑的皮肤上便立刻发生无数疱疹，像害着癞病似的满布着可憎的鳞片。这样，我在睡梦之中，被一个兄弟同时夺去了我的生命、我的王冠和我的王后……（朱生豪译、吴兴华校，《哈姆雷特》，人民文学出版社 1978 年版，第 29 页）"一个盛着毒草汁的小瓶"原文是 with juice of cursed hebenon in a vial。这里的 hebenon 到底是什么？查《牛津英语大词典》，这个词还有其他两种拼写法：hebon, hebona。词典解释说：莎士比亚和克里斯托弗·马洛（Christopher Marlowe）给含有毒汁的某种植物所作的命名。（Names given by Shakespeare and Marlowe to some substance having a poisonous juice.）关于这个词，莎学界历来说法不一。根据我手头所有的《哈姆雷特》英文注释本，大致有这样一些解释：Grey 认为这个词应该写作 henebon 或者 henbane，具有麻醉作用，用多了会中毒。古罗马博物学家普林尼所著《自然史》早在 1601 年就出版了英译本，译者是 P. Holland，莎士比亚对此很熟悉。普林尼在《自然史》中说用这种植物的籽榨出油注入耳朵会损伤人的理智。Douce 与 Singer 均认为这个词是 ebony，即乌木，但被 Moberly 所否定，他认为乌木的果实往往可以食用，不适合用来制作毒药；不过 henbane 倒是一种强烈的麻醉性毒药，但它被灌进耳朵后并不会出现"癞病似"的症状。E. K. Chambers 指出，根据一位名叫 Brinsley Nicholson 医生的研究，这个词是 yew，即紫杉，当时的人认为它能使人的血液凝结，从而产生皮肤上的恶癞，即"可憎的鳞片"。Thompson and Taylor 指出，这种毒杀方法没有真正的效验。G. R. Hibbard 认为莎士比亚使用这个词极有可能借用了马洛《马耳他的犹太人》一剧中 the blood of Hydra, Lerna's bane, /The juice of hebon, and Cocytus' breath. (3.4.97–98)。Rylands 认为莎士比亚也许指的是 henbane 或者 ebony 或者 yew。Spencer 则认为莎士比亚和他同时代的人都不确定这是一种什么毒药，他推测极有可能是 henbane。他还进一步指出从耳朵里灌入毒药是传说中意大利人的方式，但根据医学权威人士的说法，这种方法并不能奏效。还有一些莎学家只说这是一种有毒植物，比如 David Crystal 则只是简单地说明 hebenon 是一种（身份不明的）有毒植物 a kind of poisonous plant (of uncertain identity)。

那么，这个词译成中文到底是什么意思呢？让我们来看看《哈姆雷特》的几家汉译情况。除了上述朱生豪译为"毒草汁"外，孙大雨译为"紫杉汁"（他把 hebenon 理解为 yew），梁实秋译为"毒汁"，林同济译为"乌木汁"（他把 hebenon 理解为 ebony），卞之琳也译为"乌木汁"，黄国彬译为"天仙子毒汁"（他把 hebenon 理解为 henbane），王宏印译为"毒药汁"。

根据上述莎学家们的考证，我认为《哈姆雷特》原文各种版本中的这个词，无论是写作 hebenon 还是 hebon 或者 hebona 和 henebon，解释成 ebony 乌木，yew 紫杉，或者 poisonous plant 毒草，都不够确切。比较能让人接受的是 henbane 天仙子，因为它具有麻醉作用，过量使用会导致中毒。查《简明不列颠百科全书》"天仙子"条可知：天仙子原产英国，野生于荒地和垃圾堆上，其籽含有麻醉成分，可用来制作麻醉剂，临床上用量不易掌握。陆谷孙主编的《英汉大词典》收有这个词，除了"天仙子"释义外，还用了一个植物学专门术语"莨菪"。《现代汉语词典》里对"莨菪"的解释是：有毒，全草入药。

清代著名官员、科学家吴其濬所著《植物名实图考长编》一书（当代作家汪曾祺对此书评价甚高，在写于1983年的一个短篇小说《星期天》中，人物"我""看《植物名实图考长编》——这是一本很有趣的著作，文笔极好。我对这本书一直很有感情，因为它曾经在喧嚣历碌的上海，陪伴我度过许多闲适安静的辰光"。他还在一篇文章中说"吴其濬是个很值得叫人佩服的读书人"。）中对"莨菪"有详细解释，限于篇幅，择其要点以说明："一名天仙子，其毒有甚，古方以治癫狂。……旧时白莲教以药饮所掠民，使之杀人为快。与李时珍所记妖僧迷人事相类，疑即杂用此药。"无疑，"莨菪"是一种麻醉性毒草。吴其濬还引了《史记·太仓公传》中的记载，"莨菪"可以用来为孕妇催生："菑川王美人怀子而不乳（生子），召意（淳于意），意饮以莨菪药一撮，以酒饮之，旋乳。"又举南朝宋雷敩所著《雷公炮炙论》所说"莨菪"有大毒，举东汉张仲景所著《金匮要略方论》所言"莨菪叶圆有光，误食令人狂乱，状如中风"。针对文献中对"莨菪"药性的不同记载，吴其濬评论道："观淳于意以莨菪药令人乳，则断非发狂之药无疑。"吴其濬还对古书中所记的药方用"莨菪"入药发出疑问并评论道："诸方或丸、或煎，岂有病虽大毒亦能受耶？然吾不敢信也。"最后，吴其濬根据《山西通志》描述了"莨菪"的产地、形状、性能："莨菪子始生海滨川谷及雍州，今宁武多有之。茎高二三尺，叶似地黄、王不留行、红蓝（以上三种植物名）等，花紫色，茎有白毛，结实如小石榴，最有毒。服之令人狂浪，故名莨菪。按太原山中亦多产……花罢即结实，其子微甜，小儿误食辄疯。"看来，服用了"莨菪"后还会令人发疯。不过，吴其濬说即使人服用后发了疯似也不要紧："俗亦不甚怪，经一两月药性解，则疯已如平人矣。"

汪曾祺曾经说过："中国的许多笔记是学者散文。"《植物名实图考长编》就是以植物学内容为主、触类旁通广泛涉猎的一部学者散文笔记，读来颇为有趣。其实，我们如果静下心来逐字逐句地细读《哈姆雷特》，这同样也是很有趣的读物。

（发表于 2024 年 8 月 6 日《文汇报》"笔会"）

  文章见报后收到诸多读者反馈，有赞有弹，使我受益良多。主要是两种意见：一则认为文学毕竟不同于科学，没有必要去追究杀死国王的毒药究竟是什么；一则认为作为学者就应该追问这种容易被读者忽视的地方，这是解读莎剧的一个很好的视角；从考据的角度看，也有必要知道 Hebenon 到底是什么，既然众多莎学专家都提出了不同解释，中文译者也有不同的翻译，那么就应该作一番考证。我觉得两种意见都有道理。尤其让我感动的是，莎学专家、著名莎剧翻译家孙大雨先生的女婿孙近仁先生专门给我微信留言，以医学专家的身份指出：没有必要说明究竟是什么毒药。他的留言如下：莨菪，天仙子，又名颠茄，早些时候颠茄片常用于缓解胃肠痛，可用以解除平滑肌痉挛，与阿托品作用类似。使用过量可导致面红、视觉模糊等不良反应。其汁注入耳内，因有鼓膜阻挡只限于外耳道内，外耳道和鼓膜外层为上皮，一般难以吸收毒汁，除非中耳炎鼓膜穿孔，毒汁可以进入中耳腔，中耳黏膜比皮肤容易吸收，而且毒汁可以从中耳的耳咽管流入咽喉。但莨菪汁即使经此途径流入咽喉，也不致遽死。窃以为，译成毒汁即可，不必追溯具体为何物。莎氏无非描述老国王被毒死由此引发此后种种剧情，至于如何加害，莎氏想象出国王在御花园休憩，其弟趁机将毒汁注入耳朵，国王大概得侧卧毒汁才能注入耳内。外耳道容量不过几毫升，且外耳道很敏感，一旦异物进入很快即能惊醒跃起，毒汁随之立即流出。故从医学角度看莎氏此情节设计颇可疑，读者或观众似不可深究，只要知道国王被毒药毒死即可。

传记中的"都柏林文学四杰"

哈佛大学教授沃尔特·杰克逊·贝特在其传世之作《约翰生传》中对约翰生的《诗人传》评价很高，说约翰生创造出了一种新的写作形式，即真正的"文学传记"："他的做法是在传记中融入对作家作品乃至思想的格调与特点的具体批评分析。"贝特还认为："经过两代人之后，才有另一位文学评论家能够像约翰生一样，在讨论大量作家的过程中将传记和批评方面的洞察力相结合，他就是圣伯夫。"（参见沃尔特·贝特《约翰生传》，李凯平、周佩珩译，广西师范大学出版社，2022年版，第707页）我想再加上美国人理查德·艾尔曼，他也是一位像约翰生和圣伯夫一样将传记融入作家作品的具体批评分析的批评家和传记作家。《都柏林文学四杰》就是这样一部作品，它既是传记也是文学批评著作。

一

在理查德·艾尔曼笔下，奥斯卡·王尔德、W. B. 叶芝、詹姆斯·乔伊斯和塞缪尔·贝克特是"都柏林文学四杰"（Four Dubliners），他曾为其中的三人写过传记，在学界颇为流行。"四杰"中乔伊斯和贝克特的关系最有意思：一般认为贝克特奉乔伊斯为师，在写作方式和风格上刻意模仿乔伊斯。两人在巴黎侨居期间时相过从，贝克特是乔伊斯巴黎家中的常客。两人的性格也颇为接近，习惯于沉默相对，内心都充满了悲哀，但贝克特主要是为世界感到悲哀，而乔伊斯则主要是为自己而发愁。两人的坐姿也相同，都喜欢把一条腿压在另一条腿上，上面那条腿的脚尖别在下面那条腿的腿肚子后面。乔伊斯虽然喜欢贝克特，但不愿跟他太过接近。乔伊斯曾经坦言"我只喜欢自己家里人，别人我谁也不喜欢"。随着接触的增多，加上贝克特不断有小说和戏剧作品问世，乔伊斯开始喜欢上了贝克特。按照艾尔曼的说法："贝克特的头脑有一种微妙的精细敏锐性对乔伊斯有吸引力。"贝克特几乎成了乔伊斯唯一认可具有创作天才的年轻作家。贝克特的长篇小说《莫菲》(Murphy)出版后，反响不错，乔伊斯可以脱口而出背诵其中的一些句子。他也终于不再称呼年轻人"贝克特先生"，而改称"贝克特"了。在艾尔曼看来，这一称呼的转变，在乔伊斯侨居巴黎期间几乎是绝无仅有的，贝克特简直是受宠若惊了。贝克特在乔伊斯家中不仅是客人还充当速记员角色，记录下乔伊斯口授的小说内容。有一次乔伊斯正在口授《芬尼根的守灵夜》片断，突然听到有人敲门，贝克特则心无旁骛地专心记录，没有听到敲门声，乔伊斯喊了一声"进来"，贝克特也把"进来"记录了下来。后来贝克特把记录下来的内容读给乔伊斯听，乔伊斯问："那个'进来'是怎么回事？"贝克特回答："是您说的。"乔伊斯略作沉思道："就这样吧，不用改了。"这段轶闻趣事是贝克特接受访谈时亲口说的，真实性应该不容置疑。贝克特对他这种奇特的写作方式既感到佩服不已又觉得难以理解。作为读者，我们对此恐怕是难以理解更无法佩服的。有一种解释是：乔伊斯对这种偶然巧合的现象往往是很乐于利用的，他的作品里充满了偶然巧合。乔伊斯的女儿露西娅也喜欢上了贝克特，但贝克特直截了当地告诉她说他来他们家，主要是为了见她父亲，这让露西娅深受刺激。她怂恿父亲冷落贝克特，结果大约有一年左右的时间，贝克特在乔伊斯家成了不受欢迎的人。贝克特后来跟朋友解释说自己心如死灰，内心缺乏感情，因此无法对露西娅产生爱情。露西娅后来疯癫病加重，跟贝克特断然拒绝她的感情不无关系。

二

《尤利西斯》这部"二十世纪最伟大的英语文学作品"最早是在

巴黎出版的，在英、美、爱尔兰三国都无法出版，原因是它宣扬色情淫秽。劳伦斯的《查泰莱夫人的情人》一书的命运与《尤利西斯》庶几近之，最早也是在巴黎出版，也是从一本饱受争议的色情小说历经磨难成为现代英语文学的经典之作。两位作者是如何看待对方的作品的呢？艾尔曼在《乔伊斯传》中有两处做了透露。意大利作家尼诺·弗兰克是乔伊斯的崇拜者，他说服乔伊斯担任他主编的刊物 *Bifur* 的编委，乔伊斯爽快地答应了，同时建议翻译一些作家的作品刊登在该刊物上。弗兰克请乔伊斯推荐作家人选，结果他推荐了爱尔兰、苏格兰、澳大利亚甚至南非的几位作家，却没有一个英国作家。弗兰克觉得奇怪，随口提了 T. S. 艾略特的名字，乔伊斯做了个鬼脸，不置可否。弗兰克不敢造次，谨慎地说 D. H. 劳伦斯也在巴黎。乔伊斯听了马上接口说道："此人写得实在糟糕，与其请他写还不如请他的朋友奥尔德斯·赫胥黎写点什么，那个家伙至少在着装上还马马虎虎过得去。"《查泰莱夫人的情人》一度在巴黎和《尤利西斯》竞争旅游者购买市场，乔伊斯出于好奇买了一本。因为自己视力不佳，他请一位朋友（斯图亚特·吉尔伯特）读了几页给他听。他听得很仔细，听完之后只说了一个词 "Lush!"（醉鬼！）1931 年，乔伊斯在给另一位朋友的信中谈到《查泰莱夫人的情人》："我读了开头两页，英语是一如既往地拖沓啰嗦。斯图亚特·吉尔伯特为我读了一段描写在树林中裸体的抒情文字，还有结尾部分，那是一篇宣传文字，可是宣传的内容，至少在劳伦斯的国家之外，早已经不用宣传了。"可以看出，乔伊斯首先是不喜欢劳伦斯的语言，这不难理解，因为他一直致力于语言革新。他在创作《芬尼根的守灵夜》前就有一个久蓄于心的愿望：创造一种超越国界的语言，所有已知的语言都是这种语言的分支。劳伦斯那种中规中矩的英语自然难入他的法眼。其次对《查泰莱夫人的情人》结尾梅勒斯写给康妮的那封长信感到不满，乔伊斯认为这是一篇宣传文字，不是文学创作，更有甚者，它所宣传的内容在英国之外的欧洲其他国家已经是老生常谈了。最后但不是最不重要的，乔伊斯很在乎《尤利西斯》的销量。1936年8月的一天，乔伊斯到《政治报》大楼的一家书店订购一本书，书店老板看到他的名字立刻认出了他，让他看书店里有售《尤利西斯》。乔伊斯非常高兴。当他看到《查泰莱夫人的情人》也同时在书店出售，而且听说销量比《尤利西斯》更好时，他马上变得很不高兴，情绪变化真是够快的。有意思的是，劳伦斯对《尤利西斯》也持否定的态度。他对夫人说："结尾部分是有史以来最肮脏、最不雅、最淫秽的文字。真的，弗里达（劳伦斯夫人）……简直脏极了。"劳伦斯对书中大量的细节也极为厌烦，他甚至在《解剖小说》一文中不无讽刺地写道："'我的小脚趾究竟是疼了一下，还是没有疼呢？'这是乔伊斯先生的每一个人物都要问的问题。"

三

《奥斯卡·王尔德传》甫一出版便成畅销书，获得了著名的普利策传记奖。在艾尔曼的笔下，王尔德一生充满了矛盾。在宗教信仰上，他是位新教徒，但他终生具有天主教倾向；他结了婚，但他又是个同性恋者；他喜欢对语言文字精雕细琢，但他又讨厌写作；他出生于爱尔兰，但所受影响最深的是英国文化；他的作品浅显易懂，他的为人却屡遭误解。王尔德一生的行藏主要在十九世纪。十九世纪末的欧洲正处于一个所谓的"世纪末"的特殊时期，许多同王尔德一样富有才智的作家和艺术家对于当时的现实及艺术商品化现象极为憎恶。他们对现实和艺术都产生了幻灭感和危机感，于是萌发了一种苦闷、彷徨、颓废的悲观心理和在艺术上要求自卫的情绪。他们激烈地反对现实主义，认为在现实世界里只有贪婪、丑恶和苦难，只有在远离现实生活的艺术中才能找到真正的美。因此，他们大力标举"为艺术而艺术"的口号，宣扬艺术至上，躲进艺术的"象牙塔"。可以说，这既是精神上的逃避和解脱，也是艺术上的反抗和自卫。王尔德对此有过很好的解释:"在这动荡而纷乱的时代,在这纷争和绝望的可怕时刻,只有美的无忧的殿堂,可以使人忘却,使人快乐。我们不去往美的殿堂还能去往何方?只能到一部古代意大利异教经典所说的圣城的地方去,去那里一个人至少可以暂时摆脱尘世的纷扰与恐怖,逃避世俗的选择。"这段话无疑是王尔德唯美主义思想的精髓所在。

王尔德自称是个艺术家,他身兼诗人、小说家、戏剧家、批评家之名,可谓多才多艺。但是依照文学史的定论,他的传世杰作在戏剧和小说,至于他的诗,除了《雷丁监狱之歌》外,多半追随浪漫主义和拉斐尔前派的余风,只能算是二流水平。他的小说《道连·葛雷的画像》是十九世纪英国乃至欧洲小说中的精品之作。遗憾的是,他只创作了这么一部长篇小说。他的主要创作成就在于戏剧,尤其是四部描写伦敦上流社会的喜剧——《温德米尔夫人的扇子》《一个无足轻重的女人》《理想的丈夫》和《认真的重要》,至今仍是不少剧团的保留剧目。王尔德在喜剧创作上的卓越才华堪比莎士比亚。他才思如闪电,妙想如奔泉,一片锦心无论是付与巧腕或是宣之绣口,莫不天衣无缝,令人惊叹。所以,他的剧本在当时上演时场场爆满,可谓占尽风光。著名小说家H. G. 威尔斯、亨利·詹姆斯等只有羡慕的份,连同为剧作家的萧伯纳也撰文赞美。一百多年后,英美诸国再度掀起"王尔德热"。英国政府在西敏寺诗人角为王尔德设立了彩色展览橱窗;伦敦和都柏林分别为王尔德树立起了纪念碑;英国广播公司放映了王尔德专题纪念片等。《认真的重要》和《温德米尔夫人的扇子》等名剧在伦敦和纽约等地重排上演,前者还被改编成了电影。王尔德的作品集也以各种形式在英美等国一版再版,笔者曾在美国访学期间购得《王尔德全集》的世纪纪念版。有人甚至在英国《星期日泰晤士报》上撰文,称王尔德"于是再度崛起,成为继莎士比亚之后,在欧洲被阅读最多、被翻译成最多国语言的英国作家"。

在中国,"王尔德热"也出现过两次。第一次是在"五四"时期,

《新青年》等杂志率先介绍、宣传王尔德等唯美派作家作品及其艺术主张。王尔德的作品被翻译成中文，他的剧本在中国的舞台上演出，引起了强烈的反响。中国的很多作家和艺术家竞相阅读王尔德作品，在很多中国作家的作品中都可以发现王尔德的影响。第一次"王尔德热"，经过二十世纪二十年代的高峰，到了三十年代，在中华民族生死存亡的危急关头开始消退，而到了四十年代对王尔德等唯美派作家出现了一段时间的"再认识"。第二次"王尔德热"出现在二十世纪末，在一些著名翻译家和外国文学研究者的积极推动下，1999年中文版《王尔德全集》出版。王尔德是个有争议的作家，这种争议既体现在对他为人的评价上，也表现在对他作品的解读上。

四

叶芝曾经说过："后世之人将对我众说纷纭，而他们所说却无非幻想而已。"这一预言不幸言中了后人对叶芝认识的偏颇甚至误解。艾尔曼在《叶芝：真人与假面》一书中以其优美的文字、深厚的学养和广博的知识揭开了叶芝的一张张假面，将叶芝的真人形象展现在读者面前：醉心于神秘之学的叶芝、并不懂政治的爱尔兰自由邦参议员的叶芝、沉湎于感官享受的叶芝、才华横溢的诺贝尔奖得主的叶芝。

据叶芝夫人回忆，叶芝早年对神秘主义极感兴趣。他们认识后不久，叶芝就鼓励她加入了一个属于降神会的神秘组织"金色黎明"。而叶芝本人之所以在这段时间积极参加降神会的活动，是因为他心中怀有结婚计划：他会首先向灵媒询问关于死后世界的秘密，接着便会问到自己此生有多大可能与旧日的心上人茉德·冈结为夫妻。婚后不久，叶芝从对"鬼魂"的痴迷转向对无意识自动写作的兴趣：在自动写作时他仿佛听到了通灵的声音。他的日常行为也受到通灵的影响：要按照自动写作的要求将人们置于各自相应的月相（the Phases of the Moon）中，需要倾听人们的话语，观察他们的行为方式。叶芝最终将通灵的启示写成了一本书《灵视》(A Vision),这本书的第一版在1926年面世。此后不久,叶芝意识到书中的许多内容与自动写作原稿太过相近,需要进一步阐明。他决定为这本书出第二版,并在这版中说出自动写作究竟是怎么回事。叶芝夫人表示了反对,两人为此发生了他们婚姻中唯一一次争吵,但最终叶芝赢了。1937年《灵视》第二版问世。这本书介于哲学与虚构之间,殊难界定究竟是什么性质的书,全书充满了神秘主义的气氛。艾尔曼承认自己对鬼神无甚了解,但他认为:叶芝心中的玄学冲动与他作为一名诗人的伟大是不可分割的。如果没有了这种冲动,他的诗便剩不下几首。(《叶芝:真人与假面》,第17页)

叶芝与茉德·冈的关系是读者最为感兴趣的,在叶芝的诗歌和生命中,茉德·冈的影子无处不在。艾尔曼曾多次拜访过她。让我们感到惊讶的是,她并不认同叶芝对二人关系的描述。叶芝认为茉德·冈从未坚定地拒绝过他,她却认为自己从未给予他抱有希望的理由。艾尔曼还告诉我们:茉德·冈的女儿艾索尔特·(冈·)斯图尔特向艾尔曼透露说"我母亲说不上有多少判断力,但她至少知道自己不该嫁给叶芝这个不适合她的人"。从艾尔曼对两人关系的叙述中,我们不难得知他们两人之间的感情纠葛远非如这对母女所说的那样简单。根据叶芝的第一份自传手稿,茉德·冈曾与叶芝缔结"灵婚",也许她已经忘记了。艾尔曼动情地写道:"当她写信通知他自己嫁给了约翰·麦克布莱德时,叶芝觉得她背叛了这个誓言。不过他仍压下了自己一开始感到的震惊与痛苦。他是一位太过优秀的诗人,也是一个太过宽容的男人,不可能不明白美丽自有特权,而这特权也包括残忍。他的许多诗歌既清晰呈现了自己受到的伤害,也煞费苦心地表达了自己的宽恕。"(同上,第23—24页)我读至此,深深地同情叶芝,同时也为叶芝有像艾尔曼这样善解人意的作家为他作传感到欣慰。艾尔曼还透露了一件连叶芝本人也不知道的事情:茉德·冈在1889年对叶芝一家进行那次意义重大的首次拜访时,她已陷入与某个法国人的热恋之中。一年之后,即1890年1月,她便成为一个名叫乔吉特的小男孩的母亲,而孩子的父亲是一名已婚男子。叶芝对这个男人的存在一无所知,并且觉得她已经接受的灵婚最终也许可以变为现实。1894年,茉德·冈又跟这个男人生了一个女儿,这个女儿就是上文提到的艾索尔特。茉德·冈为了照顾女儿,有一年多时间留在了法国。这期间,叶芝认识了奥利维亚·莎士比亚,也就是著名诗人埃兹拉·庞德的丈母娘,庞德后来娶了莎士比亚夫人的女儿多萝茜。叶芝与莎士比亚夫人的这段感情并不复杂,她让他不用承担"青春那梦幻般的重负"(叶芝诗作"友人们"中诗句)。但是,几个月后,叶芝收到了茉德·冈的信,信中说她梦见了他。这封信给叶芝带来的焦躁不安尽在莎士比亚夫人眼中,于是她知趣地结束了两人之间的关系。莎士比亚夫人的举动长久地令叶芝心怀感激,两人终生保持好友关系。相比之下,在处理与叶芝之间的关系上,我认为莎士比亚夫人要比茉德·冈理智得多,对叶芝的感情伤害要小得多。难怪艾尔曼认为:叶芝赋予她(茉德·冈)一种不朽,而这种不朽或许她并不应得。(同上,第23页)我认为这一判断是再恰当不过的。

五

"为人性僻耽佳句,语不惊人死不休"是杜工部作诗之肯下苦功的自我写照。其实,古今中外的诗人作家中,对自己的作品采取字斟句酌、郑重其事态度的不乏其人,许多读来天衣无缝的名著往往是呕心沥血的结果。即便是才华横溢的诗人作家也很少能做到倚马可待、下笔立就的。读了几部传记之后,比如:王水照的《钱锺书的学术人生》、钱之俊的《晚年钱锺书》和范旭仑的《钱锺书的性格》以及理查德·艾尔曼的《乔伊斯传》《叶芝:真人与假面》和《都柏林文学四杰》,更是让我相信所谓的"捷才"恐怕只是难得一见的例外。钱锺书和乔伊斯是众所公认的中外两大才子，两人都精通多国文字。钱锺书先生对自己的文章著作要求极为严格，总是不断地对自己的前作"增补""补订""补遗"，力求做到精益求精，并自嘲自谥"钱文改公"。《乔伊斯传》中屡屡见到乔伊斯不厌其烦修改自己作品的记载，甚至连标点符号都不轻易放过。他校对《都柏林人》时将编辑擅自加入的逗号统统删除，改动了一千多处。标点符号在《尤利西斯》一书中有着重要意义，绝不可等闲视之，比如最后一章整章没有标点，曾引来批评家们众说纷纭的评论，其中中国诗人徐志摩早在 1922 年此书刚一出版时就读过并且评论道："最后一整章没有标点的文字，那真是纯粹的'prose'，像牛酪一样润滑，像教堂里的石坛一样光澄……一大股清丽浩瀚的文章排傲而前，像一大匹白罗批泻，一大卷瀑布倒挂，丝毫不露痕迹，真大手笔！"（《徐志摩全集》第一卷，广西民族出版社 1991 年版，第 358 页）《尤利西斯》译成法文版时，乔伊斯竟然坚持把法文本身所具有的音符也全部删去。再比如该书第十七章最后一行是一个圆点，艾尔曼认为这个圆点并非没有意义，是对前一行提出的问题"何往？"的回答。有意思的是，最初排印时排印工误以为这个圆点是粘在原稿纸上的类似苍蝇屎之类的污斑，差点就把它删掉了。至于对词汇、语句的改动则更是家常便饭了，常常把校样改得面目全非，让编辑和印刷工人大光其火。比如《尤利西斯》的第十五章，据乔伊斯自己讲曾重写了有七八遍之多，艾尔曼认为这一章写得确实不同凡响。乔伊斯曾告诉朋友说该书有三分之一的篇幅都是在最后定稿前重新修改创作而成的。

（本文系拙译《都柏林文学四杰》之"译后记"，拙译于 2023 年由上海译文出版社出版，部分内容以"传记中的乔伊斯"为题曾在 2021 年第 5 期《外国文艺》上发表，也见拙著《知困集》第 125 至 131 页）

埃兹拉·庞德的两次重要突破：对中国文化的贡献

埃兹拉·庞德（Ezra Pound, 1885—1972）是 20 世纪西方文化史尤其是英美文学文化史上具有举足轻重地位的作家。这不仅体现在他本人就是一位杰出的诗人，一生创作了大量优秀的诗歌作品，而且体现在他挖掘、培养了一批影响 20 世纪西方文学和文化发展进程的重要诗人、作家。T. S. 艾略特的不朽诗篇《荒原》是在庞德的大力斧正下问世的，这为艾略特获得诺贝尔文学奖起到了不可替代的作用；W. B. 叶芝，另一位诺贝尔文学奖获得者，与庞德也有密切联系，他晚年诗歌的现代化与庞德的鼎力相助分不开；海明威，又一位诺贝尔文学奖得主，在欧洲期间，无论是在物质上还是精神上，都得到了庞德无私的帮助；詹姆斯·乔伊斯更是与庞德时相过从、获益匪浅，他一生中主要作品的出版都凝聚了庞德的心血；20 世纪美国最重要的诗人之一罗伯特·弗洛斯特，其诗作的发表和本人的成名均与庞德息息相关……这样的诗人和作家还有很多很多。可以毫不夸张地说，庞德是 20 世纪英美文学和文化走向现代化进程中的伟大旗手。

庞德与中国文化也有密切的关系。他对中国文字、中国古典诗歌以及中国古代典籍都极感兴趣，而且终生不遗余力地加以研究介绍，我们在他自己的创作实践中几乎到处可以看到中国文化的影响存在。庞德自己在谈及受到的外来文化影响时曾认为中国文化的影响是主要的，认为中国文化对包括意象派诗歌在内的新诗运动所产生的影响就像希腊文化之于欧洲的文艺复兴。通过与中国文字、中国古典诗歌以及中国古代典籍的深入接触，庞德找到了适合表达自己思想和情感的方式，为此他做了多年艰苦的探索，包括整理翻译美国汉学家费诺罗萨关于中国文字和中国古典诗歌的手稿，发动意象派和漩涡派诗歌运动，翻译中国典籍四书五经以及自己的大量创作实践。而这种探索恰恰就是他不断借鉴他人又不断摆脱旧的创作模式的过程。庞德认识到，经历了第一次世界大战后西方世界已经满目疮痍，特别是建立在理性基础上的西方文化已经成为一片荒原，当代西方文化要重新崛起，除了对自身文化传统的清理和继承，还必须学习其他民族的优秀文化，学习其他民族文艺取得成功的做法。用庞德的话来说，就是必须在英美新诗之外的外国文化和文学中找到"纯净的色彩"，在此基础上才能创作出真正无愧于时代的伟大作品来。一个偶然的机会，庞德读到了费诺罗萨关于中国文字和中国古典诗歌的手稿。通过阅读这些手稿，庞德对诗歌最深刻的需求得到了满足：这是另一个民族，另一个国家，另一个不同于西方但同样充满了智慧的天地。这里曾是文明古国，诗歌中完好无损地保存着古老的文明，洋溢着忧伤和悲怆感，但这忧伤和悲怆从未征服过这个文明。这里有活生生的诗，有细致的描写，还有和人类之爱相结合的自然之爱，追求任何自然的和谐。而更为重要的是，这些手稿对他来说，正是自由地再造他自身创作技巧的楷模。中国古典诗歌、中国文字所具有的独特魅力彻底征服了正在寻找出路的庞德，他似乎感觉到自己得到了文艺女神的特别馈赠和青睐。他不无感慨地说道：上世纪（指19世纪）我们重新发现了中世纪，而这个世纪我们在中国重新发现了希腊文化的魅力……毋庸置疑，只要我们对中国文化有深入的了解，就会发现中国诗歌中有纯净的色彩。

也许这是一种文化或文学上的奇缘吧！试想，要是费诺罗萨不曾整理研究过中国文字和中国古典诗歌，要是费诺罗萨夫人不曾前往伦敦，读到庞德的诗歌并且觉得庞德正是那个能理解她已故丈夫的研究成果的合适人选，要是庞德与这批手稿失之交臂……这场姻缘也许就永远也不会出现了。但是，我们绝不能低估庞德内在的文化和文学需求，没有这种需求，姻缘也难以成就，偶然性中包含着必然性，偶尔得到的东西往往潜藏着长期等待的心理契机。庞德天生有一种不安于现状的性格,向来喜欢猎奇求新。正是这种求变求新的天性促使他不断跨越文化的界限,在新的多元文化背景中寻求文学创作上的一次次突破。学界和庞德研究界一般认为庞德有两次重要的突破。第一次是他突破了西方文明和文化氛围及其思想方式,用一种新的方式写诗。这次突破使他开始走向东方,将自己敏锐的艺术触角伸向了东方文化和文学,尤其是中国文化和文学。这也意味着庞德穿越了欧洲的历史观念和理性传统,从相对的另一个极点回归于西方文化史最初状态。然而,这一次突破却带有明显的局限性。庞德对东方文化的向往仍然在某种程度上受到自中世纪以来统治西方文化思想领域的逻辑、理性的束缚,仍然从某种对抗或对立的观念出发,认为东方文化、中国文化是西方文化的一种互补。庞德自称将佛教和道教合二为一是为了解决西方文化遭受一战创伤后所亟待解决的问题。这一次突破具体体现在他对中国文字和中国古典诗歌审美趣味和表达方式的学习借鉴之中。庞德的第二次突破则是对人类文明理念本身的突破,而不仅针对西方文明和文化。这一次他转向了人类最有希望的自我纯净和更新的文化资源。为了使人类达到自我纯净和更新,庞德将目光投向了儒家学说,但是他又超越了儒家学说的精神理念。这一次的突破具体体现在他对儒家政治经济思想及道德思想的学习借鉴上。了解了庞德的这两次突破也就等于了解了庞德自身的创作实践和理论,了解了庞德与中国文化的关系。庞德的每一次突破,都意味着他的创作实践和理论有了一次质的飞跃,都意味着他对中国文化的再一次吸收和进一步的理解,通过吸收和理解中国文化又使西方文化得以丰富和充实。如果换一个角度来思考庞德的这两次思想突破,我们不难发现,了解了庞德与中国文化的关系实际上也大大有益于中国文化的自身建设。作为外国文化和文学的学者或研究者,我们至少可以明白一个看似浅显实则容易被忽视的道理:任何文化和文学都有相通的一面,没有一种文化和文学对于人类认识自己是自给自足的,每一种文化和文学都有自身所不能表达或无法表达的地方和时候。两种或多种文化和文学之间的交流和互补可以促使彼此的进步和发展；反之，则会停滞不前甚至倒退灭亡。中国近现代史已经告诉了我们这个不争的事实：外国文化和文学在不同历史时期以引领、呼应或强化等形式，直接或间接地影响甚至左右了中国社会现代价值观的形成和确立；外国文化和文学为中国社会变革提供了文化上的阐释和反传统的话语；中外文化和文学间的交流与对话直接影响了中国文化和文学的选择，影响了中国文化和文学的演进。

正是从上述意义上来说，外教社引进的这本"剑桥文学名家研习系列"之《埃兹拉·庞德》是很有价值的，值得我们向有志于西方文化和文学研究以及有志于中西方文化交流与比较研究的中国学者推荐此书。此书是对庞德生平、创作以及对他作品接受情况的系统研究。全书分为四章，另附"注释"和"深入阅读指南"两部分内容。第一章是庞德的生平介绍，对庞德长达87年不平凡的一生作了简明扼要的介绍，特别适合初学者。如果读者想进一步了解庞德一生的行藏，可参看附录"深入阅读指南"部分提供的有关庞德生平的书籍，其中：Humphrey Carpenter 的 *A Serious Character, The Life of Ezra Pound*; Ira B. Nadel 的 *Ezra Pound, A Literary Life*; 以及 Noel Stock 的 *Life of Ezra Pound*，都是权威的有关庞德的传记。值得指出的是，附录没有列入笔者认为研究庞德生平较为重要的另一部传记：Peter Ackroyd 的 *Ezra Pound and His World*。该书也颇值得一读。第二章紧接着介绍了庞德从美国的费城出发游历欧洲的情况，着重介绍了庞德在伦敦、巴黎和意大利的威尼斯、拉帕罗等欧洲主要城市结交文学艺术界名流的情况，这些名流包括叶芝、乔伊斯和艾略特等。读者可以通过庞德在欧洲广泛的交游情况深入了解当时欧洲所盛行的现代主义的文学和艺术。第三章是本书的重点所在，这一章介绍了庞德的创作情况。庞德自1908年自费出版第一部诗集《 盏熄灭的灯》到1969年由纽约新方向出版社出版《诗章》的最后部分《草稿和残篇》，在长达六十余年的创作生涯中发表了大量的诗作和评论文字，为后人留下了一笔丰富的文化遗产。特别值得推荐给大家阅读的是：《华夏集》(Cathay)、《诗章》(The Cantos)、《文化导读》(Guide to Kulchur)。《华夏集》是庞德根据费诺罗萨手稿整理并改写而成的十九首中国古典诗歌。有学者认为《华夏集》是用英语写成的最美的书，如果这些诗是原作而非译诗，那么庞德便是当今最伟大的诗人。更有不少庞德研究专家将《华夏集》和《诗章》相提并论，认为两者分别代表了庞德诗歌创作和翻译生涯的两座高峰。庞德本人也对《华夏集》颇感得意，他甚至认为自己为费诺罗萨译著所做的整理工作中，《华夏集》是使他最感兴趣也是成就最大的。《华夏集》的译文语言极其简练、流畅而不浮华，遣词造句富于现代气息。艾略特为此称赞庞德是"中国诗歌的发明者"，并且预言，三百年后《华夏集》将成为"二十世纪诗歌的杰出范本"。但也有一些批评家，尤其是中国的批评家或外国的汉学家，则认为庞德的译诗乖离中文原意之处在在可见。有兴趣的读者可参看哈佛大学著名汉学家、庞德研究专家方志彤先生（Achilles Fang）1957 年发表的论文《费诺罗萨与庞德》以及香港叶维廉先生的英文著作 Ezra Pound's Cathay 一书。《诗章》是庞德自 1915 年开始动笔一直写到 1969 年还没有最后完成的史诗性巨作，庞德自己是把它作为堪与荷马史诗和但丁的《神曲》相媲美的伟大诗篇来创作的，并且认为这是他毕生的诗作。《诗章》的主题包罗万象，涉及的范围也很广，可以说政治、经济、文化、宗教、民俗等无所不包。2006 年出版的拙著《庞德与中国文化》中有相当多的篇幅分析了《诗章》，读者诸君不妨一读。《文化导读》一书国内不易得到，里面的文章主要是庞德对文艺等广泛领域发表的精彩议论。想领略庞德纵横捭阖的议论才华和散文创作的生花妙笔的读者可以退而求其次，看看艾略特为庞德编选的文学论文集 Literary Essays of Ezra Pound。本书第四章对中国读者来说尤其有价值，这章内容涉及欧美评论界和普通读者对庞德作品的接受情况。通过阅读这章内容，我们可以非常清楚地了解庞德创作的成败得失。该书作者在指陈庞德创作成败得失的同时还简明扼要地论述了之所以如此的原因。二十世纪五六十年代以来，庞德成了英美各大学所开设的文学课程的研究对象，一些学者、教授纷纷撰文著书评述庞德的创作得失，其中最著名的有两位。一位是加州大学的英语教授休·肯纳（Hugh Kenner），他是现代主义文学最强有力的支持者。他的《埃兹拉·庞德的诗歌》(*The Poetry of Ezra Pound*, 1951）在学界和读书界均具有十分重大的影响。他把庞德的政治思想解释为一种激进的保守主义思想，认为这种思想不可避免地会遭到他人的严重歪曲，因为庞德的思想包含传统的自由主义和改良主义成分。另一位是唐纳德·戴维（Donald Davie），他在名噪一时的《埃兹拉·庞德：作为雕刻家的诗人》(*Ezra Pound: Poet as Sculptor*, 1965）一书中猛烈抨击《诗章》的"荒诞、不健全"，认为庞德处理历史的方法是徒劳无益的，《诗章》整个就是"失败之作"。他甚至告诫人们再也不要写类似《诗章》这样的作品了。我们作为英美文学和文化的爱好者、学习者和研究者，应该要了解作家作品的接受情况，唯有如此我们的研究方可深入。

（本文是为外教社引进的"剑桥文学名家研习系列"（美国卷）中 Ira B. Nadel 著 *The Cambridge Introduction to Ezra Pound* 一书所写的导读）

T. S. 艾略特影射罗素的一首诗

T. S. 艾略特和罗素都是中国读者十分熟悉的。他们一为诗人、一为哲学家，都曾获得过诺贝尔文学奖，他们的作品在国内拥有大量的读者和评论者。但国内多数读者对于两人之间的关系却可能毫无所知或知之不详。本文通过解读艾略特的一首小诗来让读者对此有更多的了解。

艾略特于1906年进入哈佛大学就读本科，1909年获得学士学位，同年进入哈佛大学哲学系攻读硕士学位，翌年获得硕士学位并继续攻读博士学位，1913年成为哲学助教，给本科生上课，1914年前往欧洲游历。由于大战原因，他未能返回哈佛大学参加博士论文答辩，结果没有获得博士学位。彼时的哈佛大学哲学系群英荟萃，是世界上最好的哲学中心，教授都是一时之选，威廉·詹姆斯、乔治·桑塔亚那、约西亚·罗伊斯是其中的三大巨头。1914年春天，罗素应邀在波士顿做洛厄尔讲座（the Lowell lectures）讲演，同时在哈佛大学担任短期哲学教授，在此期间艾略特与之相识。罗素在哈佛开设了一门符号逻辑课（symbolic logic，又译数理逻辑，罗素是数理逻辑这一学科的创立者之一），艾略特是其中的学生之一，给罗素留下了深刻的印象。罗素后来曾经跟其情人奥托兰·莫雷尔（Lady Ottoline Morrell）说起艾略特："一个叫艾略特的学生，总是衣冠楚楚、举止优雅（One, named Eliot, is very well dressed and polished.）。"他在其《自传》中对此有较为详细的记述："我教一个研究生班，12个人，通常每周一次同我一起用茶。其中之一是T. S. 艾略特，他后来写了一首诗'阿波林耐克斯先生'。谈到这事，当时我还不知道艾略特写诗。我想他那时已经写了《一位夫人的肖像》和《普鲁弗洛克的情歌》，不过他可能觉得这事不该提起。他极端沉默,只有一次讲了一句打动我的话。我当时赞美赫拉克利特,他评论道'是的,他总使我想起维永'。我想他这话讲得太好了,以致我还希望他讲点别的。"(《罗素自传》第一卷,商务印书馆 2004 年版,第 307—308 页)艾略特说到的维永(也译为维庸)是十五世纪法国著名抒情诗人,著有《小遗言集》《大遗言集》等诗集。在艾略特看来,维永和赫拉克利特一样都有相似的宗教观念,反对偶像崇拜和宗教仪式,立身处世都有些放荡不羁。罗素提及的艾略特这首《阿波林耐克斯先生》(又译作《阿波林耐思先生》)诗写于 1915 年。据黄国彬先生说:罗素读了此诗后,也承认艾略特在影射他。(黄国彬著,《世纪诗人艾略特》,九歌出版社,2022 年版,第 45 页)

英国著名作家、传记作家彼得·阿克罗伊德(Peter Ackroyd)在《艾略特传》里说,罗素是典型的好色之徒。他既跟自己老师怀海德(Alfred North Whitehead)妻子(罗素的师母)有染,还跟学生艾略特的妻子维维安(Vivien)在其新婚期间(1915 年)发生婚外情。罗素邀请新婚不久的艾略特夫妇搬到他的府上去住,艾略特接受了邀请。奇怪的是,罗素曾问过艾略特他不在时自己跟维维安住在同一幢公寓里是否合适,艾略特居然很快就同意了。这真是一个奇怪的家庭组合。罗素和维维安有了不正当关系,但罗素似乎并不承认。阿克罗伊德说罗素在与维维安的关系上表现得不是那么坦诚(less than frank about his association with Vivien.)(Peter Ackroyd, *T. S. Eliot: A Life*, pp.66 - 67, Simon and Schuster, New York.)。罗素在《自传》里说他所做的一切是为了帮助这对年轻的夫妇,他想帮他们解决困难,"后来我才发现他们的困难正是他们所乐十为之的事"(until I discovered that their troubles were what they enjoyed.)。维维安生病后,艾略特给予了无微不至的关心和照顾。但艾略特"无微不至"的照顾并没有使维维安的病情有所好转。罗素主动提出带维维安去海滨胜地托基(Torquay)度假,享受那里的新鲜空气，费用由他支付，同时艾略特还可以继续从事他的教职。艾略特开始时并不反对，但后来觉得让妻子跟一个臭名昭著的好色之徒（so notorious a philanderer）一道外出未免太天真了，于是一周之后他也来到了维维安身边（Peter Ackroyd, *T. S. Eliot: A Life*, p.68）。黄国彬先生通过对《阿波林耐思先生》一诗的分析，告诉读者此诗确凿无疑地影射了色鬼罗素。为了笔者叙述和读者阅读方便，我把原诗和译诗抄录于下。

Mr. Apollinax

When Mr. Apollinax visited the United States
His laughter tinkled among the teacups.
I thought of Fragilion, that shy figure among the birch-trees,
And of Priapus in the shrubbery
Gaping at the lady in the swing.
In the palace of Mrs. Phlaccus, at Professor Channing-Cheetah's
He laughed like an irresponsible fetus.
His laughter was submarine and profound
Like the old man of the sea's
Hidden under coral islands
Where worried bodies of drowned men drift down in the green silence,
Dropping from finger of surf.
I looked for the head of Mr. Apollinax rolling under a chair.

Or grinning over a screen
With seaweed in its hair.
I heard the beat of centaur's hoofs over the hard turf
As his dry and passionate talk devoured the afternoon.

"He is a charming man"—"But after all what did he mean?"—
"His pointed ears.... He must be unbalanced,"—
"There was something he said that I might have challenged."
Of dowager Mrs. Phlaccus, and Professor and Mrs. Cheetah
I remember a slice of lemon, and a bitten macaroon.
(From *T. S. Eliot The Complete Poems and Plays 1909—1950*)

阿波林耐思先生

阿波林耐思先生访问美国时
他的笑声在茶杯间叮叮作响。
我想起弗拉吉利恩,那个桦树间的害羞人物;
想起灌木丛中的普里阿普斯
张着口呆盯秋千上的女子。
在弗拉库斯夫人的王宫,在灿宁·捷踏教授家里,
他笑得像个不负责任的胎儿。
他的笑声潜在海里,深不可测,
像大海老人的笑声,
隐藏在珊瑚岛下。
那里,溺者遭撕咬过的尸体从浪花的指间掉下来,
在绿色的寂静中漂沉。
我寻找阿波林耐思先生的头颅,在一张椅子下滚动。
或者在俯临一张屏幕咧嘴而笑,
海藻缠在头发中。
他那枯燥而激昂的演讲吞没下午时,
我听到人马怪蹴踏的蹄声滚过硬草地。
"他这个人真可爱"——"不过,他到底是什么意思呢?"
"他的一双尖耳朵……他的精神大概不稳定。"

"他的演讲中有一点，我当时应该反驳。"
贵妇弗拉库斯夫人和捷踏教授、夫人呢，
我只记得一小片柠檬、一块咬过的蛋白杏仁甜饼干。
（黄国彬译。选自黄国彬著《世纪诗人艾略特》，第45至48页。）

　　诗歌首句开宗明义地说罗素到了美国讲学，接着开始描写"色鬼的特征，字里行间充满了鄙夷"（黄国彬语）。普里阿普斯是希腊神话中的人物，是肉欲和淫乐之神，西方所谓的普里阿普斯式的作品就是色情的、淫秽的、宣扬肉欲的作品。他的雕像是一个大胡子男人，身穿长衣，拥有硕大的生殖器。他"张着口呆盯秋千上的女子"，一副色眯眯的样子。罗素好色，喜欢始乱终弃，《罗素自传》里多处写到他如何跟有夫之妇的不当交往。"在灿宁·捷踏教授家里"极有可能暗示怀海德教授。"他笑得像个不负责任的胎儿"，"不负责任"直指罗素勾引有夫之妇、始乱终弃的恶劣品性。诗人为什么要用"胎儿"这个意象呢？黄国彬先生的分析很有道理：罗素的脑袋特别大，与身体几乎不成比例，而子宫中的胎儿最突出的特征就是不成比例的大脑袋。诗人还用"海怪"来比喻罗素，用"深不可测"讥讽罗素的心术和城府。"他那枯燥而激昂的演讲吞没下午时"则是在讽刺罗素讲课或演讲冗长乏味，浪费听众的宝贵时间。"我听到人马怪蹴踏的蹄声滚过硬草地"中的"人马怪"（centaur）也是古希腊神话中的人物，他是神女的迫害者，海岸边渔民的蹂躏者。诗人在此再度强调，罗素就是一个怪物，艾略特对他的鄙夷达到了最高峰。随后是一段对话，诗人有意让读者或听众来评价罗素，增加一点"客观"成分。"他这个人真可爱"以嘲笑的口吻说明罗素的幼稚可笑；"不过，他到底是什么意思呢？"是想说罗素的讲课或演讲常常故弄玄虚、不知所云；"他的一双尖耳朵……他的精神大概不稳定"。既拿罗素的外表开玩笑还认为他的精神不正常；"他的演讲中有一点，我当时应该反驳"。听众忍受不了罗素的胡说八道，觉得应该当场挑战他，予以驳斥。最后两行中提到的可能是在现场听罗素演讲的贵妇人和学界要人，但他们并没有给罗素任何增色，罗素的演讲根本就无足轻重。

艾略特后来到了英国，1915年与英国人维维安相识并结婚。罗素确实给艾略特夫妇提供了诸多帮助，使他们度过了生活中的不少难关，他们之间的关系也日益密切。但生活中的密切关系并没有拉近艾略特与罗素思想观念上的距离。据艾略特研究者指出，虽然罗素哲学中所包含的科学分析手段、逻辑方法以及语言策略等为艾略特早期的批判思维提供了一个很好的范式，为艾略特形成精密、系统的文学批评风格奠定了一定的基础，但艾略特超强的感性思维并没有使他成为罗素的忠实信徒，他对罗素的哲学一直保持着谨慎的态度。（蒋洪新著《T. S. 艾略特文学思想研究》，人民文学出版社2021年版，第37页）

艾略特和维维安的婚姻并不幸福，他之所以迅速步入婚姻的殿堂，部分原因是为了留在英国并顺利加入英国籍。1917年艾略特加入了英国籍。他跟朋友说，美国没什么值得留恋的。艾略特还多次提及战争加速了他的婚姻。当然，艾略特和维维安新婚燕尔时感情还是好的，艾略特在给朋友的信中称"结婚是我做过的最棒的事"。但婚后不久，艾略特发现两人性格截然不同：维维安大胆、活泼、敏感、情绪容易波动甚至有精神上的紧张不安，艾略特本人则胆小、害羞、性格内敛，由于患有先天性腹股沟疝气，限制了他的运动能力。更有甚者，两人婚后的性生活也不和谐。维维安暗指过艾略特有性障碍，觉得他患有厌女症或有同性恋倾向，这是导致罗素插足其间的重要原因。艾略特虽然知道罗素与维维安有染，也因此深感耻辱，但与罗素的关系并未因此破裂。

最后说说维维安的不幸结局。由于艾略特在婚姻中奉行了禁欲主义，对维维安的感情显得凉薄、排斥甚至厌恶。1932年，艾略特决绝地与维维安分居，这直接导致了维维安精神上的疯狂和崩溃。1947年，维维安在孤独中死于一家医院，结束了可怜又可悲的一生。

（发表于 2024 年 10 月 6 日《文汇报》"笔会"）

　　文章见报后，收到一位北京读者的反馈，我把 symbolic logic 译为"象征逻辑"不妥，应该说"符号逻辑"或者"数理逻辑"。另外，我的朋友董伯韬兄曾经翻译过艾略特这首诗，收入上海译文出版社新版《荒原：艾略特诗集》一书中。伯韬兄对诗中人物和典故有详注。我竟浑然不知伯韬兄的翻译和注释，作为朋友愧对伯韬兄。伯韬兄认为：艾略特这首诗纵然不是影射罗素，也自有不同凡响之处：它写尽了一战之前欧洲知识阶层的虚妄与虚无。此说甚是！另据伯韬兄见告，诗中的灿宁·捷踏教授是指哈佛大学教授威廉·亨利·斯科特菲尔德（William Henry Schofield, 1870—1920）。原文 Channing-Cheetah 在英语中有"猎豹"之意。

文化撷趣

谦让 推诿 失态

《阿方索和加斯东》是1901年首次刊登在纽约一份报纸《纽约日报》(New York Journal)上的连环漫画。阿方索(Alphonse)和加斯东(Gaston),这对法国朋友在日常生活中互相谦让,过分客气。无论走到哪里,两人都会互相推拉着说:"您请!""您请!""您请吧!""不,还是您先请!"在十多年的交往中,两人每每谦让有加:"您请,阿方索。""不,还是您先请,亲爱的加斯东。"漫画里的阿方索身材矮小,加斯东则人高马大,形成鲜明而滑稽的对比,但两人都形容丑陋、行为怪诞。漫画刊出后竟产生了始料不及的影响,英语中从此出现了"阿方索和加斯东做戏"(Alphonse and Gaston act)、"阿方索和加斯东套路"(Alphonse and Gaston routine)和"阿方索和加斯东综合症"(Alphonse and Gaston syndrome)等令人莞尔的表达方式。这些表述都是指双方过于客套,而且互相谦让已不成其为美德,而是不肯居先、互相推诿了:在对方没有行动之前自己绝不行动。因此,这些表述都带有了贬义色彩。

英语里还有"长者在前、美人在后"(age before beauty)和"珠玉当前、猪猡断后"(pearls before swine)的说法,表面是谦让实则却是得利不让人,有时甚至进退失据。两个男人同时抵达某地,其中一位年事稍高,一位相对年轻,走到门前时年轻人颇为潇洒地伸出一只手彬彬有礼地说道:"您先请!"年长者则回应道:"谢谢!恭敬不如从命了。"这时,那位年轻人不失时机地补充了一句"Age before beauty",两人相视一笑。这种情形属于正常的礼仪,年轻人还恰如其分地幽了一默。但是下面的情形就显得得利不让人了。两人乘坐公共交通工具,车厢里比较拥挤,男人看见有一个空位,抢在女人之前占了位子，落座之后还说了一句"Age before beauty"。貌似幽默，实则令对方尴尬，在他人看来男人的行为是失态。据说美国有两位女作家，都以尖酸刻薄而闻名，一位是诗人多萝西·帕克，另一位是剧作家克莱尔·卢斯，帕克年长于卢斯。两人同时被邀去某家酒店参加宴会。那天也真是冤家路窄，两人走到门口要进去时互不相让，最终年轻的克莱尔打破了尴尬的局面，她扬了扬手说"Age before beauty"。她自以为得利了，谁知多萝西不客气地箭步跨进了大门，回敬了一句"Pearls before swine"。两人从此交恶，当时的举动也属失态。"Pearls before swine"是英文里的一句习语，源自《圣经·马太福音》: cast pearls before swine，中文意思是："对牛弹琴"或者"明珠暗投"，为英语学习者所习知。2007年夏天我在美国大学里进修，有一次去华盛顿参加美国国务院举办的活动。进入现场时，我和一位美国教授互相谦让，我决意要体现作为中国人的传统美德，坚持让美国教授先行，结果美国教授就颇为幽默地说了一句"Pearls before swine"，我无奈只好先走进大厅。事后想想，我那天还是失态了，应该说一句"Age before beauty"，让美国教授先行，毕竟他要年长我很多。

  谦让是中国人的传统美德，这一点不遑多说。最近读《世说新语》，读至《言语篇》第56则发现魏晋时期的人不但善于清谈而且还颇具幽默感。话说简文帝司马昱担任抚军一职时与桓温一同入朝，司马大将军位高权重且年高德劭，大将军"相让在前"，桓温"不得已而先之"，于是说道："伯也执殳，为王前驱"；简文帝则回复道："所谓'无小无大，从公于迈'"。桓温和简文帝的对答都引自《诗经》，前一句的意思是：我手执丈二长殳，做着国王前驱。后一句的意思是：不论谁卑谁尊，都随着鲁公向前迈进。龚斌先生校释的《世说新语》里说：古人相逢不争道，乃谦退之美德。简文帝和桓温对答之间尽显风度，都没有失态。同样在《世说新语》里，《排调篇》的第46则记载了一个谦让而不失态的故事，全文照录如下：王文度、范荣期俱为简文所要，范年大而位小，王年小而位大。将前，更相推在前，既移久，王遂在范后。王因谓曰："簸之扬之，秕糠在前。"范曰："淘之汰之，沙砾在后。"

（发表于2022年4月5日《新民晚报》"夜光杯"）

英语中的"茶"

中国人饮茶的风尚在 7 世纪的唐代已经盛行了。那时日本派了大批"遣唐使"来华学习中国文化,自然也学会了中国人的饮茶。但是日本真正开启饮茶之风却要晚至 15 世纪,日本从中国移植了茶树后。由于种植面积广,茶叶产量足以供给日本人饮用,于是饮茶之习蔚然成风。

除了日本,最讲究饮茶的国家就是英国了。但英国人懂得饮茶之道则是更晚的事,"茶"(tea)这个字进入英语已经在 17 世纪了。据专家考证,1645 年英语中第一次提及"茶",而茶首次出现在伦敦一家名为加勒韦的咖啡馆(Garraway's Coffee House)。这家咖啡馆 1658 年开业,在狄更斯写《匹克威克外传》时尚在营业,次年在报纸上第一次刊登了一则关于茶的广告,称之为来自中国的饮料,味道极为美妙,在咖啡馆里可以喝到,由伦敦的皇家交易所出售。从此中国茶便成了英国贵族们的时髦饮料。以写日记而载入英国文学史册的著名作家皮普斯(Samuel Pepys, 1633—1703)在 1660 年 9 月 25 日的日记中这样写道:"我确实请人送来了一杯茶,我之前从未品尝过如此美妙的茶的味道。"(And afterwards I did send for a Cup of Tee〈a China drink〉of which I never had drank before and went away.)

在 19 世纪以前,英国的茶叶主要从中国进口。英国人喝的大多是绿茶,也喝红茶,比如武夷(bohea)和小种(souchong)等红茶在 18 世纪就很盛行。随着印度和锡兰的红茶销行之后,英国人一改喝绿茶的习惯开始喝起了红茶。红茶中加入白糖和牛奶,味道醇厚,这成了英国人不可替代的饮料。英国人喝下午茶的习惯自此养成,而且喝下午茶成了一种牢不可破的习俗。剧作家萧伯纳(George Bernard

Shaw, 1856—1950）说："穷困潦倒的英国绅士，哪怕卖掉最后的礼服也要拿换得的钱去喝下午茶。"小说家、散文作家乔治·吉辛（George Gissing, 1857—1903）在《四季随笔》(*The Private Papers of Henry Ryecroft*)的"冬季"一章中写道："英国人善过家庭生活的天才，在任何事情上都不如在午后饮茶这种大典（我们几乎可以这样称它）上，更为显著地表现出来。在装饰简陋的家里，饮茶的时刻充满了神圣感，因为这时意味着家里劳作和焦虑的结束，休息和交流的开始。"（英文原文典雅至极，我把英文抄录于后，供大家欣赏：In nothing is the English genius for domesticity more notably declared than in the institution of this festival—almost one may call it so—of afternoon tea. Beneath simple roofs, the hour of tea has something in it of sacred; for it marks the end of domestic work and worry, the beginning of restful, sociable evening.）移居英国的美国作家亨利·詹姆斯（Henry James, 1843—1916）在其经典之作《贵妇人画像》(*The Portrait of a Lady*)中写道："人生最舒畅之时莫过于饮下午茶。"（There are few hours in life more agreeable than the hour dedicated to the ceremony known as afternoon tea.）这简直像极了我国北方地区俗话中所说的"好吃不如饺子，舒服不如躺着"。读过艾米莉·勃朗特写的《呼啸山庄》的读者一定会记得小说第二章中叙述者"我"——洛克乌先生——第二天下午再度前去"呼啸山庄"拜访希斯克厉夫时，他和希斯克厉夫一家人在一起喝的就是下午茶。

自17和18世纪以来，英国众多的文人墨客都对中国茶赞赏有加，在他们的诗文中大事揄扬，比如著名报人、散文家爱迪生（Joseph Addison, 1672—1719）、诗人蒲柏（Alexander Pope, 1688—1744）、大文豪约翰生博士（Samuel Johnson, 1709—1784）、湖畔派诗人柯勒律治（S. T. Coleridge, 1772—1834）、小说家狄更斯（Charles Dickens, 1812—1870）等。到了18世纪中叶，英国人，上至王公贵人，下至贩夫走卒，都喜欢喝茶，因此茶叶进口的数量越来越大。有一位叫乔纳斯·汉韦（Jonas Hanway）的贵族写了一篇《论茶：茶有害健康，使人民怠惰、国家贫穷》(Essay on Tea)的小册子，在文中大骂一户人家的侍女喝茶失了规矩，又骂修路工人不好好干活偷着喝茶。他说武夷、龙井、熙春等茶叶对健康有害，尤其会对妇女们的天生丽质有破坏作用。还说人们无精打采、消化不良、疲惫懒惰、郁郁寡欢都跟喝茶有关，因此他建议戒茶。他还计算出 100 万名工人一年工作 280 天，每人每 12 小时工作时间扣除 1 小时泡茶喝茶，英国国库每年亏损 583 330 英镑。言下之意，喝茶是贵族们的享受，工人阶级和普罗大众是没有资格享受的。这篇文章见报后引来了约翰生博士的强烈不满，立即撰文反驳。约翰生承认自己是"一个离了茶就不要命、不折不扣爱喝茶的人，过去二十年里他常将这种神奇的叶子冲泡了配饭来吃，他的茶壶很少会有冷下来的时候，他常在傍晚饮茶自乐，半夜饮茶暖胃，清晨饮茶提神"。（利奥·达姆罗施著、叶丽贤译《重返昨日世界》，广西师范大学出版社 2022 年版，第 173 页）可谓嗜茶如命，约翰生的朋友也说他对茶的热爱几乎到了难以置信的地步，只要有茶水端上来，他就会赞不绝口。据《约翰生传》(Life of Johnson)的作者詹姆斯·鲍斯威尔（James Boswell, 1740—1795）记载：我设想从来没有人可以比约翰生更喜欢喝茶的了。他整天喝的茶质量上乘，使得他的精神不同寻常地饱满，且从无懈怠之时，喝茶的习惯已经坚持了二十多年了。汉韦看到约翰生的反驳文章后大为光火，又写了一篇文章批评约翰生，约翰生也不甘罢休，经过了一段时间的深思熟虑后撰文予以回应。鲍斯威尔说：据我所知，在约翰生一生中，这是他唯一一次屈尊撰文反驳他人对他的攻击（the only instance, I believe, in the whole course of his life, when he condescended to oppose any thing that was written against him）。在另一部关于约翰生的著名传记《约翰生传》中，哈佛大学文学教授沃尔特·杰克逊·贝特（Walter Jackson

Bate, 1918—1999）写道：老约翰生（传主约翰生之父）担心妻子花钱大手大脚，建议节约家计支出。其中一条建议令萨拉（约翰生之母）难以接受，因为老约翰生让她减少与邻居来往，这样可以节省一大笔茶叶费用。贝特教授进一步指出：茶叶在当时十分昂贵。一磅茶叶价格高达三十五先令，这至少相当于当前价格的十五倍（参见《约翰生传》，李凯平、周佩珩译，广西师范大学出版社2022年版，第16页）。可见在约翰生那个时代茶叶确实不是普通劳工阶层可以随便享用之物。柯勒律治曾这样感慨道："感谢上帝，我喝到了茶！没有茶可怎么活下去啊！我幸而生在有了茶之后的世界。"19世纪英国作家、哲学家、神学家西德尼·史密斯（Sydney Smith, 1771—1845）更是不无夸张地认为：英国人在战场上取得的胜利得益于茶，因为茶可以使人增加勇气、产生精力。士兵受了伤或是失血过多，第一件事就是给他喝一杯酽酽的茶。有人曾经开玩笑说，英国人平均每天要喝七杯茶，照三千万人口计算，全国人民一年所喝的茶倒入湖中，可以托浮起三十艘巨轮。可见喝茶对于英国人的重要！上述所列的英国作家有关喝茶的叙述只是我极为有限的阅读所及，挂一漏万，在所难免。

　　英语中与"茶"有关的表达为人所常见的有：broken tea 喝淡了的茶，"淡而无味的茶"则可以说 husband's tea。如果要说"这茶经得起泡"，英文通常说 the tea draws well。cup of tea 在日常口语中有以下几个意思：1）所喜爱之人或物：Physics, not art, is my cup of tea. 我喜欢的是物理，而不是艺术。2）注定的命运：He has a sad life, but that's his cup of tea. 他过着悲惨的日子，但那是他命该如此。3）特定的人或事，可疑的人或事，应提防的人或事：Peter seems to be a very unpleasant cup of tea. 彼得似乎是一个很令人讨厌的人。That's another cup of tea. 那是另一回事了。For all the tea in China 也常见于日常口语中，意为：不管怎样……；无论如何……，且常用于否定句中。比如：That man was so rude to me! I wouldn't go back to that job for all the tea in China!（*Longman Dictionary of English Idioms*）那个家伙对我实在无礼！我无论如何不会再去干那个工作了。英语中对下午茶的表达可以有：five o'clock tea 通常指午饭和晚饭之间的茶点；high tea 又称 meat tea 指下午五点至六点之间的正式茶点，除了茶，还有鱼肉和涂了黄油的面包，有些英国人以此指晚上的主餐，晚上早些时候吃，包括有烹调好的饭菜，一般是在家人下班、放学回家之后享用。比如孩子放学回家通常会问："What's for tea tonight, mum?"（妈妈，今天晚餐吃什么？）；low tea 指晚餐前的茶点。pink tea 则通常指正式的社交活动，在美国也指有女士参加的较为轻松的社交活动。take tea with somebody: to engage with, encounter, in a hostile way. 与某人打交道；与某人狭路相逢。

由于喝茶是英国人日常生活中必不可少的一项活动，所以与茶有关的表达就远不止上述所举的例子。查一查 Eric Partridge 编撰的《英语俗语俚语词典》第八版（*A Dictionary of Slang and Unconventional English*, 8th edition），我们可以在 tea 词条下找到很多与之相关的搭配：tea-and-tattle 指的是在小范围的社交场合喝下午茶；tea-blow 指出租车停车处供应的点心；tea-bottle 指喜欢喝茶的中下阶级的老妇人；tea-chop 指贩运中国茶的船只；tea-cooper 指从船上卸茶的码头工人；the tea-cosy mob 指来自西印度群岛的在伦敦等城市大街上闲逛的无业游民；tea-cup and saucer 指中产阶级玩的高级游戏；tea-kettle 指早期的一种汽船，后泛指破旧不堪、雨天漏水的汽车；tea-leaf 指小偷；tea-man or teaman 指有权每晚享用下午茶的犯人，一般犯人晚上只能喝粥或麦片；tea-pot lid 可以分别用来指"犹太人"、"伦敦佬"和"乳臭未干的小孩"等。

总之，我们在学习英语、了解英国文化和习俗的过程中，多多留意这些与"茶"有关的表达方式可以增加学习的兴趣，进而丰富自己的知识，这是何乐而不为的事情啊。

（发表于 2022 年 6 月 10 日《上海书评》）

文章发表后，有读者来信问我：您之前的文章里写到约翰生（Samuel Johnson）博士时都写作"约翰逊"，现在为什么写作"约翰生"了？这个问题涉及译名翻译，Johnson 按照约定俗成的译名应该是"约翰逊"，也有译成"约翰孙"的。我之所以改为"约翰生"，是受了爱德华·纽顿《藏书之乐》的译者陈建铭先生的影响。陈先生在《藏书之乐》的译注里说："此人（约翰生）饱读诗书、满腹经纶；出口便成章、下笔如有神，且不论成就、为人，丝毫不足以为'逊'；况且，son 何以能为'孙'呢？"我觉得他讲得很有道理，于是以后行文提及 Samuel Johnson 处均译为"约翰生"。

英国元帅基钦纳"索要"中国瓷器

乔治·奥威尔（1903—1950）在《我为什么写作》（*Why I Write*）一文中回忆早年写作经历时写道："我十一岁的时候，爆发了1914—1918年的战争，我写了一首爱国诗，发表在当地报纸上。两年后，我又写了一首悼念基钦纳逝世的诗，也登在当地报纸上。"这首悼念诗的题目就是《基钦纳》，于1916年7月21日刊登在当地一家叫做 *The Henley and South Oxfordshire Standard* 的报纸上，全诗如下：

Kitchener

No stone is set to mark his nation's loss,
No stately tomb enshrines his noble breast;
Not e'en the tribute of a wooden cross
Can mark this hero's rest.

He needs them not, his name untarnished stands,
Remindful of the mighty deeds he worked,
Footprints of one, upon time's changeful sands,
Who ne'er his duty shirked.

Who follows in his steps no danger shuns,
Nor stoops to conquer by a shameful deed,
An honest and unselfish race he runs,
From fear and malice freed.

基钦纳

无墓碑纪念民族的损失，

无坟茔安卧高贵的身躯；
甚至不必去架个木十字，
表明英雄远去。

不需这些，他英名盖世，
他的业绩时时提醒世人；
在时间的沙上留下足迹，
从不逃避责任。

后来者追随他不畏险境，
学他从不肯屈尊于无耻，
毕其一生诚实而无私心，
不害人不畏忌。

一个十三岁少年，对自己心目中的英雄顶礼膜拜，纯真而自然。倒是诗的格律和韵脚都无可挑剔，足见奥威尔小小年纪在诗歌创作上便出手不凡。奥威尔笔下的这位基钦纳（Herbert Kitchener, 1850—1916）是英国陆军元帅。根据《大英百科全书》的介绍，他早年毕业于伍尔威奇皇家军事学院，1874 年开始在中东服役，1886 年任英国红海领地总督。由于他精力充沛、办事认真，1892 年被任命为驻埃及陆军总司令。1898 年 9 月 2 日在恩图曼战役中粉碎马赫迪的苏丹军，然后占领喀土穆，并着手重建这座城市，使之成为苏丹英埃政府的中心。他在苏丹的行事风格果断，处理问题不拖泥带水，因而赢得了宗主国英国人民的尊崇，在英国声望大增。他很快被任命为苏丹总督，翌年参加南非战争，担任陆军元帅罗伯茨爵士的参谋长。1900 年 11 月接替罗伯茨担任总司令。在南非布尔战争的最后阶段，他为了对付游击队的抵抗，不惜采取一切残酷的手段，如焚烧布尔人的农舍、将布尔人的老弱妇孺赶进集中营等。英军在南非取得胜利后,基钦纳回到英国,1902年被封为子爵。不久,他又被任命为驻印度英军总司令,但因与印度总督寇松爵士发生争吵,1905年被解职。1911年出任埃及总督,直到1914年8月统治埃及和苏丹。1914年6月被册封为伯爵。第一次世界大战爆发后出任陆军大臣,并晋升为陆军元帅。一战期间,他迅速征召大批志愿兵作为职业军人进行训练,招募海报上有一幅基钦纳的头像,上面写着"英国人:基钦纳需要你们,加入祖国军队吧!天佑国王"。这支部队后来成了崭新的"基钦纳军"。1916年,基钦纳因俄国沙皇之邀乘坐"汉普郡"号巡洋舰前往俄国,德国海军在基钦纳经过的北海水域设置水雷,击沉了该巡洋舰,基钦纳在大海中溺水身亡。

关于基钦纳之死,当时流传着各种说法。有一位叫唐纳德·麦考密克(Donald Maccormick)的作者写了一本《基钦纳勋爵的神秘之死》(*The Mystery of Lord Kitchener's Death*),书中说到"汉普郡"号下沉时同行的六百多人中尚有十数人生还,其中一人听见有人在喊"给基钦纳勋爵让路"。人们据此推测,基钦纳并没有死,他被救起后成了俘虏,后隐居在某个岛屿上。也有一种说法是他根本没有乘坐"汉普郡"号出发去俄国,而是趁此机会去了东方另辟一秘密战线,为英国开辟更大更多的殖民地。还有一种说法是说英国当时的首相劳合·乔治联合前任首相的太太等人密谋置基钦纳于死地。另据当时有消息灵通人士推测,基钦纳之死有可能是有人把情报出卖给德国海军部门,导致他在前往俄国途中溺毙。这一推测似乎也并非空穴来风。一战爆发后,英法联合对德作战,法国元帅约瑟夫·雅克·霞飞是最高指挥官。自负的基钦纳不愿受制于霞飞元帅,拒绝前往欧洲大陆参与作战,此举引起英国内阁同僚不满,他之所以前往俄国是迫于舆论压力不得已而为之。他乘坐的巡洋舰刚刚离开英国港口未几即遭水雷袭击,因而有人怀疑德国人何以消息如此灵通,其中必有人出卖了情报。

从以上对基钦纳一生行状的描述不难看出，奥威尔笔下的"英雄"是一位地地道道的英国"殖民者"，他的所谓赫赫战功都是建立在英国的殖民地，包括埃及、苏丹、南非和印度等国家的人民身上，可以说是这些国家人民的鲜血染红了他的各种"冠冕"。殖民地人民不同于奥威尔，他们不会将基钦纳视为"英雄"。1956年1月1日苏丹宣布独立，第二年就把有关纪念基钦纳的纪念碑和塑像全部铲除。从英国人自己撰写的有关基钦纳的传记中也可看出，有大约百分之八十的英国人似乎不大喜欢他，英国二战期间的首相丘吉尔在得知基钦纳死讯时就不无揶揄地说"他这样死了倒是痛快得很"。有人说丘吉尔之所以这样是因为苏丹战役期间年轻的丘吉尔想从军参战，结果遭到基钦纳拒绝，丘吉尔因此怀恨在心。丘吉尔在其1950年代精心撰写的巨著《英语民族史》（*A History of the English-Speaking Peoples*）（据夏济安先生说此书正式出版前在美国的《生活》杂志上连载，稿费是一个字一美元，夏先生对丘吉尔的英文之好赞不绝口，认为物有所值）第四卷中三次提及基钦纳，语气平和，叙述客观，只是说基钦纳在南非"布尔战争"中被迫使用了"焦土政策"（"Scotched earth" policy），由此造成了大量无辜平民死亡。

近读高伯雨所著《听雨楼随笔》（辽宁教育出版社，1998年版），其中的"吉青纳贪索中国瓷器轶闻"述及基钦纳生前于宣统元年（1909年）曾经来到中国，在沈阳故宫索要瓷器时闹出官场间一出滑稽戏目。高先生文章先引了末代皇帝溥仪的"内务府大臣"金梁的回忆文章。金梁在文章中回忆道：基钦纳爱瓷成癖，自言视兵如子，而以瓷为妻。他来到中国后，得到监国摄政王载沣的允许，可以在沈阳故宫任意选取两件瓷器。金梁觉得很为难，因为沈阳故宫多藏佳瓷，宋元明清均有，尤以康雍乾三朝时为多，如果任基钦纳自选，取走大器重宝怎么办？于是，金梁命人"先检巨且精者百十器，移贮别库，始导之入"。谁知基钦纳"一览无余"之后马上就问还有更好的瓷器藏在哪里，金梁回答说没有了，基钦纳立即拿出照片为证，搞得金梁十分尴尬，但仍答以不知道。于是，基钦纳怏怏不乐，"选小瓶，小尊，小盒各两件，皆精瓷"。还嫌不够，"尚欲别选佳者"，金梁急忙阻止他，说只允许选取两件，为何还要多拿？基钦纳听罢，随手将小盒加在小瓶上，说这是一件，然后指着小尊说，"此尚缺顶"。简直是巧取豪夺了，金梁只好正色道："此宫禁也，幸勿失礼，余也考古者，奈何漫语！"基钦纳虽无言以答，但还是要强行"携大器以出"，"其状如稚子得美食，爱之不能释手，可笑甚矣"。双方争执不下，只好请人调停其间。最后征得时任东三省总督锡良同意，锡良又与在座的洋务大臣梁士诒商量。梁答曰："既有电旨，即多取，亦只得许之，不可以细故失其意。"最后基钦纳如愿以偿拿到了他要的瓷器。顺便说一句，中国瓷器历来受外国人重视，但自明代万历以后，中西交通渐渐频繁，于是中国瓷器制作绘画就采用西方手法，这一风尚一直到清朝道光年间才渐渐衰歇。据向达先生《唐代长安与西域文明》一书中介绍："康、雍、乾三朝，中国瓷器深受西洋瓷器输入之影响，于是继起模仿：一方面则效新式，以偿一己好奇之心；一方面即以之输出，投外国之习好。"（《唐代长安与西域文明》，商务印书馆，第534页）基钦纳如此爱好中国瓷器恐与向达先生所说原因不无关系。

　　高伯雨先生认为金梁的记述有不实之处，不可尽信。梁士诒在宣统元年并非一个了不起的大臣，他怎敢自作主张，任基钦纳随意选取古瓷。高先生认为"在专制时代，休说梁士诒这样小官不敢作此主张，就是东三省总督，或京里的军机大臣也不敢擅自主张任外国人予取予携的"。为了弄清真相，高先生特为查阅了梁士诒年谱，这本年谱虽未经梁本人生前过目，但材料必有根据，且经叶恭绰先生总阅一过，以梁叶之交情而论，年谱所记较近事实。根据年谱，梁士诒和基钦纳是旧交，基钦纳来中国，梁士诒"留之作十日饮，且陪其遍游京师附近名胜"。基钦纳回英国途经日本，梁士诒陪同他到大连和沈阳，到了沈阳时"会外务部电传上谕,饬东三省总督锡良,于奉天内库取古瓷两件赏赐吉青纳"。锡良遵旨取豇豆红花瓶一对送给基钦纳,哪知基钦纳说按照中国习惯一对算是一件,今奉旨赏两件,是应得两对。锡良大窘,与梁士诒商量,梁建议锡良致电外务部代奏请旨"以为从违"。锡良照办,旋得旨准赐两件。基钦纳欣喜不已。

究竟是否隆裕太后和摄政王载沣将瓷器赏赐给基钦纳的呢?按照金梁的回忆和梁士诒年谱所记,似乎是太后和摄政王深知基钦纳爱好瓷器,赏赐给他几件以示睦邻友好,大有"恩出自上"之意。其实不然。高伯雨先生又据《锡良遗稿》所载,指出并非"恩出自上",而是这个深爱古瓷的英国元帅主动向中国提出的。《锡良遗稿》中说:"该英将以久闻盛京大内恭存瓷器为世界之宝,吁请恩赏,籍邀荣宠。"高先生认为这一说法较近常理,清廷断不会因外国一个将军来华游历,知道他心爱古瓷就赠以大内古瓷的。

不管怎么说,这位英国元帅来了一趟中国,从沈阳故宫如愿取走了他所喜欢的两对古瓷。这不知算不算得上是中英"文化交流"史上的一个别样的插曲?另据英国朋友告知,基钦纳生前居住的房子以六百万英镑的价格出售,购买者是一个名叫 Anson Chan 的香港投资商。英国朋友感叹道:就是不知那两对古瓷去了哪里!

(本文以"英国元帅基钦纳及其 1909 年在沈阳故宫'索要'瓷器事"为题发表在 2022 年 8 月 27 日的《南方都市报》上,这次编入文集在文字上略作改动)

英语里有关 Dutch 和 French 的相关表达及其含义

自古以来居住在英伦三岛上的人们自认是"岛国之民"（the Islanders）。在他们看来，世界上任何其他地方都是海外（overseas），所以他们与生俱来就有强烈的独立意识（independent）和岛民特性（insular）。英国人普遍认为，与欧陆隔离恰恰是英国的优势所在，"加入欧洲是错误的"或者"我们应该脱离欧洲"之类的说法几乎是自第一次世界大战以来英国人的共识。英国人天生具有的优越感在莎士比亚《理查二世》中塑造的一个人物的表述中体现得淋漓尽致，他就是年迈的兰卡斯特公爵刚特的约翰（John of Guant）。他临终前想对英国国王进一番忠告，希望他做一个称职的国王，爱惜这片国土："这个王君所有的宝岛，这庄严的国土，这战神的家乡，这第二个伊甸园，具体而微的乐园，这造化为她自己所建筑以防止外来腐化和战争侵袭的堡垒，这幸运的民族，这小小的世界，这镶在银海当中的宝石，以海做它的屏藩或是护宅的壕沟，以抵拒较不幸运的国家的嫉恨，这福地，这国土，这领域，这英格兰……"（《理查二世》第二幕第一场，梁实秋译）这样的岛国情怀使得英国人产生了对欧洲其他国家的偏见甚至排外情绪。有的英国学者认为英国人的这种偏见或排外情绪深深植根于其语言之中，欧洲其他国家的人被英国人视为"极其野蛮的外国人"（beastly foreigners）（参见 Mark Forsyth: *The Etymologicon*, p.76），或者是"滑稽可笑的外国人"（funny foreigners）（参见 Jeremy Paxman: *The English*, p.24）。

在欧洲主要国家中，英国人似乎对德国相对比较友好。German measles（风疹）一词根本算不上是贬义词，英语中几乎没有出现充满敌意或者刻意嘲弄的词语和表达，这或许是因为早期从欧洲大陆进入不列颠的盎格鲁人、撒克逊人和朱特人都是日尔曼民族。在德语中也仅有 die englische Krankheit（英国病，特指抑郁症之类的疾病）。英国一度和西班牙交战，英语中曾经出现过 the Spanish gout, needle, pox 和 Spanish practices，前者指"梅毒"，后者指"腐败"，也仅止于此。与葡萄牙人有关的英语词汇和表达带有贬义色彩的稍多于西班牙人：Portugee 是指除法国人外的任何外国人，贬义成分并不多；Portugee parliament 是"只有夸夸其谈的说话者而没有侧耳倾听的听众"的议会讨论；Portugese militia 是"乌合之众，暴民"；Portugese pump 则是"手淫"。唯独对于荷兰和法国，英国人视之为敌人，而且是宿敌（ancestral enemies）。

在 17 世纪和 18 世纪早期，荷兰曾经是海上强国，不仅拥有强大的海军，海上贸易也极为发达。荷兰原是西班牙属地，1609 年通过国内革命摆脱了西班牙殖民统治，成为独立国家。荷兰的国土面积小、自然资源匮乏，只有依靠海上贸易才能发展经济。为了加强海上交通，荷兰大力发展造船产业，并很快成了欧洲的造船中心。波罗的海沿岸的粮食、德国的酒类、法国的手工业品、西班牙的水果等都是经由荷兰的船只运往北欧地区的。17 世纪初荷兰组建了东印度公司，海上贸易不断拓展，一直扩大到了亚洲的印度、印尼、马六甲、锡兰乃至中国。17 世纪中叶荷兰占领了好望角，在非洲建立了殖民地；在北美洲以哈得逊河流域为基础，建立了新尼德兰殖民地；在南美洲则占领了安得列斯群岛中的一些岛屿。在整个 17 世纪，荷兰取代了西班牙和葡萄牙，将殖民的触角伸向了全球。英国于 1640 年至 1649 年内战结束后脱颖而出，克伦威尔上台后大肆扩军，使英国军事力量得以极大加强，尤其是海军的力量扩大了三倍多。英国人不能容忍荷兰垄断全球贸易，一心想步武荷兰成为海上强国，于是通过颁布《航海条例》剑指荷兰，与荷兰展开了海上争斗。从 17 世纪到 18 世纪，英荷之间一共发生了四次大规模的海上战争，互有胜负。由于荷兰是英国的贸易对手（trade rival）和海军劲敌（maritime adversary or naval jealousy）的原因，所以从 17 世纪初开始，英语里的 Dutch 一词就都带有了贬义色彩。即使到了两个国家不再为争夺海上霸权而直接诉诸武力之时，英国人仍然创造了新的带有侮辱性质的词或词组来嘲笑或抨击曾经的宿敌荷兰人。下面列举几个例子来说明：

In dutch 意思为"陷于麻烦之中"（in trouble）；"值得怀疑"（under suspicion）；这样的表达方式一直到 20 世纪的二三十年代仍在美式英语中广泛使用。

Do a dutch 意为"放弃"（desert）、"逃跑"（run away）和"潜逃"（abscond）。

Dutch courage 用以指某人逞酒后之勇，其实并没什么勇气可言（the courage found at the bottom of a bottle）。

Dutch talk 讲些莫名其妙谁也不理解的话（talk gibberish）。

Dutch auction or sale 弄虚作假的拍卖或销售，有时也指故意抬高价格。

Dutch bargain 喝了酒后达成的交易，事后往往不认账。

Dutch build or Dutch-built 虎背熊腰或五大三粗的人。

Dutch comfort "比上不足、比下有余"式的自我安慰、自我排解，其实算不上真正的安慰（Thank God it is no worse）。

Dutch concert or medley 自顾自演奏或演唱，不协调之音。

Dutch wife 不是真正的妻子，而是类似中国人说的"竹夫人"，即枕头。热带地区的居民睡觉时用来搁脚或搁手的藤制或竹制架子。

Dutch widow 不是真正的寡妇，而是指妓女。

Dutch uncle 在英式英语里指一群用餐者用钱小气（tight-fisted），吃完饭后非得要各自付各自的，英语里的 go Dutch 也是这个意思。在美式英语里则指毫不留情的严厉批评者。

上述表达一直到 20 世纪二三十年代还在使用。荷兰政府在 1934 年终于注意到了这一现象：Dutch 一词在英语里被丑化。但是，想要改变这一现象却为时已晚，语言这东西很复杂，一旦使用久了或流行开来，不是谁想改就改得了的。于是荷兰政府明文规定：所有驻说英语国家的荷兰使节不许使用 Dutch 来表示荷兰或荷兰人，改用 the Netherlands。

有趣的是，英国人似乎有些"做贼心虚"，认为荷兰人也会像他们那样在荷兰语里使用贬低英国人的表达，只不过他们不知道而已，因为荷兰语对于英国人而言就是 double Dutch（难以理解的语言）。

当然英国的最大敌人还是法国，所以在英语里也有不少贬低法国人的词汇和表达。首先是与"性事"（sex）有关的，这也并不奇怪，任何语言和文化里，跟性器官或性事相关的骂人话总是最多的。在英语中 French 一词有"对男性的口交行为"（to perform an act of fellation upon）之意，1965 年出版的一部小说中有这样的一个句子：She thought he was asleep, and Frenched him.（参见 Eric Partridge: *A Dictionary of Slang and Unconventional English*, p.426, 1984）。French tricks 指的是针对异性的口交行为。French letter or French safe（避孕套），后者大约在 1910 年开始在加拿大英语中使用。The French Consular Guard 法国妓女在阿根廷首都布宜诺斯艾利斯法国大使馆附近招揽生意，她们通常穿着 French knickers（宽松的内衣裤）。French crown, goods, or gout; French disease; French pox; French marbles; French aches 这些表达都是指性病，尤其是梅毒，甚至连 Frenchman 一词也有梅毒的意思，而 Frenchified 则指染上梅毒等性病。A blow with a French faggot-stick 这一表达出现在 17 和 18 世纪的英语中，指因为染上了梅毒而烂掉了鼻子。French kiss 是指把舌头伸入对方嘴里的接吻方式。对丁英国人嘲笑的这种接吻方式，Jeremy Paxman 曾经不无幽默地说道：这是毫无道理的，难道英国人从来没有采用过这种方式吗？需要指出的是，英语中贬低法国人的表述并不仅仅局限于性事，英国人把任何不符合规范或不合适的行为举止都归咎于法国人，French drive 就是这样的一个表述，自 1940 年代开始使用，大概跟二战期间法国的维希政府向德国法西斯投降有关。take French leave（不告而别），源自法国 18 世纪参加宴会的客人不向主人告辞而自行离去的习俗，后也泛指不经允许做任何事情。French fare 指 14 至 17 世纪英国人中流行的过于讲究的礼仪。to have seen the French King，往往指一个英国男人泡酒吧喝醉了酒。French postcards or prints 在英语中是"色情画、春宫图"的意思。excuse or pardon my French（原谅我说了粗话或脏话），据 Jeremy Paxman 说，这一表达方式即便到了 1990 年代仍在英国人中普遍使用，英国前首相约翰·梅杰就曾经因说错了话当众向国民道歉。loose French 说粗话或脏话，speak French 虽跟说粗话或脏话无关，但指参加障碍赛或越野赛的马，大概是骑手向马发出的指令。你要是问一个英国人喜欢吃什么样的牛肉，他也许会回答"做得像法国人那样"（Done like a Frenchman），转了又转，暗指法国人的反复无常。英国文豪约翰生博士说他曾经读过一篇文章，作者试图证明风信鸡（weathercock）是按照法国的国家象征雄鸡来设计的，在塔尖上安置一只人造公鸡，风吹动它不停旋转，借此测定风向。顺便一提，Frenchman 在英语中还有"英国人之外的任何外国人"之意，也可见英国人对法国人的偏见和敌意。

同样有趣的是，法国人也不甘示弱，他们往往会反唇相讥，在法语里用了 filer à l'anglaise，就是英语的 take English leave，指英国人的"不辞而别"；le vice anglais 指的是"鞭刑"；les Anglais ont débarqué 指的是"女子行经，月经期"；damné comme un Anglais 意为"像英国人那样讨厌"。当然，因为还有其他欧陆邻居更令法国人担忧或害怕，所以英国人不是他们主要攻击的对象。但不管怎样，英语中大量针对法国人的充满偏见和敌意的词汇和表达充分反映了英国人一种怪异的精神分裂症。

（发表于2022年第11期《英语世界》，发表时略有删节，现恢复删去的文字）

相见时难别亦难
——英国人在社交场合的尴尬

对于英国人来说，见面时怎么跟人打招呼（greetings）和如何作介绍（introductions）是一件既尴尬又困难的事。据人类学家凯特·福克斯（Kate Fox）在《观察英国人》一书中说，传统打招呼的方式 How do you do? 本来是万能的，如今却日益式微。虽然在英国上层或中上层人士中尚有人在使用，但其他阶层的人却觉得这一方式过于做作而令人生厌。而同样答以 How do you do? 仿佛鹦鹉学舌，令人不堪，而且这种方式已经显得甚为老套。福克斯用三个词来概括英国人在见面时的这份尴尬：不舒服（uncomfortable）、不得体（clumsy）、不优雅（inelegant）。

那么其他打招呼的方式如何呢？福克斯认为，法国式的脸颊亲吻（the cheek-kissing）曾经在中上层和"喋喋不休的阶层"（the chattering class，指学术、艺术、媒体等圈中对社会文化问题大胆发表意见的人）中颇为流行，但被其他阶层的人讥为愚蠢和做作。尤其是"飞吻"（air-kiss），只限于女性之间，或者男性与女性之间，在男性之间则绝不可行。即便在亲脸成为习惯的阶层中，人们也还是不清楚到底是吻一侧脸颊还是两侧脸颊都吻，因犹豫不决而导致动作不一致，出现尴尬局面。在过去的十多年里，亲脸的习惯益发普遍，甚至在其他阶层也流行了起来，但是大多数人还是不知道到底该吻几次，阶层越高的倾向于左右脸颊吻两次，阶层相对较低的则更倾向于只吻一次，不管怎样都无法确定次数，整个过程都令双方尴尬和不适。所以，现在英国人打招呼通常是握手、亲脸、短暂而笨拙的拥抱或者拍背，几种方式混用。

握手一般是商业活动中或生意场上人们初次接触时互相打招呼、作介绍的方式。英国人的握手方式与其他国家的人也有所不同：握手时间短，仅仅是伸出一只手而已，另一只手不做任何动作。人们谈生意接触时间长了，打招呼时再握手就显得过于正式，而脸颊亲吻则又显得过于随便，尤其在男性之间绝不可行，于是打招呼又成了一件尴尬的事情。常见的现象是：人们半伸出手然后迅速缩回，或者伸出的手由握手变成挥手。总之，在打招呼或作介绍时，过于正式令人尴尬，过于随意也同样尴尬，英国人拘谨缄默性格（reserved and inhibited）可见一斑。

握手一般只在商业活动或生意场上作为打招呼或作介绍的方式，普通交际场合则被认为不合适，太认真或过于讲究（business-like）。人们在普通社交场合见面时也不会一开始就自报家门，比如"你好，我是约翰·史密斯"（Hello, I'm John Smith.），或者"你好，我是约翰"（Hello, I'm John.），这在英国也是不合适的。正确的做法是不作自我介绍，而是找到其他方式开启交谈，比如谈论天气。约翰生博士的名言："两个英国人见面，他们开口第一句话总是谈论天气。"（When two Englishmen meet, their first talk is of the weather.）说的正是这一方式。英国人在这一点上跟美国人完全不同，美国人初一见面就会表现出热情友好："你好，我是比尔。"（Hi, I'm Bill.），同时伸出双手，面带笑意。美国人这一连串的语言、动作和表情常常令英国人望而却步，畏葸不前。在小型聚会上，主人可以为客人作介绍，免去客人间的尴尬。但当主人介绍完了后，客人之间又不知该如何打招呼了。"How do you do?"已经不再用了，那么美国人常用的"How are you?"怎样呢？英国人觉得在初次介绍认识后再使用"How are you?"纯属多余，而且初次见面这样打招呼也显得过于亲密。更有甚者，不论自己身体状况如何，都以"我很好，谢谢！你呢？"（I'm fine, thank you, and you?）作答，显然不够诚实。

现在最常用的打招呼方式是:"很高兴见到你!"或者"见到你真好!"("Pleased to meet you." or "Nice to meet you.","Good to meet you.")但是,在英国人看来,人们乍见之下,根本难以知道与对方的见面是否令人高兴,如果你也答以"很高兴见到你!",那就是说谎,不免虚伪,至少是不够诚实。说"见到你真好!"要比"很高兴见到你!"相对更自然些,因为"好"(nice or good)一词更为中性。但由于平常谈话时太多使用"好"字,所以听到这个字时往往会起腻。

见面时打招呼作介绍难,见面后告别同样也难。对于告别时的难,福克斯同样也用了三个词来概括:尴尬(awkward)、窘迫(embarrassed)、无力(incompetent)。所不同的是,见面打招呼时双方可以马虎从事甚至顾左右而言他以避免一时的尴尬,但告别时不容如此草率。人们为了弥补见面时的粗略,告别时往往会做得繁复些,于是告别也成了一件难事。为了显示对主人或对方的尊重,客人通常得说几次"再见"然后才能真正"再见"。第一次说了"再见",好客的主人自然不会马上让客人走;第二次说了"再见",客人立即起身要走是不礼貌的;第三次说了"再见"也还不能马上就走,还得与主人再聊上几句,以示依依不舍;第四次说了"再见"才可以真的走了,走时还不忘说一番客套话。说"再见"就"再见"的告别方式是不礼貌的行为,会引发主人的不满(dissatisfied),而这一告别方式也违反英国人的基本礼仪,会让客人产生愧疚(guilty)。

总而言之,英国人在社交场合的左支右绌正应了唐朝诗人李商隐那句诗"相见时难别亦难"。

(发表于2023年5月2日《新民晚报》)

古诗文理解与英译

"女心伤悲，殆及公子同归"

——读《管锥编》札记之三

《诗经·豳风·七月》二章："……春日迟迟，采蘩祁祁。女心伤悲，殆及公子同归。"钱锺书《管锥编》引《传》(《毛诗故训传》)："春，女悲，秋，士悲；感其物化也。殆，始。及，与也。"又引《笺》(郑玄《毛诗传笺》)："春，女感阳气而思男；秋，士感阴(原文为"阳"，误，据范旭仑改)气而思女。是其物化，所以悲也。悲则始有与公子同归之志，欲嫁焉。"(参见《管锥编》第一册，第130页)周振甫在"《管锥编》审读意见"中对钱先生所引有不同意见："女与公子地位悬殊，'欲嫁'之说与今日读者之理解抵触，以'伤悲'为'思男'，亦同样抵触。"他建议钱先生："此处是否可先批《传》《笺》之误，然后转入《正义》(即孔颖达《毛诗正义》，现通称《诗经》)言时令感人之说亦有可取，与下文相贯。"周先生还引余冠英先生《诗经注》中对"殆及公子同归"的解释："是说怕被公子强迫带回家去。"钱先生的批注极有意思，以其一贯的幽默风格出之："'怕被迫……'殆如《三笑》中之王老虎抢亲耶？诗中无有也。'殆'可通'惮'耶？古之小学经传未见也。"这是对余冠英先生注解的回应。钱先生还在另一处针对《后汉书·五行志》所载汉桓帝时童谣"城上乌，尾毕逋"的余注发过一番议论。余先生注："毕，尽也。逋，欠也。居高临下的乌鸦都缺尾巴，比喻有权有势的没有好收场。"而钱先生则认为，"毕逋"即"䱜"，这是"状鸟之振羽拍翼声"。(《管锥编》第一册，第253页)钱先生说："余先生此类注诗(如以'殆'为'惮'之类)，吾等辱在友好，当如徐陵所谓'为魏公藏拙'耳。"(参见《周振甫讲〈管锥编〉〈谈艺录〉》第39页、第42页)徐陵是南朝诗人，北齐史学家魏收曾把徐陵的诗作收入其所编的文集里,希望借重徐陵之名使其文集传播于江南。徐陵渡江时却将魏收的文集沉入江底,人问其故,徐陵说这是为魏收藏拙。这个故事收在《隋唐嘉话》中,原文最后一句正是钱先生所引:"陵遂济江而沉之,从者以问,陵曰:'吾为魏公藏拙'。"接着钱先生针对周先生的修改意见评论道:"'地位悬殊'则不'欲嫁'耶?封建时代女贱而得入高门,婢妾而为后妃者,史不绝书,戏曲小说不绝写,至今世乡间女郎欲嫁都市高干者尚比比也。郑、孔之注未必当,但谓之不切实际不可也。"钱先生认为"余解欲抬贵劳动妇女,用心甚美……",最后指出《七月》后面几章采桑女"为公子裳""为公子裘",并没有什么"怕"而"被迫"的意思在。钱先生的批驳令人信服。

陈子展的《诗经直解》对这句诗的白话翻译是:这些女子心里不免伤悲,恐怕要和那些公子同归!(《诗经直解》,第476页)很显然,这是把"殆"解释为"恐怕""将要",查四川大学向熹先生编纂的《诗经词典》,在"殆"字项下有"只怕""将要"一解,引的例子正是这句诗。不过,"恐怕"在这里表示"估计、推测",并非"害怕、担心"之意。陈先生对这句诗还加了个按语:"女心伤悲,殆及公子同归者,女子自知得为公子所占有,恐为公子强暴侵凌而伤悲耳。在奴隶制度下,生产关系之基础为奴隶主占有生产资料与生产工作者。此生产工作者即奴隶主能当作牲畜买卖屠杀之奴隶。知此,则知此女心之所以伤悲矣。"(出处同上)陈先生的按语跟余先生的注解意思庶几近之,大约都是受时代所限和环境所迫而强作如是说也未可知。

扬之水的《诗经别裁》是近十数年来不可多得的解读《诗经》的上乘之作,不仅解说到位,而且引了前人大量的注解。阅读这些注解和扬之水的解读文字,令人对这句诗有茅塞顿开之感。该书第150页引范处义曰:"女子感其所见,念当嫁娶之时,将远其父母,所以伤悲,谓不得久于家。"徐绍桢曰:"此中采桑之人,固有婚姻及时之女,念及将有远父母兄弟之行,则我之在此采桑,能有几时,其心伤悲,固是出于性情之正。诗言殆及公子同归者，殆，将然之词，亦非谓此采桑之日也。"除了扬之水所引，我还可以再加上朱熹《诗经集传》中的解释："将及公子同归。而远其父母为悲也。"上述三处引言已经把这句诗的含义解释得足够清楚了：采桑女之伤悲，是因为即将离开家里亲人，远嫁给公子了，仅此而已。任何时代的女子出嫁，都会有这样的伤悲之时，此乃人之常情，不必如余、陈两位那样有意拔高、过度阐释。扬之水称赞《七月》之好，尤在于叙事，而叙事之好，更好在事中有情。（《诗经别裁》，第153—154页）"女心伤悲，殆及公子同归"是所谓"于不相涉处映带生情"（贺贻孙）。扬之水又引吴棠之语进一步解释嫁给公子为什么伤悲："归公子而心悲，女子之爱其亲也；养老人于寿眉，男子之爱其亲也。"但尚不只如此，"伤悲"还有另一面，即《毛传》所谓的"春女思"，或者不妨说"有女怀春"与"女子有行，远父母兄弟"正是一事之两面。扬之水最后的结论下得没错：这位一向不大谈性情的毛公，为《七月》一诗作《传》时，"倒是心明眼亮，觑得此中情致"。

翻开许渊冲的《诗经》英译本，看到这句诗的英文翻译，令人不禁莞尔：They are in gloomy mood. / For they will say adieu to maidenhood. 当此之时，大洋彼岸那位诗人（Robert Frost）的话又一次在心头萦绕：Poetry is what gets lost in translation. 许公的英译且不说不见了"公子"的踪影，"有女怀春"和"远父母兄弟"所形成的"伤悲"与"孝心"也不知去了哪里。倒不如像英国汉学家理雅各（James Legge）那样老老实实地照字面意思译出更好：That young lady's heart is wounded with sadness, / For she will [soon] be going with one of our princes as his wife. 说穿了还是那句老话：翻译的过程就是理解和表达，而理解是关键，表达得不好问题首先还是出在理解上。

（发表于2022年9月15日《上海书评》）

文章发表后得到文史专家蒋寅先生指教:"'女心伤悲,殆及公子同归。'今人注本皆谓奴隶之女惧掠于公子。予昔年尝著文辨之,谓公子者,诸侯之女也,《左传》有其例。此言同姓之女将随公子媵嫁而悲也。后见前贤亦有持此说者。"蒋先生举了秦松龄《毛诗日笺》例子:"妇人谓嫁曰归,既曰同归,似非男也。且诸侯之子凡男女皆得称公子。女心伤悲,先儒谓其豫有离亲之感,而严氏以为非经意。夫苟无离亲之感,则所伤悲者何事乎?"蒋先生认为"其说甚确"。

同时还收到读者反馈意见两条:一是我把《诗经》中的"豳风"误写成"幽风"了;二是最后一段我引理雅各英译时把princes误写成princess了。感谢读者朋友指谬!

是"涂改"还是"评论"
——对"雌黄"一词的理解

古人云:"凡事不宜刻,若读书则不可不刻。"这个"刻"字,不妨理解为"苛刻"。"苛刻"的意思是说人们读书时得逐字逐句地理解原文,每个字词都不可轻易放过。这样的"苛刻",是我们读书尤其是读古籍时应持有的态度,也可以说是读书的一种方法,即所谓的"精读"法。另外,我们在从事典籍外译工作时,"苛刻"的态度和方法也是非常重要的,不然,对典籍的理解出了问题,外语表达自然就不会是正确的。

近读颜之推的《颜氏家训》,在"勉学"一章中有这样一段话:"校定书籍,亦何容易,自扬雄、刘向,方称此职耳。观天下书未遍,不得妄下雌黄。或彼以为非,此以为是;或本同末异;或两文皆欠,不可偏信一隅也。"其中的"观天下书未遍,不得妄下雌黄"一句常为人所引用。我因为要将这句话翻译成英文,所以花费了一点时间和精力对原文做了一番探究。探究的结果却是令我大吃一惊:我发现后世引用者往往把"雌黄"理解为"评论"或"判断",其实"雌黄"在这句话中的原始意义并非如此。查《辞源》可知,"雌黄"一词有三解:一,矿物名。晶体,橙黄色。《史记·司马相如传》引《子虚赋》:"其土则丹青赭垩,雌黄白坿。"二,古人以黄纸书字,有误,则以雌黄涂之。因称改易文字为雌黄。所引例子正是《颜氏家训》中的这段话,说的是人们在校书时不能随便涂改纠正别人的文字。三,评论。元周密《齐东野语》十九"著书之难":"近世诸公,多作考异、证误、纠谬等书,以雌黄前辈。"今讥人信口雌黄,本此。所以"观天下书未遍,不得妄下雌黄"一句的原意,应该理解为"如果没有读遍天下所有的书,不能用雌黄涂改别人写下的文字"。颇为有趣的是,2021年出版的由哈佛大学教授田晓菲翻译的《颜氏家训》(*Family Instructions for the Yan Clan and Other Works*)中对这段话的英文是这样处理的:Collating books is not an easy matter. Only those such as Yang Xiong and Liu Xiang were fit for the task. If one has not read all the books in the world, one should not apply orpiment so slightly. In some cases, what one version takes to be right is considered as wrong by another version; in some cases, the roots may be the same but the branches may differ; yet in other cases, both versions may be imperfect, and so one should not believe in either.

将"观天下书未遍,不得妄下雌黄"翻译成:If one has not read all the books in the world, one should not apply orpiment so slightly. 理解完全正确,表达自然也没有问题。田教授还在 one should not apply orpiment so slightly 处加了一个注释来解释"雌黄"(orpiment)的意思,That is, make corrections. In pre-modern times people used orpiment to mask mistakes like a correction fluid. 就是上举《辞源》中的第二项解释,如此这般,翻译的目的就彻底达到了,相信英语读者是能理解原文意思的。

当然,有人会说这句话中"雌黄"的延伸义就是成语"信口雌黄"或"妄加评论"之义。这自然没错,《辞源》第三项就是这样解释的。但我们在翻译时,还是应该像田教授那样译出原始意义。

(发表于2023年6月2日《新民晚报》"夜光杯")

"女子"与"小人"的理解及英译

《论语·阳货第十七》：子曰："唯女子与小人为难养也，近之则不孙，远之则怨。"这句话里的"女子"和"小人"到底是什么意思？该如何翻译成英语？

朱熹《四书章句集注》解释说：此小人，亦谓仆隶下人也。君子之于臣妾，庄以莅之，慈以蓄之，则无二者之患矣。显然，朱熹是把"女子"解释为妾侍，把"小人"解释为仆隶下人的。

吕思勉先生的《读史札记》第一九八条对"女子"和"小人"做了同样的解释：此所谓女子，乃指女子中之小人言，非谓凡女子也。小人犹言臣，女子犹言妾耳，古臣妾恒并称。吕先生随后分别列举了《礼记》《战国策》《国语》中的例子来说明"臣妾并举"乃是古代的普遍现象。照此解释，"女子"似应译为 concubine，而"小人"则是 servant。

钱穆先生《论语新解》的解释是：此章女子小人指家中仆妾而言。妾视仆尤近，故女子在小人前。因其指仆妾，故称养。待之近，则狎而不逊。远，则怨恨必作。善御仆妾，亦齐家之一事。钱穆先生的"白话试译"：先生说："只有家里的妾侍和仆人最难养。你若和他们近了，他将不知有逊让。你若和他们远了，他便会怨恨你。"钱穆先生的解释和上述朱熹和吕思勉的解释几乎完全相同。

杨伯峻先生《论语译注》的译文是：孔子道："只有女子和小人是难得同他们共处的，亲近了，他会无礼；疏远了，他会怨恨。"杨先生此书流传极广，可惜对两者没有作进一步解释。

李泽厚先生《论语今读》里"译"：孔子说："只有妇女和小人难以对付：亲近了，不谦逊；疏远了，又埋怨。""注"：《朱注》：此小人，亦谓仆隶下人也。"记"：这章最为现代妇女所诟病。好些人写文章来批评，好些人写文章来辩说，其实都不必要。相反，我以为这句话相当准确地描述了妇女性格的某些特征。对她们亲密，她们有时就过分随便，任意笑骂打闹。而稍一疏远，便埋怨不已。这种心理性格特征本身并无所谓好坏，只是由性别差异产生的不同而已；应说它是心理学的某种事实，并不必含褒贬含义。至于把"小人"与妇女连在一起，这很难说有什么道理。但此"小人"作一般人解，或作"修养较差"的知识分子解，亦可说通。中国传统对妇女当然很不公平很不合理，孔学尤然。但比欧洲中世纪基督教认妇女没灵魂，以及大烧"女巫"之严重迫害等，仍略胜一筹。李泽厚先生认为"女子"就是指普通的"女人"，"小人"则可以指"仆人"或"修养较差"的知识分子。

李零先生在《丧家狗》中说："这段话挨批，是因为它包含性别歧视，女权主义者不答应，广大妇女同志不答应。有人打圆场，说这不算性别歧视，因为他还提到小人，小人总是男的吧？但孔子说的女子是全称，小人只是男性的一部分，他对女子是全面否定，歧视是无法否认的。"但按照吕思勉先生的解释：此所谓女子，乃指女子中之小人言，非谓凡女子也。女子在这里并非全称，只是一部分而已。也有人为孔子辩护说：孔子这么讲，没什么不对，因为它是"现象描述"，不是"价值判断"。

辜鸿铭先生的英译是：Confucius remarked, "Of all people in the world, young women and servants are the most difficult to keep in the house. If you are familiar with them, they forget their position. But if you keep them at a distance, they are discontented." 辜先生把"女子"理解为"年轻女人"，"小人"则是"侍仆"。

刘殿爵先生的英译是：The Master said, "In one's household, it is the women and the small men that are difficult to deal with. If you let them get too close, they become insolent. If you keep them at a distance, they feel badly done by."刘先生的译文把"小人"译为 small men，有些令人费解。他把"女子"仅仅理解为普通的女性，而不是侍妾。

英国汉学家 Arthur Waley 的英译是：The Master said, Women and people of low birth are very hard to deal with. If you are friendly with them, they get out of hand, and if you keep your distance, they resent it.

Waley 把"小人"译成"出身低贱的人"，相当于"奴仆"。他还加了一条注释：Like Liu Pao-nan（刘宝楠），I take 女子 in its ordinary sense of "women" as opposed to "men", and "小人" in its ordinary sense of "cads" as opposed to "gentlemen". 他还说一般的译者在翻译时会淡化处理这两个词，译为 "maids and valets"（妾侍和仆人）。

美籍华人金安平教授译注评注、鄢秀博士译的《论语》：The Master said, "Women and servants are the most difficult to look after. They become insolent if you get too close to them. They complain if you keep your distance." 金教授进一步评论道：这段话让孔子备受二十世纪女性非议。许多人说他是厌女症患者，但这段话缺少语境，很难知道是否准确反映了他对女性的态度。孔子当然担心女性在家、在宫廷的威力，但他也会对任何人保持警惕——无论是男女，是妾侍或廷臣。基于所处地位，为了发挥影响力，女人不得不或多或少地诉诸献媚和诡计。孔子的这句话也可以简单理解为在"女子"（妻妾）和"小人"（仆从）近旁的感受。

综合上述各家意见，孔子这句话里的"女子"和"小人"似可译为：maids or concubines; servants or valets，虽不中亦不远，比较符合孔子原意。

（发表于 2023 年 8 月 24 日《上海书评》）

"多情应笑我,早生华发"的理解及英译

近读台湾学者吕正惠先生的《第二个经典时代:重估唐宋文学》,其中有一篇谈及苏东坡词《念奴娇·赤壁怀古》("东坡《念奴娇》的再诠释——兼论东坡在黄州的心境"),议论颇有见地,读后极受启发。吕先生在文中谈到了对"多情应笑我,早生华发"一句的理解,列举了大陆学者俞平伯、胡云翼等的解释:多情应笑我,是倒装句,应笑我多情。记得我读中学时,语文老师也是这样解释的。但吕先生的解释是:多情,指多情人,指已去世、葬在家乡的太太。吕先生认为这样解释在训诂上完全没有问题。(第79页)吕先生为了找到"同志",甚至"神魂颠倒"了好几天。终于在他大学时代的老师郑骞先生编的教材《词选》里找到了:"多情,东坡自谓其亡妻也。东坡元配王氏,早卒,坡常追念之,集中《江城子·十年生死两茫茫》词即悼亡作。王氏归葬眉山,故云故国神游。笑我生华发句,对小乔夫婿之雄姿英发而言。"据此,"故国神游"的意思是"我梦中回到了故乡眉山",在故乡的妻子王弗笑我"早生华发"。接着,吕先生谈到了大陆学界对"故国神游"和"多情应笑我,早生华发"两句词如何理解的两次大规模争论,迄今尚无定论。吕先生包括他的老师郑骞先生对"多情"的理解是完全正确的,具体分析详见吕先生文章,此处不赘。我想重点谈一谈这句话的英译。我手头有四个译文,分别出自徐忠杰、许渊冲、任治稷和卓振英四位先生之手。

徐忠杰《词百首英译》: It is befitting that friends should laugh at me. /For his sensibilities, a man must pay: /His hair prematurely becomes whitish gray.

任治稷《东坡之诗》: You may take me for a sentimental fool, /

Whose hair has been early laced with white.

卓振英《咏情言志》：One might jest that, so carried away/By th' reflections, I'd have my hair grayed soon.

许渊冲《唐宋词一百首》：Sentimental, his wife would laugh to say, / Younger than they, I have my hair all turned gray.

徐忠杰先生把"笑我"的人理解为"朋友们"（friends），"多情"翻译成"his sensibilities"，显然不确。任治稷先生把"笑我"的人做泛化处理，译为"You"，"多情"理解为"我这个多情的傻子"（a sentimental fool），也不确。

卓振英先生同样没有理解"笑我"的人是谁，也是做了泛化处理；对"多情"的翻译显得过于复杂。

许渊冲先生对"笑我"的人理解完全正确：his wife。他将 sentimental 置于句首，按照一般语法规则，这个 sentimental 修饰的是后面的主语 his wife，所以许译的意思"多情的"妻子笑我"早生华发"，这样理解自然没错！但是许译"早生华发"却令人费解了，主要是人称代词混乱，让读者不知所云。

根据上述对原词的理解，"多情应笑我，早生华发"一句不妨译为：My wife should laugh at me: Younger than Zhou Gongjin, your hair has turned gray earlier.

（发表于 2023 年 10 月 12 日《上海书评》）

文章发表后收到不少读者反馈意见：有的认为用 My wife 译"多情"失去了原作的含蓄之意，为此我请教了中国社科院外文所的傅浩先生。傅先生是诗人、翻译家和批评家，他认为"若让英语诗人来写，恐怕不会含蓄吧。如果把多情理解（坐实）为 my wife, 充其量只能说 my darling 或 the loved one"。我同样请教了懂中文的美国外教，他也几乎持完全相同的说法。有的读者建议把 my wife 改为 my late beloved，我也认同。周林东老师认为，"应"字是假设、猜测之意，应该译为 might 更好。他提供了一个译文：Laugh at me my late wife might: /Younger than the General, your hair has turned white. 周老师还考虑到了押韵。

广东的一位读者认为上述四家译文中，任治稷先生的译文最地道。"多情应笑我"事实上是一种自嘲，就像诗人在对你说："你肯定会笑话我自作多情吧。"所以，这句诗既是对着"你"说的，实际上也是在嘲笑自己的傻。

上海的一位读者认为："多情"指已故的妻子未必正确。东坡诗《宿州次韵刘泾》有"多情白发三千丈，无用苍皮四十围"，《泛金船·流杯亭和杨元素》有"无情流水多情客……欲问再来何岁，应有华发"，用意与此相似，这多情就只是富于情感的意思，这样的例子不少。

上海大学的王培军教授也认为：其实"多情"正是倒装自指，笑亦自笑，盖中国士大夫皆不以多情为好事，以情多则易老，所谓"忧能伤人"，李长吉"天若有情天亦老"，宋人词中明用暗用，更仆难数，乃同心之共叹，东坡意中必有此事，故自笑多情，而白发早生，多情诚为多事。

我完全同意上述三位读者的意见。

还有北京的一位读者指出拙译中用 should 不合适，他建议用 may，我也觉得很有道理。既然"多情"指作者已故的妻子，那么口气就不该那么"强硬"。

感谢上述各位读者的意见和建议，这样的交流对作者本人来说实在是受益匪浅。

再谈苏轼《念奴娇·赤壁怀古》一词的理解

拙文《"多情应笑我,早生华发"的理解及英译》在《上海书评》(2023年10月12日)上发表后,在读者中引发了一些争议,这是意料之中的事。文学史常识告诉我们:在中国古代的韵文中,"词"这个品种是比较不容易懂的。苏轼的词常被视为不守绳墨,所谓"曲中缚不住",因此后人对苏词在措辞、句式和意义上的解释有所不同是完全可以理解的。

大多数读者留言对郑骞先生和吕正惠先生的解释提出异议,认为"多情"不应指苏轼的前妻王弗,而是作者的自嘲,整句话还是应该按照倒装句"应笑我多情"来理解。近读叶嘉莹先生《唐宋词十七讲》(岳麓书社1989年版,第276页)一书,发现叶先生也不同意郑骞先生的解释,而她的解释是:"故国,呼应词题,应指赤壁,是三国时的孙吴,指如果周瑜的魂魄来游故国。……我以为故国说的是吴;神游说的是周瑜的魂魄'故国神游'。我今天凭吊你周公瑾,假如周公瑾死而有知,回到你当年的赤壁来。多情应笑,不一定是自己的妻子,才对自己多情。多情,是说周瑜如果有情的话,他就会笑,笑我苏东坡。……说的是神游赤壁的周瑜,他应该也多情,笑我苏轼早生华发。而且我今天被迁谪到黄州来了。"照叶先生的理解,"多情"者应该是周瑜。翻译成英文时,主语就是周公瑾了:Laugh at me the General might. Your hair has turned white. 需要说明的是,诚如有读者指出的那样,我在拙文最后提供的英译是不合适的,主要是对"早生华发"一句理解不当。周瑜在赤壁之战后不久即去世了,年仅三十六岁。苏轼十九岁娶王弗,"十年生死两茫茫",王弗去世时二十九岁,次年父亲苏洵去世,守完父丧后即碰到王安石变法,因反对变法一直外放任官,四十四岁遭逢乌台诗案,一年后被贬黄州,政治前途极为黯淡,早生华发。东坡此时与"雄姿英发"时的周瑜相比,对自身的处境自然不免感慨系之了。如果说"多情人"的妻子嘲笑他:Younger than Zhou Gongjin, your hair has turned gray earlier. 就显得不合逻辑了。

除了对"多情"有不同的理解外,对"故国神游"里的"故国"也有不同的解释。中国社科院文学所的《唐宋词选》里也是把"故国"解释为"古战场赤壁",俞平伯先生《唐宋词选释》和胡云翼先生《宋词选》也都把"故国神游"解释为"神游于故国(三国)的战地"。吕正惠先生认为,这样解释太勉强:"东坡不正站在赤壁旧地吗?而如果把'故国神游'解释成'神游'于几百年前的赤壁战场,'遥想当年',如果再加上'故国神游',不嫌词费吗?更何况,当古书说'神游某某'时,一般是指不同于现在所在之地的另一个地方,当然可以指空间上的异地,如可以指久远时间之外的另一个空间,也可以指一个想象的空间;但,似乎并不用来指现在这个空间。"所以,吕先生觉得"故国"指"古赤壁战场"在训诂上"实在难以接受"。于是,他做了这样的解释:故国神游:做梦回到家乡。多情:多情人,指已去世、葬在家乡的妻子。(吕正惠:《第二个经典时代:重估唐宋文学》,生活・读书・新知三联书店2019年版,第78—79页)我本人更倾向于同意吕先生的解读。

最近我关注了杭州师范大学人文学院蔡国强教授讨论古诗词的公众号"老道雅谭"。蔡教授谈到了"遥想公瑾当年,小乔初嫁了,雄姿英发"的断句问题,他认为这几句词还可读作"遥想公瑾当年,小乔初嫁,了雄姿英发"。他采用了著名词学家吴世昌先生的说法:苏词《念奴娇・赤壁怀古》中"小乔初嫁"一句,论调"了"字当属下句,论意亦当属下句。"了"解作"全",如"了不知南北"。(参见吴世昌《词林新话》,北京出版社2000年版,第150页)蔡教授认为,依照《念奴娇》词牌,这几句词的句式应该"六、四、五",即六字、四字、五字才是符合格律要求的，是我们后人断句错了。这里的"了"当解作"全""全然""整个"之意，《汉语大词典》对"了"字的解释是"极其、非常"。为了说明"了"字的这一用法并非孤例，吴先生举了唐代诗人韩偓《官柳》诗中"幸当玉辇经过处，了怕金风浩荡时"两句。蔡教授认为"了"作副词，是唐宋人的习语。辛弃疾大约填有二十首《念奴娇》词，其中四首用苏东坡韵，分别为："堪叹黄菊凋零，孤标应也，有梅花争发。""憔悴何处芳枝，十郎手种，看明年花发。""自是不日同舟，平戎破虏，岂由言轻发。"除第一首外，其余都只能是六、四、五句式。吴世昌先生还提供了一个更有力的证据。元代萨都剌的一首《念奴娇·登石头城次东坡韵》，其同位三句是："寂寞避暑离宫，东风辇路，芳草年年发。"既然是"次东坡韵"，自然得依照东坡原词的格式。其实，提出苏词"遥想公瑾当年，小乔初嫁，了雄姿英发"如此断句的最早并非吴世昌先生。清代学者张宗橚在所辑的《词林纪事》中就嘲笑过那些以"了雄姿英发"断句的人："如村学究说书，不顾上下诗意联络，可一喷饭也。"

　　诚然，我们如果翻一翻《宋词鉴赏辞典》（上海辞书出版社 1999 年版），就会发现：不是所有的《念奴娇》词在下阕这几句都是按照"六、四、五"句式填词的，比如朱敦儒的一首"老来应免多情，还因风景好，愁肠重结"。还有叶梦得的一首"闻道尊酒登临，孙郎终古恨，长歌时发"。可见像东坡所押的韵那样，《念奴娇》也可以是"六、五、四"句式，并不算出格。我平时只是对古诗词感兴趣而已，并没有做深入研究，因在英美文学课上不时要做点比较之故，所以对古诗词的英译有所关注。所论必有不当之处，敬请读者批评指正。

（发表于 2023 年 11 月 30 日《上海书评》）

"将无同"的理解及英译

最近在手机短视频中看到著名学者叶嘉莹先生指出李白诗作《将进酒》的"将"不应读作 qiang，而应该读若 jiang。深圳大学的徐晋如教授则坚持认为"将"还是应该读若 qiang。两位先生各说各有理，这里不便展开讨论，有兴趣的读者可以去搜一搜视频。从"将"字，我联想到了古人的另一表达方式"将无同"，觉得值得提出来讨论一下。

《世说新语》"文学第四"第十八篇记载了这样一段对话：阮宣子有令闻，太尉王夷甫见而问曰："老、庄与圣教同异？"对曰："将无同？"太尉善其言，辟之为掾。世谓"三语掾"。……

为《世说新语》作注释的有多家，各家对"将无同"的注释大致相同，但也略有不同之处。现抄录于下，并略作说明：

一，余嘉锡《世说新语笺疏》：黄生《义府》下云："将无者，然而未遽然之辞。谢太傅云'将无归'，晋人语度舒缓，类如此。后人妄意生解，总由不悉当时口语耳。"嘉锡案：此与《演繁露》之说合。《演繁露续集》卷五云："不直云同而云将毋同者，晋人语度自尔也。庾亮辟孟嘉为从事，正旦大会，褚裒问嘉何在，亮曰：'但自觅之。'裒历观指嘉曰：'将毋是乎？'将毋者，犹言殆是此人也。意以为是而未敢自主也。其指孔、老为同，亦此意也。"王若虚《滹南遗老集》亦曰："瞻（阮瞻）意盖言同耳。将无云者，犹无乃、得无之类。……"嘉锡案：《雅量篇》："谢太傅泛海戏，风急浪猛。公徐云：'如此，将毋归？'"《任诞篇》："谢安戏失车牛，便杖策步归，道逢刘尹曰：'安石将无伤？'"并可与此互证。盖"将毋"者，自以为如此，而不欲直言之，委婉其辞，与人商榷之语也。王若虚曰："盖欲直言其同，而不必疑也。"方以智《通雅》卷五曰："将毋、得亡、毋乃称，皆发问之声也。……"余嘉锡的《笺疏》和"按语"认为："将无"是魏晋时期人的口语，说话时语气较为和缓，自己觉得如此但不想直接说出，带有委婉的意思。

二，徐震堮《世说新语校笺》："将无"与"得无"同，即今语之"莫非"，乃商榷之辞。

三，龚斌《世说新语校释》在注释"将无同"时也引了余嘉锡"笺疏"中《演繁露续集》卷五中的话，只是出处不同，龚斌"校释"引的是《资治通鉴》胡三省注。龚斌基本上认可余嘉锡先生的解释，认为徐震堮《世说新语校笺》说"将无"是"商榷之辞"，不甚确切。从上下文的语气判断，我同意龚先生的意见。

四，杨勇《世说新语校笺》首先引了吕叔湘《语文杂记》（杨误为《语法札记》）中对"将无同"的解释，然后下按语说："将无"与"得无""得微""将不"意一。其语盖本庄子。《庄子·盗跖》："跖得无逆汝意若前乎？"又曰："今者阙然数日不见，车马有行色，得微往见跖邪？"成玄英疏："微，无也。"衍至六朝，谈风所披，谈客尤欲语气宽缓，故于意词之前，每多加虚字以助之。杨先生也认为"将无"是使语气缓和，带有委婉之意。

吕叔湘《语文杂记》：刘淇《助字辨略》释"将无"为"无乃"，其实更接近的该是"得无"，……"得无"和"将无"都是表示测度而意思偏于肯定的词语，但"将无"除用于事实的测度外又可用于委婉的提议，用途似乎又较"得无"为广，而于唐、宋人的"莫"和"莫须"为近。用现代的词语相比，该是"恐怕"或"别是"加"吧"字。"将无同"无非就是"恐怕没有什么两样吧"。这么一句稀松平淡的话会大见赏识，是有点不可解，无怪后来的人要在这三个字上大事穿凿了。吕说甚为恰当。

上述余、龚、杨和吕诸位先生都认为"将无"是表示语气委婉之意,"将无同"翻译成现代汉语应该是"恐怕没有什么不同""大概没有什么不同"。

另外,江蓝生《魏晋南北朝小说词语汇释》:"将无"副词,表示反诘,相当于"岂""难道"。龚斌则认为不确。

鲁迅《中国小说史略》在附录的"中国小说的历史的变迁"(系1924年7月在西安暑期讲学时的讲稿)第二讲"六朝时之志怪与志人"结尾处说:但"将无同"三字,究竟怎样讲?有人说是"殆不同"的意思;有人说是"岂不同"的意思——总之是一种两可、飘渺恍惚之谈罢了。鲁迅认为,"将无同"是一种模棱两可的表达方式,而且最后还说"要学这一种飘渺之谈,就非看《世说新语》不可"。

再来看看"将无同"的英译情况:美国汉学家马瑞志的英译是"Aren't they the same?","将无"理解为"岂""难道",语气上是反诘,意思大致不错。杨宪益、戴乃迭夫妇的英译是"Chiang-wu-tung (might-not-same)",杨氏夫妇根据鲁迅《中国小说史略》里提到的说法"殆不同""岂不同"译为 They might not be the same; Mightn't they be the same。两个英译都不甚妥当,似可译为:They are almost the same. 考虑到是两人之间的对话,或者可以译为:I am afraid, they are almost the same.

(发表于2024年5月22日《钱江晚报》"晚潮")

杜诗"下者飘转沉塘坳"中的"沉"作何解

我们阅读古诗文,常会遇到一些难以理解的字词。这些字词有的是古代人使用的俗语,类似现代的网络语,流行一段时间后弃而不用了;有的是古义与今义不同,令今人产生误解;还有的则是今人不懂古诗文的训诂之学,导致理解有误。

北大教授吴小如先生《莎斋笔记》里有一则札记,专为解释杜甫《茅屋为秋风所破歌》里"高者挂罥长林梢,下者飘转沉塘坳"一联中"沉"字的意思,读来颇为有趣,也很长见识。吴先生首先指出:"沉"字旧注各家均未加诠解,近人多释为"沉没",其实非是。他接着举1957年5月号《语文学习》上两位作者对"沉"字的解释一文,肯定文章"释沉为深,极有见地"。又旁征博引,从《庄子·外物》《史记·刺客列传》《汉书·司马相如传》《后汉书·郭太传》《论衡·问孔》到杜甫本人其他诗中举出大量例子证明深、沉同义。最后回到本诗,"沉塘坳"与"长林梢"为对文,"沉"自当训为"深"才切当。

吴先生解释道:"高者"句极写茅飞之高,达于高树之顶梢;"下者"句则极写茅被风卷至最低处,直至已干涸之深塘的最坳下之底——亦皆无法拾取。我记得当年的中学语文课本就是把"沉"解释为"坠落"或"沉没"的,"沉"字用作动词而非形容词。其实这是不对的,吴先生的反驳极为有力:如释"沉"为"沉没",则塘有水而茅轻,似未必能沉没于水底;使塘已涸竭无水,则沉字更无着落矣。"坳"指塘的最低下处,即最深底处,无疑。所以,无论是从诗的形式来看,"沉塘坳"与"长林梢"相对,"沉"与"长"均为形容词;还是从诗的内容和意思来看,"沉塘坳"指屋顶的茅草被风卷入深塘的最低处。必如此解释乃合诗意!

虽然经包括吴小如先生在内的专家学者和广大语文工作者指出杜甫这句诗中的"沉"是"深"的意思，但还是有不少读者仍然把"沉"理解为"沉没"或"沉入"。我在读杜甫这首诗的英译时就发现，几乎所有的英译者都把"沉"译成了"沉没""沉入"：

1. The thatch flew crossing the river, and was strewn over the floodplain,

　　The high ones caught tangled in the treetops of tall woods,

　　The low ones whirled around and sank in ponds and puddles.（宇文所安译）

2. The reeds are blown across the river flow

　　And scattered along the waterside;

　　Some masses hung up high as caught atop

　　A number of brush wood brambles by the tide,

　　While others whirled and flung low down to float

　　Or, submerged in ponds and stuck in mires, lay.（孙大雨译）

3. Sent across the river, some hang on trees;

　　Others sink deep in a pond where they please.（徐忠杰译）

宇文所安的最后一句如果改为：The low ones whirled around in the deep of ponds and puddles 就很好地传达了原意。孙大雨的译文太过啰嗦，简化为 Some masses hung up at the treetops, while others whirled around and floated deep down the ponds. 即可。徐忠杰的译文简洁明了，只需把 sink 改为 whirl around，意思就准确无误了。

（发表于 2024 年 3 月 1 日《钱江晚报》"晚潮"）

翻译杂议

也谈"翻译体"

最近有机会拜读了傅浩先生大作《叶芝诗解》(上海外语教育出版社 2021 年 11 月版),颇受教益,仅举一例以说明之。傅浩在解读叶芝那首名诗 *When You Are Old* 时认为,把 when 这个时间状语从句译为汉语时应该是"当……的时候"或"当……时"。他批评时下流行的许多汉译文都将此从句译成了"当……",少了"时"或"的时候"来标志从句结束,因而成了病句。傅浩引了语言学家吕叔湘先生在《语法修辞讲话》中对"当"字用法的论述:"当"字常常用在句子的头上……在头上用"在"或"当"提起读者们的注意。这是好的。可是要留神:"当"字下面必得有"的时候"跟它配合,不能像底下这句光用"当"字了事。"当这些人在高谈'安全''和平',他们事实上正在准备发动侵略战争。"傅浩由此得出结论说:"当"字可省,而"时"字不可略。(《叶芝诗解》,第 122—123 页)甚是确当。

把英文中的 When 从句翻译成"当……"固然是病句,即使加上了"……时"或者"……的时候",不算病句,但也未必是地道的汉语。"当……时(的时候)"属于典型的"翻译体"。这种表达方式因为历时已久,已为使用者所习而不察,在报刊和自媒体表达中随处可见,比如"豆瓣"上有人写道:当女性想要冲破世俗的一些桎梏,当她想打破一些性别偏见,当她想拥有完整的子宫自由,当她想拥有一些相对平等的权利,那条"铁链"就会隐隐出现,哗啦啦作响。这里的"当"都没有"时"或"的时候"与之配合,照傅浩或者吕叔湘先生说法属于病句。除此之外,一连串的"当",套用余光中先生的说法"当当之声,不绝于耳",显得很是累赘。思果先生在《译道探微》中指出:英文里的 when,可以用了又用,并不觉得有什么不妥;中文如果一连用几个"当……的时候",读者就会不耐烦了。理由很简单。中文用不着交代某事是哪一刻发生的。比如说:"当他看见我的时候,他大叫起来了",也不算错。可是我们不这么说。我们会说:"他看见我,就大叫起来。"一看到这句没有交代时间的中文,读者就知道他是几时大叫的了。(《译道探微》,中国对外翻译出版公司2002年版,第48—49页)回到叶芝诗歌 When You Are Old,译成"当你老了",不如译成"等你老了"更符合汉语表达习惯。

  余光中先生在《翻译乃大道》一书中指出,非驴非马不中不西的"翻译体"最大的毛病是公式化,也就是说,译者认为甲文字中的某字或某词,在乙文字中恒有天造地设恰巧等在那里的一个"全等语"。他也举英文的 when 为例,认为公式化的"翻译体"中,千篇一律,在近似反射作用的情形下,总是用"当……的时候"一代就代上去了。试看例句:"当他看见我回来的时候,他就向我奔来","当他听见这消息的时候,他脸上有什么表情?"两个例句中"当……的时候"的公式,都是画蛇添足。余光中认为:流行的"翻译体"就是这样用多余的字句来表达含混的思想。公式化的"翻译体",既然见 when 就"当",五步一当,十步一当,当当之声,遂不绝于耳了。余光中进而警告说:这种莫须有的当当之灾,正严重地威胁美好中文的节奏。曹雪芹写了那么大一部小说,并不缺这么一个当字。今日我们的小说家一摇笔,就摇出几个当来,正说明这种"翻译体"有多猖獗。而且,其他的无妄之灾,由这种"翻译体"传来中文,为数尚多,无法一一详述。例如 if 一字,在不同的场合可以译成"假使""倘若""要是""果真""万一",等等,但是在公式化的"翻译体"里,它永远是"如果"。又如 and 一字,往往应该译成"并且""而且"或"又",但在"翻译体"中,常用"和"字一代了事。(《翻译乃大道》,外语教学与研究出版社2014年版,第49—51页)余光中的论述可谓精辟至极!还有一个英文词 as,按照公式化的"翻译体",它常常被翻译成"作为"。董桥先生在《英华沉浮录》里说:"作为"是一个叫人非常忧心的词语,罪魁祸首就是英文的 as。董先生举的两个例子足以让我们警醒"作为"在中文中的累赘。"尽快取消香港作为第一收容港的地位"(To abolish as soon as possible Hong Kong's status as a port of first asylum.)。不用"作为",直接说"尽快取消香港的第一收容港地位"更像中文。董先生还说:我们不会对一位漂亮小姐说"你作为一位大美人,实在不必花太多钱买化妆品了"!我们会说"你是个大美人,不用花太多钱买化妆品了"!不无遗憾的是,"作为"这个"翻译体"的表达在中文里已经司空见惯了。这里,我们不妨举一个钱锺书先生翻译的例子,看看钱先生是如何处理 when, if, but, and, so 这些连接词的。When I am assailed with heavy tribulations, I rush out among my pigs, rather than remain alone by myself. The human heart is like a millstone in a mill; when you put wheat under it, it turns and grinds and bruises the wheat to flour; if you put no wheat, it still grinds on, but then 'tis itself it grinds and wears away. So the human heart, unless it be occupied with some employment, leaves space for the devil, who wriggles himself in, and brings with him a whole host of evil thoughts, temptations and tribulations, which grind out the heart. 这是德国宗教改革家马丁·路德说的一番话,英国散文名家、评论家威廉·黑兹利特(William Hazlitt)将之译成了英文,钱先生的中译是:吾遭逢大不如意事,急往饲牧吾猪,不欲闲居独处。人心犹磨坊石磑,苟中实以麦,则碾而成面;中虚无物,石仍轹转无已,徒自研损耳。人心倘无专务,魔鬼乘虚潜入,挟恶念邪思及诸烦恼以俱来,此心遂为所耗蚀矣。(《谈艺录》,中华书局1984年版,第599页)这样的翻译实在称得上已进入了钱先生自己在《林纾的翻译》中所谓的"化境"了。

余光中先生还在多篇文章中谈及这种"翻译体"的危害。比如,在《翻译和创作》中,他把用"生硬、拙劣、不通的汉语"翻译出来的东西称为"坏翻译",这种"坏翻译"清一色使用了"翻译体"。"翻译体"已经泛滥于文化界,在报纸、电视、广播等大众传播工具围袭下,对优美的中文特具敏感的人,每天真不知道要忍受它多少虐待!在《用现代中文报道现代生活》中,余先生将矛头直指新闻媒体,认为新闻媒体使用的中文有不少是"翻译体",主要表现在"洋腔洋调",句法是欧化的,用语却往往是文言的。句法欧化,是因为译者的功力无法化解繁复的西式句法,只好依样画葫芦。用语太文,因为译者幻想文言较节省篇幅;而其实译者的文言又没有学到家。在《哀中文之式微》中,他直陈报上常见的这种"翻译体",即文言词汇西化语法组成的混血文体,不但行之于译文,而且传染了社论及一般文章。他举了一个例子:"来自四十五个国家的一百多位代表们以及观察员们,参加了此一为期一周的国际性会议,就有关于成人教育的若干重要问题,从事一连串的讨论。"余光中先生视为"翻译体"的这段文字,在我们今天的读者看来似乎已经是通顺的中文了。余先生还在《论中文的西化》《早期作家笔下的西化中文》《中文的常态与变态》以及《论的的不休》等文章中还指出了"翻译体"的其他表现形式:译文中不能消化的被动语态;一口气长达四五十个字,中间不加标点的句子;消化不良的句子;头重脚轻的修饰语;画蛇添足的所有格代名词;生涩含混的文理;以及毫无节奏感的语气等。举的例子都很有趣:"我被这个发现弄得失眠了";"最后,酒被喝光了,菜也被吃完了";"一个有关联合国的消息";"一个矮小的看起来已经五十多岁而实际年龄不过四十岁的女人";"任何在下雨天的日子骑马经过他店门口的陌生人";等等。余先生最后警告说:"公式化的翻译体,如果不能及时改善,迟早总会危及抵抗力薄弱的所有'作家'。喧宾夺主之势万一形成,中国文学的前途就不堪闻问了。"(《翻译乃大道》,第55页)

余先生的这些文章最早的写于上世纪六十年代,但其实中文里的这种"翻译体"早就存在了。翻译家吴岩先生在《从所谓的"翻译体"

说起》一文中说:茅盾先生在1959年2月24日的《人民日报》上发表了《漫谈文学的民族形式》,其中写道:"例如我们有些作品的文字是所谓的翻译体,不是老百姓所喜闻乐见。"(罗新璋编《翻译论集》,商务印书馆2021年版,第720页)这大概是较早提到"翻译体"的文章。吴岩分析茅盾的话至少包含两层意思:一是由于翻译作品中语言文字的运用存在着问题,久而久之,就产生了所谓"翻译体",这种"翻译体"却不是老百姓所喜闻乐见的。二是这种"翻译体"已经影响了文学创作的文字,产生了不好的影响。吴岩说"翻译体"的出现证明我们翻译工作者还没有特别严格地要求自己,要注意和深思这个问题。吴岩认为如何消灭"翻译体"是个大问题,需要大家来讨论研究,并且通过翻译实践来逐步解决。他指出"翻译体"是外国化了的中文,并不具备中国语言文字的特色与文采,具体表现为"读起来相当吃力,而且干巴巴,不生动,不活泼,既不丰富多彩,又不精练简约,更谈不上韵味"。"翻译体"的还有一种表现是:文得厉害,和口语的距离很远,跟知识分子在会议上的发言很相像,再不然就是有一股所谓的"新文艺腔"或"舞台腔",不大像生活里的语言。其结果,同样是读不下去。吴岩在文章中提出:语言是必须用苦工夫学习的。我们要学习民间的、古人的和外国的语言中有用的东西。我们学习的目的,不光是为了搞好我们的翻译工作,不光是为了要消灭所谓的"翻译体",而且是为了祖国语言,特别是文学语言的丰富和发展。这番话当然说得十分中肯,但在学习外国语言的过程中如何吸收"有用的东西",在保持中文"常态"的基础上很好地融入中文之中,使之成为新鲜而富有表现力的中文,不致使中文"变态"到难以卒读,这是一个艰难的过程。还是来听听余光中先生在《中文的常态与变态》中说的话吧:中文发展了好几千年,从清通到高妙,自有千锤百炼的一套常态。谁要是不知常态为何物而贸然自诩为求变,其结果也许只是献拙,而非生巧。变化之妙,要有常态衬托才显得出来。一旦常态不存,余下的只是乱，不是变了。

　　"翻译体"至今尚存在于译者的译文和作者的创作中，虽不能说有蔓延之势，但距离"消灭"还远得很。保持中文的"常态"和纯洁，仍需文字工作者继续努力。

（发表于2022年4月4日《上海书评》）

朱光潜先生和他翻译的《新科学》

2022年7月1日《新民晚报》副刊"夜光杯"上有一篇戴平女士的文章："三位大师,一帧合影",回忆朱光潜、茅以升、宗白华三位先生生前的交往和一次难得的相聚,作者是茅以升先生的侄女。文中有一段这样写道："朱先生在逝世的前三天,神态稍许清醒,趁家人不防,竟艰难地沿梯独自悄悄向楼上书房爬去,家人发现急来劝阻,他嗫嚅地说,要赶紧把《新科学》的注释部分完成。"这段回忆情真意切,寥寥数笔将朱光潜先生(1897—1986)毕生致力于学术研究和翻译工作的形象生动地勾勒了出来,读后令人印象深刻。

《新科学》1986年5月由人民文学出版社首次出版,朱光潜先生于当年3月6日不幸去世,生前没能看到这部巨著问世。从时间上判断,戴女士文中说"在逝世的前三天"朱先生还拖着病体、爬到书房"要赶紧把《新科学》的注释部分完成"应该是完全符合事实的。中译本《新科学》全书669页,49万1千字,共有近160处"中译注",注释有详有略,从数百字到十数字不等,内容涉略文史哲,极为渊博。朱先生在写于1983年的"译后记"里说,他"下定决心,动手来译"《新科学》时已年近八十。篇幅如此巨大的译注工作,对于一位八十多岁的老人而言,确实是一项艰巨的任务。朱先生列举了翻译此书的诸多困难,首先是语言和知识面:"我既不懂意大利文,又不懂拉丁文,古代史过去在英国虽也学过(朱先生早年曾留学英国爱丁堡大学),但是考试没有及格。知道了这种情况,读者当会想象到我的艰苦处境。"所以,朱先生是从英译本来翻译此书的。其次是年龄:"加以一年老似一年,衰弱也就一天更严重似一天,往往有极平常的中文字也忘记怎么写。"不要说八十多岁的老人了,就像我这样五十多岁的中年人,如果不用电脑,写作和翻译时也常常会提笔忘字。朱先生最后克服困难,终于把"这部难译的书译出来了"。

朱先生还谦逊地说:"错误必然百出,但是我在克服困难中认识也有所提高,特别是稍懂得一点历史发展的道理以及人类在社会发展过程中所起的创造性作用。"最后希望"新起的社会科学研究工作者之中终会有人肯费一番工夫,拿出一部《新科学》的较好的新译本来",他自己的这部译本可以有助于将来的改译者,并且说"历史将会证明这不仅是我老汉垂死前的一种奢望"。读至此,不由得让人既敬佩又伤感!

《新科学》是意大利哲学家、语言学家、美学家和法学家维柯(Giovanni Battista Vico, 1668—1744)的代表作,文字艰涩难懂、思想精粹深刻,是学界公认的历史哲学的奠基之作,对后世西方众多哲学家,如黑格尔、孔德、康德、叔本华、伏尔泰、赫尔德、席勒等,都产生了重大影响。朱先生的中译本出版后,《新科学》在国内也成了热门读物,仅仅距首版一年不到的时间(1987年3月)就有了第二次印刷,印数是14 300册。后来还不断地重印,具体数字因手头没有最新版无法统计。令人遗憾的是,迄今为止坊间似乎还没有新译本问世,我们后人实在对不起朱先生了。

(发表于2022年11月18日《新民晚报》"夜光杯")

周一良先生与《世说新语》英译本

今年是北京大学教授、著名历史学家周一良先生（1913—2001）110周年诞辰。近日看到《文汇报》"文汇学人"上王邦维先生回忆周先生的文章《记周一良先生所赠西文藏书》，我不由得想起周一良先生对马瑞志（Richard B. Mather）《世说新语》英译本（*Shih-shuo Hsin-yu: A New Account of Tales of the World*）所作的贡献，遂草成此文，以纪念周一良先生。

《世说新语》一书是我国传世典籍中的瑰宝，历来为从事中古文史研究的学者所珍视。书中记载魏晋人物言谈逸事，上起后汉，下迄东晋，为清言之渊薮，足资谈助，也为考证家所引据，是六朝志人小说的代表作。鲁迅《中国小说史略》中说："《世说新语》今本凡三十八篇，自《德行》至《仇隙》，以类相从，事起后汉，止于东晋，记言则玄远冷俊，记行则高简瑰奇，下至缪惑，亦资一笑。孝标作注，又征引浩博。或驳或申，映带本文，增其隽永，所用书四百余种，今又多不存，故世人尤珍重之。……义庆才词不多，而招聚文学之士，远近必至，则诸书或成于众手，未可知也。"（《中国小说史略》"《世说新语》与其前后"，《鲁迅全集》第九卷，人民文学出版社1981年版，第61—62页）此说为学界所重。在西方世界，20世纪40年代就有学者认识到《世说新语》的重要性，但又因为语言和社会文化背景的原因，视阅读此书为畏途。据四川大学张永言教授在"马瑞志《世说新语》英译之商榷"（详见张永言著《语文学论集》，复旦大学出版社2015年版）一文中指出：法国汉学家白乐日（Etienne Balazs）在1948年发表的一篇文章中认为《世说新语》极不易读，他甚至预言在相当长时间内无人能将此书译为西方语文。到了1974年，《世说新语》的第一部西语译本横空出世，这就是比利时高级汉学研究所 Bruno Belpaire 的法文译本。但这个法文译本很是令人失望，错讹之处触目即是，有的错误甚至到了匪夷所思的地步，比如全书把《世说新语》的作者刘义庆都错成了"王义庆"。再过了两年，一部优秀的英译本终于问世，译者马瑞志是美国明尼苏达大学东亚语言学系教授。他译注此书历时二十年之久，既翻译了原文也将刘孝标的大部分注释翻译了出来，译文质量广受好评。

在张永言先生撰写上述商榷文章之前，周一良先生就同他的朋友王伊同一道写了商兑文章。马瑞志翻译的《世说新语》第二版于2002年由密歇根大学出版。在第二版的前言中，马瑞志提到了张永言先生（误拼成了 Professor Yongyuan Zhang），说他在北京大学周一良教授和匹兹堡大学王伊同教授共同撰写的《马译〈世说新语〉商兑》（载台湾新竹《清华学报》）一文及周一良教授《马译〈世说新语〉商兑之余》一文之后续写了《商兑续貂》。这篇"商兑续貂"应该就是"马瑞志《世说新语》英译之商榷"一文，正式发表时改了题目。马瑞志在前言中同时还提到了南京大学程章灿教授和黑龙江大学范子烨教授为译本提供的修改意见。

周一良先生在其自传《毕竟是书生》一书中回忆他第一次认识马瑞志的经过：（1982年）应刘君若教授之邀，到明尼阿波利斯访问了明尼苏达大学，获识马瑞志教授，专攻魏晋南北朝文学，堪称中国所谓"恂恂儒者"。（周一良《毕竟是书生》，天津人民出版社2016年版，第90页）1989年周一良先生再次赴美走亲访友，在美期间与老友王伊同合作完成了马瑞志《英译世说新语商兑》。马瑞志教授以二十年时间，全文翻译了刘义庆《世说新语》及刘孝标注，并附以人物小传、名词解释、参考书目，成为七百余页皇皇巨著。周先生充分肯定了马译《世说新语》的成就，认为"马氏功力甚深，以典雅的英文表达刘书，曲尽其意，附录也很有用"。与此同时，周先生指出"译文究竟还有不少未安之处"。接着,周先生讲了他和老友王伊同教授共同撰写《商兑》的经过:"此次在匹兹堡王家盘桓一周,又谈及马氏译本,认为其书将相当时期为西方学子所用,遂相约共草《商兑》,期为马氏诤友,使译文更臻完美。两人信札电话,频繁斟酌,完成《商兑》四百余条。""我们把初稿寄给马教授提意见,他欣然同意,认为有些纠正得对,有些属文字风格问题。我们根据马教授意见,再加斟酌,勘成定稿,由王伊同教授寄交新竹《清华学报》发表。它成为中美两国马王周三家精诚合作与深挚友谊的良好纪念。"(第94页)我没有读到周王的《商兑》和周的《商兑之余》二文,对马瑞志英译第二版中是否完全吸收了修改意见不敢妄加评说。张永言先生在他的商榷文中指出了马译在理解和表达上的二百多处错误,并且一一作了订正。根据前述,张先生是在周先生和王伊同两位所写的商兑文章基础上指出的这两百多处错误,可见马瑞志英译第一版中的错误肯定更多。仅举两例以示张先生纠谬之精当:

《世说新语·德行第一》第47则"吴道助、附子兄弟,居在丹阳郡后,遭母童夫人艰,朝夕哭临,及思至,宾客吊省,号踊哀绝,路人为之落泪。韩康伯时为丹阳,母殷在郡,每闻二吴之哭,辄为凄恻,语康伯曰:'汝若为选官,当好料理此人。'康伯亦甚相知……"

马瑞志的英译: The two brothers, Wu T'an-chih and Wu Yin-chih, were living in Tan-yang Commandery. Sometime thereafter they experienced the loss of their mother, Mme. T'ung, and from morning to evening they wept as they approached her coffin. Whenever their longing became extreme, or when guests came to offer their condolences, they would wail and leap, and their grief would know no bounds; even those passing by on the road would shed tears for them.

At the time Han Po was serving as intendant of Tan-yang, and his mother, Lady Yin, was living with him in the commandery next door to the

Wu residence. Every time she heard the two Wu brothers weeping she felt sorry for them and would say to Po, 'If you are ever in a position to select officials, you should treat these men well.' Po himself also was well aware of the situation ...

张永言先生指出:"朝夕哭临"里的"朝夕"并非从早到晚;"临"非谓临近棺材。马瑞志译为:and from morning to evening they wept as they approached her coffin. 不确,正确的翻译应该是:and in the morning and evening they wailed for the deceased。"选官"是执掌选政之官;"料理"是"照顾,关照"之义,所以这一句应译为:If you ever get a post as a selecting official, you should take good care of these men. 而不是如马瑞志所译:If you are ever in a position to select officials, you should treat these men well.

《世说新语·言语第二》第3则:"孔文举年十岁,随父到洛。时李元礼有盛名,为司隶校尉。诣门者皆俊才清称及中表亲戚乃通。文举至门,谓吏曰:'我是李府君亲。'既通,前坐。元礼问曰:'君与仆有何亲?'对曰:'昔先君仲尼与君先人伯阳有师资之尊,是仆与君奕世为通好也。'元礼及宾客莫不奇之。太中大夫陈韪后至,人以其语语之,韪曰:'小时了了,大未必佳。'文举曰:'想君小时,必当了了。'韪大踧踖。"

张先生指出:"既通,前坐"里的"通"是"(向主人)通报"之义;"前"是"入内,入见"的意思。马译不妥:After he was let in and seated before his host, ... 他改译为:After his visit was notified to the host, Jung entered and took his seat.

不无遗憾的是,从张永言先生的商榷文字和马瑞志译文对照来看(上举两例),马瑞志似乎并没有完全同意并且采纳张先生的意见。

(发表于2023年1月10日《文汇报》"文汇学人")

关于 Paradox 和 Oxymoron 两个词的中译
——读《管锥编》札记之四

钱锺书《管锥编》第二册第463页对"老子王弼注"第七八章的解读提及了Paradox（翻案语）和Oxymoron（冤亲词）两个词，钱先生认为老子《五千言》中"正言若反"作为修辞手法"触处弥望"，即修辞所谓"翻案语"与"冤亲词"。钱先生举例说："大音希声，大象无形""大成若缺，大直若屈"即翻案语；"冤亲词乃和解而无间焉"，"上德不德"即冤亲词。钱先生还举了德国神秘宗一诗人切普科（Daniel von Czepko）的一首小诗"因彼故此"为例来说明翻案语和冤亲词，但他同时指出诗中诸如"黑暗之光"（a deep but dazzling darkness）、"死亡之生"、"苦痛之甘美"等翻案语和冤亲词"不可胜稽"，结果就会是"皆神奇而化臭腐矣"。在《管锥编》第五册第169页上钱先生又对冤亲词的使用作了增订，指出：圣·奥古斯丁赞颂上帝，皆出以"冤亲词"，如云："至隐而至显""长动而长止""赫怒而宁静""言说而缄默"；又自省云："人居世间，乃死亡之生欤？抑生存之死欤？"钱先生把Paradox译为"翻案语"、Oxymoron译为"冤亲词"，实在是精妙至极，值得外语学习者和翻译工作者学习和借鉴。

Paradox和Oxymoron是英语中两种常见的修辞格，我们在英语学习、文学欣赏和文学翻译中经常会碰到它们。一般认为，诗歌与文章中使用Paradox和Oxymoron是为了增强语言的表现力，既给人以耳目一新之感，也可产生幽默或反讽的效果。关于这两个词的中译，译名有很多。Paradox通常被译为悖论、反论、诡论、矛盾语、逆说等；Oxymoron则通常被译为矛盾修饰法、似非而是的隽语、逆喻等。这些译名都不如钱译"翻案语"和"冤亲词"来得巧妙。陆谷孙先生在纪念钱先生的文章"灵光隳矣!"的结尾处写道:"钱先生在《管锥编》内的西文雅言翻译,可以作为哪位翻译专业研究生的论文题目,尚绰绰有余,恕我不赘。我只想向同好推荐一个词的翻译:Oxymoron被钱先生译作'冤亲词',何其精辟又何其妙远!"陆先生说得极是!我们不妨就从此开始使用钱先生的这两个译名。不过,也有朋友说钱先生的译名感情色彩过浓,带有戏谑的成分,不适合作为学术术语使用,也有一定的道理。那么,我们在使用过程中就视实际情形而定吧,总之,钱先生的译名可供参考。

根据 M. H. 艾布拉姆斯所著《文学术语词典》上的解释,Paradox是一种表面上看来逻辑矛盾、荒诞不经,但最后却能被合情合理解读的陈述(a statement which seems on its face to be logically contradictory or absurd, yet turns out to be interpretable in a way that makes sense)。这个词最早的意思是"与普遍接受的意见相矛盾的观念(a view which contradicted accepted opinion)",到了16世纪中叶才出现了现在为大家所使用的意思。北京大学出版社中英对照版的《文学术语词典》将Paradox译为"逆说"。艾布拉姆斯认为:几乎所有诗人都时常会用到翻案语,但翻案语是17世纪玄学派诗歌长期以来在宗教和非宗教形式上一贯的主要表现形式。玄学派诗人约翰·多恩(John Donne)写了一本散文集,题为《疑难与翻案语》(*Problems and Paradoxes*),探讨他的诗歌里经常采用的这种修辞格。

翻案语可以分为两类:一是特殊的,单一的,一眼就能辨认出来的,通常用于一些类似格言的表达中,如欲速则不达(More haste, less speed)、儿童乃成人之祖(the child is father of the man)等。莎士比亚名剧《哈姆雷特》第三幕第四场第167行中写道:要想善良,必先残忍(I must be cruel only to be kind.)也是显例。另一类是普遍的,结构性的,仔细阅读和体会才能辨认出来。这类翻案语也是许多新批评派理论家关注的焦点。他们将这个术语从其有限的使用中扩展成为比喻语（figurative language）的一种，使其包含从常识概念或陈腐见解中衍生出的各种令人吃惊的用法。"新批评派"理论大师克林斯·布鲁克斯（Cleanth Brooks）在其经典著作《精制的瓮》（*The Well Wrought Urn*）里宣称"诗歌的语言就是翻案语的语言"（the language of poetry is the language of paradox.）。他说："翻案语正合诗歌的用途，并且是诗歌不可避免的语言。科学家的真理要求其语言清除翻案语的一切痕迹；很明显，诗人要表达的真理只能用翻案语语言。"这是因为："科学的趋势必须是使其用语稳定，把它冻结在严格的外延之中，诗人的趋势恰好相反，是破坏性的，他用的词不断地在互相修饰，从而互相破坏彼此的词典意义。"翻案语的特征是："它把不协调的矛盾的东西紧密联接在一起，""如果诗人必然忠实于他的诗，他必须说诗既非二、又非一。翻案语是唯一的解决办法。"布鲁克斯举了亚历山大·蒲伯（Alexander Pope）《人论》（*An Essay on Man*）一诗为例，《人论》开头中的一些诗行用的就是翻案语：

> In doubt to deem himself a God, or Beast,
> In doubt his Mind or Body to prefer,
> Born but to die, and reasoning but to err ...
> Created half to rise, and half to fall;
> Great lord of all things, yet a prey to all;
> Sole judge of Truth, in endless Error hurl'd:
> The glory, jest, and riddle of the world!
> 犹豫不定，是自视为神灵，还是畜牲；
> 犹豫不定，是要灵魂，还是要肉体，
> 生来要死，依靠理性反而错误不已；
> ……
> 他生就的半要升天，半是入地；

既是万物之主，又受万物奴役；

他是真理的唯一裁判，又不断错误迷离，

他是世上的荣耀、世上的笑柄、世上的谜。

（吕千飞译）

T. S. 艾略特诗歌《小吉丁》（*Little Gidding*）开头也是典型的翻案语例子：

> Midwinter spring is its own season
> Sempiternal though sodden towards sundown,
> Suspended in time, between pole and tropic.
> When the short day is brightest, with frost and fire,
> The brief sun flames the ice, on pond and ditches,
> In windless cold that is the heart's heat,
> Reflecting in a watery mirror
> A glare that is blindness in the early afternoon.
> And glow more intense than blaze of branch, or brazier,
> Stirs the dumb spirit: no wind, but Pentecostal fire
> In the dark time of the year.

仲冬的春天是它自己的季节

漫漫永昼而到日落却一片湿润，

悬在时间中，在极圈和回归线之间。

当短暂的白昼因为寒霜和火成为最明亮的时刻，

匆促的太阳点燃了地上和沟里的冰，

在无风的冷冽中那是心的热，

在一面似水的镜子里

映照出一道刺目的强光，

这就是晌午时分之所以令人眩目而一无所见。

灼热的光比柴枝的火更烈比火盆更旺，
激起麻木的精神：没有风，只有圣灵降临节的火
在这一年的黑暗时节。

（裘小龙译）

　　布鲁克斯认为，只有翻案语语言才能有效地克服语言这种工具具有的"标记"性质，因而"即使是表面上简朴明快的诗人也因其工具的性质而被迫使用翻案语。看到这一点，我们就不会奇怪那些自觉地使用翻案语的诗人能获得一种用其他方法无法取得的精练准确"。这就是莎士比亚所谓的"拐弯抹角地找出直截了当""所有能写入伟大诗篇的真知灼见明显都必须用这种语言来表达"。（引文参见王先霈、王又平主编《文学批评术语词典》，上海文艺出版社1999年版，第286页）

　　艾布拉姆斯指出：如果自相矛盾的言语是将日常使用中意思相反的两个词结合在一起（If the paradoxical utterance conjoins two terms that in ordinary usage are contraries），那它就是Oxymoron（冤亲词）。如阿尔弗雷德·丁尼生勋爵（Lord Alfred Tennyson）的诗句："啊，生命里的死亡，不复返的岁月。"（O Death in life, the days that are no more.）还有兰姆的那句名言："我喜欢走私犯。他是独一无二的诚实的小偷。"（I like a smuggler. He is the only honest thief.）较之翻案语，冤亲词显得更简单些，我们在阅读时一眼即可看出。冤亲词是伊丽莎白时期情诗里所表现的彼特拉克式巧思妙喻的一种常见类型，如短语"甜蜜的悲伤"（pleasing pains）、"我热得冻僵了"（I burn and freeze）、"深情的仇恨"（loving hate）、"痛苦而甜蜜的回忆"（bitter-sweet memories）、"不和谐的一致"（jarring concord）、"天使般的魔鬼"（fiend angelical）等。冤亲词也是虔诚的散文和宗教诗歌中常见的修辞格，用来表示超越人类感知和逻辑思维的基督教之奥秘。约翰·弥尔顿在《失乐园》第三

卷第 380 行里这样描述上帝的出现：

> Dark with excessive bright thy skirts appear.
> 从异常的光中露出黑的衣裾。

据 J. A. Cuddon 在《文学术语与文学理论词典》中说：冤亲词在 16 世纪晚期和 17 世纪的英国诗歌中最为常见。莎士比亚剧作《罗密欧与朱丽叶》中，罗密欧拿爱情开玩笑说：

> Here's much to do with hate, but more with love.
> Why then, O brawling love! O loving hate!
> O anything! Of nothing first create!
> O heavy lightness! Serious vanity!
> Mis-shapen chaos of well-seeming forms!
> 这些都是怨恨造成的后果，可是爱情的力量比它还要大过许多。
> 啊，吵吵闹闹的相爱，亲亲热热的怨恨！
> 啊，无中生有的一切！
> 啊，沉重的轻浮，严肃的狂妄，整齐的混乱！
>
> （朱生豪译）

弥尔顿《失乐园》里对地狱的描写：No light, but rather darkness visible. 没有光明，但是看见的只有黑暗。

冤亲词最有名的例子应数乔治·奥威尔小说《一九八四》中写到的出现在电幕上的三句口号了：

> War is peace
> Freedom is slavery
> Ignorance is strength
> 战争即和平

自由即奴役

无知即力量

（董乐山译）

幽默与讽刺的意味可谓毕现无遗了。

（发表于 2023 年 3 月 27 日《上海书评》）

也谈莎剧《哈姆雷特》台词中"nature"一词的翻译

我的同事孙璐教授在《文汇报》"文艺评论"版发表文章《优秀的文学翻译不能仅靠译者情怀》(2024年1月3日),引起热烈讨论。关于文学翻译之难这个话题在国内学界的讨论应该说自始至终从未停止过,有兴趣的读者只要翻翻罗新璋等翻译家主编的《翻译论集》(商务印书馆2021年第三版)和中国译协等单位主编的《翻译研究论文集》(外语教学与研究出版社1984年第一版)就不难发现,自严复开始迄今,有大量的学术文章讨论了文学翻译之难。孙璐教授的大作从"译者情怀"角度延续了这一讨论,这是很有意义的。我相信,关于文学翻译之难还会继续不断地讨论下去。孙璐教授的文章就引发了孙近仁先生进一步讨论的雅兴。关于孙近仁先生,我最早知道他是在20世纪90年代初,他为孙大雨先生的三部译著《屈原诗选译集》《古诗文英译集》《英诗选译集》(均由上海外语教育出版社出版)撰写的序言给我这个仍在孜孜求学的学子留下了深刻印象。正是通过孙先生的这三篇序言,我陆续收购到了孙大雨先生的所有著译,认真研读,从中获益匪浅,于我本人的文学翻译实践尤为有益,这是要特别感谢两位孙先生的。

孙先生在致《文汇报》编辑部的信中举莎剧中nature一词为例阐述文学翻译之难,特别拈出《哈姆雷特》第三幕第二场中哈姆雷特一句台词…the purpose of playing, whose end, both at the first and now, was and is, to hold, as t'were, the mirror up to nature 的翻译。朱生豪将其中的 nature 译为"自然",梁实秋和孙大雨则译为"人性"。孙先生认为这里的 nature 译为"人性"较好。孙先生还就此请教过陆谷孙先生,陆先生的答复是:译为"自然"嫌过。"人性"似不足,而若用"客观""客体""本真"又不像翻译,而是解释(paraphrase)了。孙先生希望"当今译界人士"进一步解读莎剧中的 nature 一词,期待有一个令人满意的"完美的译述"。

孙先生追求"完美的译述"的愿望当然是好的,译者都应该有这样的追求。不过在具体的文学翻译中,要做到"完美"却是不可能的,只能无限接近"完美"。这正是文学翻译的"遗憾"之处,也是文学翻译的"魅力"所在。

孙先生提出的莎剧中 nature 一词的理解与翻译确实是一个颇为有趣的话题。英国著名语言学家、莎学家 David Crystal 在与其子 Ben Crystal 所撰的 *Oxford Illustrated Shakespeare Dictionary* 中对莎剧里 nature 一词做了分类:一、正常的、普通的感受或感觉(normal feelings);二、正常心态(normal state of mind);三、人类生活或人生(human life);四、粗野的、狂暴的、放肆的、不受控制的状态(ungoverned state)。我曾经仔细读了孙大雨先生翻译的《黎琊王》(*King Lear*),他对 nature 一词的处理就非常灵活:"本性""禀性""人性""智慧""知识"等,根据不同的语境使用不同的表达。孙先生这样处理,用他自己的话来说,才是真正的翻译,而不是"用中文写的英文"。顺便说一句,孙译《黎琊王》是我本人最喜欢的译本,理解精准、表达流畅,更重要的是孙先生做了大量详尽的注释,对于理解原著大有助益。

闲话少说,言归正传,我们还是回到孙近仁先生提及的《哈姆雷特》剧中的那句台词吧。据我有限的阅读范围所知,这句台词中的 nature 一词,除了朱生豪外,钱锺书、林同济等也都译为"自然"。钱先生在《谈艺录》中译为"持镜照自然"(第60页),林先生译为"悬起明镜照自然"。值得称道的是,钱先生在《谈艺录》另一处将莎剧《冬日故事》(*The Winter's Tale*)第四幕第四场中的台词 This is an art/which does mend nature, change it rather, but/That art itself is nature 译为"人艺足补天工,然而人艺即天工也"。(第61页)译文浑然天成,无懈可击。国外众多莎士比亚作品的编者、研究者,比如 Thompson and Taylor、Jenkins、Hibbard、Spencer 等,在他们注释的《哈姆雷特》中把这句台词中的 nature 都解释为 human action or behaviour,或者 reality。他们都认为莎士比亚的这句台词所反映的戏剧观是受了西塞罗的影响的,西塞罗认为"喜剧模拟人生、鉴照风俗、反映真理"。据此,我觉得把这里的 nature 翻译成抽象的"人性"并不合适,而应该是指具体的"人生百态"。这句台词不妨译为:"举起镜子反映现实世界"或者"举起镜子反映人类行为"。对于这样的翻译,不知近仁先生以为然否?

最后要提一下的是,英国著名文学家、学者、批评家 C. S. 刘易斯(C. S. Lewis, 1898—1963)著有《语词谈薮》(*Studies in Words*)一书,其中辟有专章讨论 nature 一词,从古希腊语到英语,引证十分丰富,读者可资参考。该书译者是复旦大学的丁骏教授,译文忠实可信、畅达可读。

(发表于 2024 年 2 月 4 日《文汇报》"文艺评论")

"译员读书要广泛一些"
——兼谈翻译与"杂学"

    李景贤先生是著名外交官,他曾任中国驻格鲁吉亚、乌兹别克斯坦大使,常年在苏联、俄罗斯工作。他写的文章《毛主席与翻译》,述及自己给毛主席做翻译的体会。毛主席对翻译工作者提出的要求:译员读书要广泛一些。李大使文中写到毛主席有一次与苏联驻华大使尤金谈论遗传学问题,谈话时提到美国遗传学家摩尔根,担任翻译的张子凡对主席说自己对"遗传学一窍不通,实在翻不了"。毛主席教导这位译员说:"你们这些年轻人,杂七杂八的东西都要看一看,说不定什么时候就会派上用场。"主席这番教导对于翻译工作者而言是极为切当而中肯的,译者就应该是个杂家,什么都要懂一点,翻译起来才能游刃有余。著名语言学家和翻译家吕叔湘先生写过一篇文章《翻译工作和"杂学"》,他也认为翻译工作者需要懂点杂学:上自天文,下至地理,人情风俗,俚语方言,历史上的事件,小说里的人物,五花八门,无以名之,名之以"杂学"。这应该是每一个从事口笔译工作的人的共识。

    李大使文章中还提到毛主席引用的中文俗语"三个臭皮匠,胜个诸葛亮"的翻译问题,作者请教了俄语高级翻译李越然当时是怎么翻译这句俗语的,李越然的回答是:"这个俗语在《毛泽东选集》中就出现过。该选集翻译成俄文时,任务是由中苏两国的语言专家集中在北京一起承担的,当时苏方派来了二十多位俄语语言学家。翻译这个俗语时,出现了两种截然不同的意见:一种是直译,另一种是意译。苏联专家坚持用直译,只在'诸葛亮'之前加'智者'一个词,还把'臭'改为'糟糕的'即可。经中苏专家反复推敲,最后采用了上述译法。"李越然还说道，在书面语中上述译法完全可以看得懂，但是在口译时，听众可能会被"臭皮匠""诸葛亮"这些形象、人名弄得一头雾水，一下子反应不过来。于是，在世界共产党首脑大会上，主席再次引用这句俗语时，李越然想起俄语中一个相似的俗语"一个脑子固然好，两个脑袋就更妙"，照此翻译出来，与会者一听就懂了。

"三个臭皮匠，胜个诸葛亮"，在《毛泽东选集》第二卷第6页和第三卷第887页上都有出现，表述上略有差异："三个臭皮匠，合成一个诸葛亮"，"三个臭皮匠，胜过一个诸葛亮"。外文出版社提供的英译是"Three cobblers with their wits combined equal Chukeh Liang the master mind"。这一译法增加了 with their wits combined 和 master mind，意思变得更为显豁，表达却不显累赘，但较之汉语原文，少了"臭"字的表达。不过，在英译中不翻这个"臭"字似也无伤大雅，要是吹毛求疵的话，这个英译里的 equal（等于）倒是可以改为 surpass（超越）或者 excel（胜过）。值得指出的是，俄文中"一个脑子固然好，两个脑袋就更妙"在英语中也有同样的说法：Two heads are better than one. 在会议口译中，如果一时想不起来这句英语谚语，考虑到外国听众对"臭皮匠""诸葛亮"不熟悉，译者不妨做一点变通，译为：The collective wisdom of the masses is always better than that of the cleverest man. 或者 Nothing is impossible when people put their heads together.

参与《毛泽东选集》英译工作的专家程镇球先生在《翻译问题探索——毛选英译研究》一书中指出："译好成语和谚语是不容易的，因为涉及两种语言的不同民族色彩、文化传统和文字特点。成语和谚语富于形象，文字简洁，有的还包含典故。东西方文化差异较大，处理恰当是要花大力气的。"说得自然没错，做过口笔译的译者对此都深有体会。接着，程先生笔锋一转："但是成语和谚语的运用，和文章的风格很有关系,译文要忠实于原文,这些地方又必须尽量传译出来。正因为成语和谚语的民族色彩浓厚,我们就不能轻易用西方的成语、谚语来代替。"这一说法就值得商榷了,我认为还是应该以受众能看得懂或听得懂作为标准,不能一概而论。如果西方语言中有对应的表达方式,不惜牺牲中文中的形象,也要采用;如果西文中没有相应的表达,则只好退而求其次,在保留中文中的形象的同时,适当地增译、改译,以便受众能成功地接受。

顺便一提,吕叔湘先生《翻译工作和"杂学"》一文中所举的一个例子可以拿来说明翻译之难和翻译工作者懂得"杂学"之重要。《傲慢与偏见》第一章中有一句:Sir William and Lady Lucas are determined to go, merely on that account, 不熟悉英国贵族圈子里称呼习惯的译者往往会译做"威廉爵士和卢卡斯夫人……",中文读者一定以为他们是毫不相干的两个人,其实他们是夫妇俩,应该译为"卢卡斯爵士夫妇"。吕先生没有解释为什么要这样译,这里不妨稍加说明:读过《傲慢与偏见》原著的读者大概都知道,威廉·卢卡斯是准男爵(baronet),其位在男爵(baron)之下,骑士(knight)之上。按照贵族制度规定,准男爵的爵位不能传给子孙后代,而且其夫人的称呼也不能以她自己的名字(first name)冠之。如果威廉·卢卡斯是男爵,那么他夫人的称呼就可以使用她的名了,比如同书第一卷第十四章中的凯瑟琳夫人(Lady Catherine de Bourgh),她是伯爵(earl)的女儿。假如卢卡斯夫人的名字是 Catherine,结婚后随夫姓,全名是 Catherine Lucas,而威廉·卢卡斯的爵位是男爵或高于男爵,那么她就可以被称为 Lady Catherine,原文就会写成 Sir William and Lady Catherine,中文译成"威廉爵士夫妇",准确无误。吕先生认为这只是一个简单的例子,其实并不简单,人民文学出版社(张玲、张扬译)和上海译文出版社(王科一译)的两个中译本就都译成了"威廉爵士夫妇"。还应该补充一点,Sir 用来称呼爵士的时候,用在名的前面,或者名和姓的前面,不可用在姓的前面，如可以用 Sir William, Sir William Lucas 和 Sir W. Lucas，但不可用 Sir Lucas。如果一个人不是 knight 或 baronet，那就决不可把 Sir 加在他的名、名和姓、名的开首字母和姓的前面。

（发表于 2024 年 4 月 16 日《文汇报》"笔会"，《中国作家网》"世界文坛"同日全文转摘）

周林东老师和他的诗歌翻译

周林东老师翻译的《弗罗斯特抒情诗集》即将由上海译文出版社付梓出版。该书责编顾真先生嘱我写一篇跋之类的文字，对周老师本人及其翻译成就略作介绍。《弗罗斯特抒情诗集》是我推荐给上海译文出版社的，选题经过出版社领导和专家讨论后得以通过，顾真兄的要求在情理之中，写这篇文字我责无旁贷。关于美国 20 世纪最伟大的诗人之一弗罗斯特的生平和创作，普通读者只要在百度上稍事搜索一下就可知道，无需我多说。弗罗斯特诗歌的特点以及翻译的甘苦，周老师在译序里都有所交代，不必我赘言。周老师的翻译质量如何应由读者诸君作出判断，我不便剧透，也不能随便下任何溢美夸饰之语。读者看了我这篇文字也许会明白我对周老师及其翻译的基本态度。

周老师在我大三时教了我们整整一年的翻译课，一学期英译汉，一学期汉译英。我们当时虽然手头有张培基先生编写的《英汉翻译教程》，但周老师从来不用。他讲课有自己的一套体系，不妨说有他自己的风格吧！他结合自己的翻译实践讲述翻译方法和翻译心得，我们从中受益匪浅。他总是提醒我们要博采众长，不要拘泥于一家之说，所以教材只能作为参考之用，否则，眼光容易受到局限。这一点对我启发很大。我现在自己也在大学里做老师，讲授英美文学史，我也采用了周老师的做法，指定的教材仅供学生参考用，我自己另外准备讲义，尽量做到博采众长，以便拓宽学生视野。周老师很会讲课，常常能引发学生积极参与，师生之间互动频繁，教和学的效果相当不错。师生间经常会为一个词、一个句子或一段文章的翻译争得面红耳赤，我们有时甚至故意把周老师的翻译贬得一无是处，以此取乐。而周老师却不以为意，始终面带微笑，实在忍受不了我们调皮捣蛋就说"果然是师不必贤于弟子,弟子不必不如师啊"或者"这个我持保留意见"。周老师的胸怀,对学生的宽容态度,也是我学习的榜样。周老师上课时经常会引用名家名译,其中经常提到他所敬仰的黄雨石先生。我知道黄雨石先生就是拜周老师所赐。黄雨石先生又名黄爱,毕业于清华大学外文系,师从钱锺书先生,据说是钱先生指导过的两个研究生之一,毕业后供职于人民文学出版社,担任英文编辑。我后来得知黄先生本人就是著名翻译家,曾经翻译过《一个青年艺术家的画像》《众生之路》《黑暗深处》《虹》等名家名著。我不知道周老师是否与黄雨石先生相识。从他给我们推荐黄先生讨论翻译的一部专著(很抱歉,这部专著我考上研究生后就送给一学弟了,现在连书名也不复记忆了)可以看出周老师关于翻译的见解之高。

令我难忘的一件事情是,有一天,周老师发现大家对他那天讲的内容兴趣不大,无奈而有些感慨地说:如果你们觉得我的课没有什么可听之处,不妨可以去图书馆看书或去其他系听听别的老师的课,但不许回寝室睡觉或去城里逛街。老师的由衷之言令人深为感动,作为学生的我觉得实在不能虚度青春,应该珍惜韶华,于是决定下次翻译课去中文系听听古典文学课。当时觉得这样做没有什么不妥,直到自己也做了多年的老师之后,越想越觉得后怕和不安。后怕的是,我如果也像当年的老师那样跟学生说同样的话,我的学生会怎样呢?恐怕我话音刚落,有的学生就要从课堂上溜之大吉了。也许有些学生会给我面子,不至当即退席,但下次课肯定不会屈尊赏脸了。不安的是,我当年居然那么鲁莽!

周老师不仅翻译课上得好,而且身体力行,自己做了大量的文学翻译,主要是英美诗歌的翻译。我读过的周老师最早的翻译是他发表在北外《英语学习》1983年第3期上的一首译诗。这是英国19世纪后半期抒情诗人克里斯蒂娜·乔治娜·罗塞蒂(Christina Geogina Rossetti)一首题为"上坡"的诗。罗塞蒂的诗歌朴素哀婉,多带有宗教象征和神秘色彩。英国著名女作家弗吉尼亚·伍尔夫对罗塞蒂推崇备至，认为她在英国女诗人中当推第一。在所有文类的翻译中，诗歌翻译是最难的，有人甚至认为诗歌是不能翻译的，弗罗斯特就认为"诗歌就是翻译中失去的东西"（Poetry is what gets lost in translation）。但在我看来，周老师翻译的这首罗塞蒂的诗形神兼备，很好地传达出了原诗的内容和形式。为了便于读者阅读和欣赏，我把原诗和译诗抄录如下：

Up-Hill

Does the road wind up-hill all the way?

Yes, to the very end.

Will the day's journey take the whole long day?

From morn to night, my friend.

But is there for the night a resting-place?

A roof for when the slow dark hours begin.

May not the darkness hide it from my face?

You cannot miss that inn.

Shall I meet other wayfarers at night?

Those who have gone before.

Then must I knock, or call when just in sight?

They will not keep you standing at that door.

Shall I find comfort, travel-sore and weak?

Of labour you shall find the sum.

Will there be beds for me and all who seek?

Yea, beds for all who come.

上山

这条路曲曲弯弯一直伸到山颠？

是的,一直通到顶。
从这里到山顶要足足走一整天?
朋友,起早落晚才行。
请问山顶上可有地方住下?
黄昏里你会看到屋檐。
会不会天黑了我看不清人家?
你不会错过那小客栈。
到晚上我能不能遇到旅伴?
先出发的都能碰见。
等我走到,该敲门还是呼喊?
他们不会让你在外久站。
要是我又累又酸,那里可舒坦?
能消除你旅途劳顿。
我有床位吗?大家都有被单?
有哇,投宿的都能安顿。

  这是一首哲理诗,写的是人死后被抬上山,一路上灵魂发出了最后的拷问。"先出发的都能碰见""投宿的都能安顿"是对死者灵魂的安慰。我后来又陆续读到了周老师翻译的其他英美诗人的作品,最值得一提的是2019年人民文学出版社隆重推出的周译两卷本《狄金森诗抄》。据我所知,这是国内翻译美国著名女诗人艾米莉·狄金森诗歌最全面的译本之一。狄金森虽然人生短暂,只活了56岁,但诗歌成就非同寻常,在美国文学史上占有极为重要的地位。她一生留下了1 775首诗歌,周老师翻译了大约五分之四以上。这是周老师长年累月孜孜矻矻辛勤劳作的结果。我记得周老师翻译了其中的数百首诗后,将译稿通过邮局寄给我,希望我提提意见。我不敢造次,因为自己从未翻译过诗歌,遂把译稿发给中国社科院外文所的研究员傅浩先生。傅先生是诗人、批评家和翻译家,翻译过包括叶芝在内的大量英美诗人的诗歌,他的评价应该是客观公正的。傅先生读完周老师的译诗后给出了很高的评价,同时也指出了一些不足之处。我不记得是否将傅先生的意见转达给了周老师。我收到周老师寄赠的《狄金森诗抄》后,立即翻到第四十九首"I never lost as much but twice",惊喜地发现周老师改正了原译不甚妥当的地方。诗歌不长,容我把原诗、原译和改译抄在下面,以示周老师对自己的译作一改再改以臻完美的严谨态度。

原诗

> I never lost as much but twice,
> And that was in the sod.
> Twice have I stood a beggar
> Before the door of God!
> Angels—twice descending
> Reimbursed my store
> Burglar! Banker-Father!
> I am poor once more!

原译

> 我两度遭到浩劫,
> 被黄土埋掉至爱;
> 两度被沦为乞丐,
> 站立在上帝门外。
> 幸天使两度降临,
> 抚慰我惨痛的心;
> 强盗义到!慷慨的天父啊,
> 又一次我落入苦境。

改译

没想到我两度遭劫,
黄土盖过了所爱;
两度我成了乞丐,
呆立在上帝门外!
幸天使们两度下顾,
抚慰我遭劫的心;
强盗又到! 庄家——天父啊。
我重又落入苦境。

傅浩先生说把 lost 译为"浩劫"就不仅仅是个人经济损失,而是天灾人祸之类的集体大事了,有点偏离原意,译为"损失"即可。"被黄土埋掉至爱"是把深层的意思挖掘显露了出来,他译为"所有全都入了土"。傅先生指出"两度被沦为乞丐","沦为"是不及物动词,不能用被动态,说得甚是! 所幸周老师改译时意识到了。但是,周老师把 reimbursed my store 理解错了,傅先生认为周老师把开店和赔款的意象弄丢了,应该译为"给小店送赔款"。原诗是一个扩大了的暗喻,"损失""小店""赔款""银行家""窃贼""破产"等构成一个统一场景,具有一致性。burglar 是入室行窃的窃贼,而不是"强盗"。不管怎么说,国内知名度最高的人民文学出版社能够接受周老师的译诗,说明译诗的质量是毋庸置疑的。

周老师早在 20 世纪 80 年代还翻译出版过一本名为《聪明误》的小册子,属于上海文化出版社"五角丛书"中的一种。之所以叫"五角丛书"是因为每册定价五角,销量和影响都很大,现如今五十岁以上的读者对这套丛书都会有印象。80 年代出版书籍非常困难,有时要由作者或译者自己推销部分书籍,折算成稿费的一部分。周老师就把几十本《聪明误》译本摆放在学校食堂前的空地上,旁边竖一块牌子,上写"译者售书"四字。我去食堂打饭时正好经过周老师身边,向他打了声招呼,掏出五角钱说要买一本。周老师发现是自己的学生,没有收钱,当场送了我一本。我至今仍珍藏着这本书,每每翻看这本书,心中充满了美好的回忆。周老师还翻译过美国哲学教授 Perry Gresham 的诗歌,结集成《金苹果》和《鸟儿讲哲学》。译笔精准老到,读来令人开怀,精彩之处不由人不会心一笑。不过,我印象中这两部译诗集都没有正式出版,我书架上的是周老师送给我的打印稿。

周老师给人的印象始终是那么温文尔雅,他实在称得上是一位既热爱西学、精通西学又保留了中国传统文人为人处世特质的谦谦君子。作为老师,他从来都不居高临下、颐指气使,总是平等对待所有学生。学生在课堂上提出不同意见,只要正确的他都能虚心接受。即使学生的意见有些偏激,他也不会拿出师道尊严那一套来对付。所以,他同历届学生都相处得很好,学生们都很尊敬他。有一次,周老师和家人、朋友一起在饭店里吃饭,一个学生迎上前来与他打招呼。寒暄之后,学生悄悄地将饭钱给付了。周老师不认识这个学生,而且至今还不知道这个学生姓甚名谁。学生的举动让周老师十分感动,他曾几次在学生聚会上提及此事,每次都会幽默地说:"我知道这位学生就在你们中间。"

周老师提起自己大学时代的老师来总是满怀深情。我有一次去他家里看他,他谈到在杭州大学读书时的几位恩师,眼中充满了感激之情,说到动情处眼中闪烁着泪花。他特别提到了后来从杭州大学调到北京师范大学的郑儒箴先生,对郑先生的学识和才华钦佩不已,还特地拿出一页郑先生当年送给他的手稿供我欣赏。郑儒箴先生学贯中西,曾参加过《毛泽东选集》的英译工作,钱锺书先生对他十分赞赏,几次跟在北师大工作的女儿钱瑗提及郑先生,说他的英文真好。我在《上海书评》上读到徐自豪先生写的关于郑儒箴先生的文章,把文章寄给了周老师,老师马上写了一篇深情回忆郑先生的文章《郑儒箴先生二三事》。我把文章转给《文汇报》的编辑陆灏先生，陆先生看后表示认可，就在"笔会"上发表了。有兴趣的读者不妨找来一看。难能可贵的是，近七十年来周老师一直珍藏着郑先生批改过的五本作业本，他把其中的一本作为传家宝留给了自己儿子，剩下的四本寄给了我，由我珍藏。周老师在文章中特别提及"如果哪位学者乐意对郑先生批改的翻译加以研究，请与吴先生联系"。今年年初，我得知浙江大学中华译学馆在征集翻译家手稿，郑儒箴先生和周老师也可以算是浙大人（原杭州大学并入了浙大），我把其中的一本作业本寄赠给了浙大中华译学馆。译学馆的老师收到后十分高兴，决定扫描后保存。

最后谈谈弗罗斯特的诗歌创作理念和成就。弗罗斯特的诗歌表面看起来通俗易懂，其实极富创造性，根本不像表面看上去的那么自然、直接和简单，而是在意义上具有"隐秘性"（ulteriority）的。诚如他对自己所作的评价："我是个难以捉摸的人……我想讲真话的时候，我的话语往往极具欺骗性。"他的诗歌也是如此，这一点希望读者特别注意。弗罗斯特的诗歌既继承了英国浪漫主义诗歌尤其是威廉·华兹华斯诗歌的传统，又有英美20世纪现代派诗歌的创新，所以很难简单归类。用牛津大学诗歌教授、诗人、批评家格雷夫斯（Robert Graves）的话来说："弗罗斯特是第一位真正可以用世界标准来衡量的美国著名诗人。……他的诗歌创作既没有依靠古老的欧洲诗歌传统，也不模仿前人的成功之作，而是通过自己的辛勤实践，直到找到了一条适应美国气候、符合美国语言的诗歌创作之路。"这是极为中肯的评价。弗罗斯特曾经给诗歌下过定义，认为一首好诗应该"始于愉悦，终于智慧"（start with delight and end with wisdom），读者开始读诗时应该感到惊讶、充满喜悦或者眼含泪水，读完诗后应该得到了智慧。这种诗学理论会使读者产生弗罗斯特诗歌创作趋于简单、容易理解的印象，其实不然。他的诗歌是复杂的，甚至是晦涩的，可以说他的诗歌创作艺术的突出特点是"简单的深邃"。弗罗斯特的诗歌在国内拥有大量的读者，深受读者的喜爱。他的诗歌也有不少中译本，周老师的译本是其中之一。国内对弗罗斯特诗歌的研究者也不乏其人，其中成就最大、研究最深入的，在我看来，应是黄宗英教授的《弗罗斯特研究》一书。该书由上海外语教育出版社于2011年出版，感兴趣的读者不妨找来一读，相信您一定会有所获益。

（发表于2024年6月10日《文汇报》"笔会"，发表时标题改为"我知道这位学生就在你们中间"）

关于翻译的断想

一

几年前，同事的女儿考取了耶鲁大学，她在准备 SAT 考试时曾经问过我一些问题，多半是关于美国文学的。为了表示对我的感谢，她去了美国后通过我同事带了一本福楼拜的《包法利夫人》法文原版给我，因为我一直想提高法语的阅读水平，曾向我同事（法语系老师）提起过想读读《包法利夫人》法文原文的事。拿到原著后我断断续续看了一些，发现难度不小，我手头恰好有一本英译本的《包法利夫人》，译者 Eleanor Marx-Aveling 是马克思的小女儿，还有李健吾先生的中译本，于是想到了中英法三个版本对照阅读的办法。这是上卷第七章中的一个句子：

Mais elle, sa vie était froide comme grenier dont la lucarne est au nord, et l'ennui, araignée silencieuse filait sa toile dans l'ombre à tous les coins de son cœur.

But as for her, her life was as cold as a garret that looks to the north, and ennui like a spider spun it's web in the shadow of the corners of her heart.

可是她呀，生活好似天窗朝北的阁楼那样冷，烦恼就像默不作声的蜘蛛，在暗地里拉丝结网，爬过她心上的每个角落。

比较《包法利夫人》里这段文字法语原文和英、中译文，我有两点感想：一，作者用了两个比喻，生活像阁楼、烦恼像蜘蛛网，本体和喻体之间靠两个极为普通的形容词 froide, silencieuse 连接，却给人耳目一新之感。二，相较于英汉两种完全不同的语言，英法之间关系密切得多了，英语借用了大量（大约45%）法语词汇，但是英译文并不比李健吾先生的中译更贴近法语原文，未译silencieuse（默不作声）一词，意境多少有所失。

二

培根《论读书》(*Of Studies*)一文为学习英语和研究英国文学者所必读，坊间有多种译本行世，最为人称道者数王佐良、水天同、高健诸位先生的译文。其中有一段讲读书之方法的，屡屡被人引用，原文为：Some books are to be tasted, others to be swallowed, and some few to be chewed and digested.

王佐良先生的译文：书有可浅尝者，有可吞食者，少数则须咀嚼消化。

水天同先生的译文：有些书可供一尝，有些书可以吞下，有不多的几部书则应当咀嚼消化。

高健先生的译文：书有供人尝之者，有供人吞食者，亦有不多之书为供人咀嚼消化者。

钱锺书先生在《管锥编》第四册第1229页（中华书局版）上也引了培根《论读书》中的这段话，他的译文是：书有只可染指者，有宜囫囵吞枣者，亦有须咀嚼而消纳者。钱先生引用原文时误把digested写成了swallowed，这一错误逃过了编辑的眼睛，也逃过了范旭仑先生的眼睛（范先生曾订正《管锥编》错误达上千处）。不无遗憾的是，北京三联书店2007年四卷版的《管锥编》里也没有改正，错误照旧（1935页）。另外，钱先生用"染指"来译tasted似乎也有不妥之处，不如其他三家用"尝"更贴切。如果结合钱先生和王佐良先生的译文：书有只可浅尝者，有宜囫囵吞枣者，亦有须咀嚼而消纳者。在我看来，这就是理想的译文了。

钱先生随后对培根这段话的评论则十分精当，足以醒人耳目："即谓有不必求甚解者,有须细析者。语较周密,然亦只道着一半:书之须细析者,亦有不必求甚解之时;以词章论,常只须带草看法,而为义理考据计,又必十日一行。一人之身,读书之阔略不拘与精细不苟,因时因事而异宜焉。"这番话说是钱先生夫子自道也可,说是钱先生谆谆告诫后世学子读书注意方法也可。

三

著名翻译家董乐山先生写过一篇《何谓"汉语的优势"》(详见《文化的误读》,中国社会科学出版社1997年版,第155页),对所谓的发挥"汉语的优势"提出质疑。我很赞同董先生的观点。董先生在文中质问:"汉语的优势"究竟是什么?他说:"任何语言都有其特点,如果说特点就是优势的话倒也未始不可。但优势的发挥也要恰到好处,适可而止。如果所谓的'汉语优势'就是讲究文采、使用四字成语,那么发挥时还是小心点为好。"确实如此,如果原文是familiar style,甚至是vulgar style,而到译者笔下成了文绉绉的君子之风,那就是发挥不当了。古人云:文章做到极处,无有它奇,只是恰好。人做到极处,无有它异,只是本然。有人将之译成了英语:The best writing is to the point. The best virtue is to be yourself. 甚为恰当!

四

南京大学外语学院退休教授钱佼汝和张子清两位先生均已年逾八旬,虽同住在南京,但相见并不易,于是两人经常有邮件往还,交流老年生活的点点滴滴和所思所想。同事王光林教授本科和硕士都是南大毕业的,两位先生都是他的老师,师生三人之间一直保持联系。光林兄最近发来两位老师的一段文字交往,读后感觉颇有意思。中文是张子清先生的一首诗,张先生翻译和研究英美诗歌,自己也是诗人:

人生的单程路

走上只有单程的人生之路，

到达终点的时间无法预期。

可以肯定的是：

你走的时间越长，

就会感到越孤单，

原来同你旅行的人

离开你越来越多。

钱佼汝先生的英译：

A One-way Trip

Life is a one-way trip—

And you never know when to complete it,

But one thing I know for sure,

The longer you travel on it

The lonelier you will get,

'Cos your co-travelers

Get fewer and fewer.

钱先生的英译很地道，唯一一处"原来"的理解有点问题：张先生原诗中"原来"的意思是"曾经"，钱先生翻译成了 'Cos (because)，表示原因了。不过，诗无达诂，两种理解都无不可。读完两位先生的邮件，我突然想到钱先生的伯父钱锺书先生曾经写过一篇《谈交友》的妙文，文中引用了英国诗人 Thomas More 的两句诗：When I remember all the friends so linked together, I've seen around me fall like leaves in wintry weather. 钱锺书先生的中译是：故友如冬叶，萧萧四落稀。钱先生还引用了扬州八怪之一金农（字冬心）的两句诗："故人笑比庭中树，一日秋风一日疏。"有意思的是，杨绛先生也曾引用过这两句诗，在《回忆我的父亲》（详见《将饮茶》，中国社会科学出版社1992年版，第58页）一文中写道："暑假里，乘凉的时候，门房每天给我送进几封信来。父亲一次说：'我年轻的时候也有很多朋友'；他长吟'故人笑比中庭树，一日秋风一日疏'。我忽然发现我的父亲老了，虽然常有朋友来往，我觉得他很疲劳，也很寂寞。"我们不难发现，杨先生回忆其父亲吟诵的金农的这两句诗中前一句是"故人笑比中庭树"，与钱先生引用的"故人笑比庭中树"略有不同。手头没有金农的诗集，烦请上海图书馆的祝淳翔兄查了原诗：纨扇生衣捐已无，掩书不读闭精庐。故人笑比庭中树，一日秋风一日疏。钱先生是对的。我很是羡慕南京大学的两位退休教授，于日常生活之余常有诗文往还，这多少可以减少老年生活的寂寞与孤单吧！

五

成为微信朋友后，我和导师汪义群先生的联系就更多了。我们师生之间在微信上无话不谈，当然，谈的更多的还是关于学术，尤其是关于翻译。最近汪老师发来一则微信，又谈及莎士比亚戏剧的翻译，兹抄录如下：今天偶然翻到2月27日和你的一段微信通话，其中写到："现在像你（指我）这样肯对照着原文一字一句读译作的人已经不多了。我担心的是自己多年前的译文实在经不起细读。这两天不由得把自己译过的莎剧又取了出来，对照原文再仔细读一遍。反正遇上疫情，在家闲着也是闲着。"这段文字的背景需要作一交待：当时上海疫情已经暴发，我正在读乔志高先生翻译的美国剧作家奥尼尔的《长夜漫漫路迢迢》。汪老师是国内翻译和研究奥尼尔的专家，蒙他不弃，曾经送我一套他参与翻译的《奥尼尔集》，由北京的三联书店出版。*Long Day's Journey into Night* 是奥尼尔的名剧，汪老师也曾翻译过。我对照原文，边阅读边比较两个译本，两个译本都很棒，我有时会把两位译者对原文的不同处理发给汪老师看，同时表达由衷的敬意。

汪老师继续写道："后来我果真把自己翻译的 *Julius Caesar* 取出来读了一遍。读后还参考其他译文随手记下了几条想法，现在看看还是挺有意思的。我把它们发给你一读，也许你在上莎剧课时可以派上用场。"接下来是汪老师的几条翻译心得：

Julius Caesar

Ⅰ, iii. line 65

Why old men, fools, and children calculate; …

有译本翻译成"为什么老翁、愚人和婴孩都会变得工于心计起来"。其实此处 calculate 相当于 prophesy，所以我把它译为"为何老人、儿童和愚人都会说起预言"。

Ⅱ, i. line 300

I have made strong proof of my constancy, /Giving myself a voluntary wound/Here in the thigh. Can I bear that with patience, /And not my husband's secrets?

此处 a voluntary wound 有些译本没有翻译出来，可能是不明白何以 Portia 会在这里没头没脑地说起自己身上创伤一事。其实普鲁塔克在他的《希腊罗马名人传》里提到过 how Portia to prove her bravery, cut herself with a razor and bled until she fainted，所以此处可译为："为了证明对您的坚贞不渝，我曾／割股自伤，我既然能忍耐那样的／痛苦，却不能保守丈夫的秘密吗？"

Ⅱ, ii 结尾处凯撒邀请众人一起进屋喝酒，喝了酒以后大家就像好朋友那样一块走：Good friends, go in and taste some wine with me, /And we, like friends, will straightway go together. 接下来 Brutus 有一段旁白：That every like is not the same, O, Caesar, /The heat of Brutus earns to think upon. 第一行有译作"人家的心可不跟您一样"的。其实我认为它的意思是"像朋友不等于就是朋友"。

汪老师还指出了 *Coriolanus* 中朱生豪译文的一些错误之处：第二幕第二场中 Cominius: he might act the woman in the scene. 朱译：他本来可以做一个怯懦不前的妇女。汪译：他只配在舞台上演个女子。汪译准确无误，因为 to act the woman in the scene 的意思是 to play woman's role in the theatre。第二幕第三场中 Coriolanus: Here come more voices. 朱译：又有几个同意来了。汪译：又来了几个投票的。这里的 voices 相当于 voters。第三幕第一场 Cominius: T'was from the canon. 朱译：好像他的话就是神圣的法律似的。汪译：他这样说是无视法律。原台词的意思是 It was contrary to the law。当然，朱生豪先生在没有参考书只有一部词典的情况下翻译莎翁剧作，理解不到位甚至错误的地方在所难免，我们不必苛求。但是，有人认为"朱译既出，译莎可止"，这也未免说得有些过了。

汪老师对于莎剧原文的理解和翻译令我衷心折服。我们之间这样的对话还有不少，将来也还会继续，我很珍惜这样的机会。

六

《习近平谈治国理政》第一卷《青年要自觉践行社会主义核心价值观》一文中有这样一句话："大学是一个研究学问、探索真理的地方。"英文版的翻译是：University is a place not just for academic studies but for seeking truth. 中文原文"研究学问""探索真理"是并列结构，而英译虽然也是并列结构，但用了 but 这个连词还是有所侧重的。这样就产生了一个逻辑上的问题：似乎"研究学问"就不是"探索真理"了，或者说"研究学问"不如"探索真理"重要！中文原文中并没有这层意思。我的朋友许国梁先生建议英译文不妨改为：University is a place for academic studies with a view to seeking truth. 我觉得许先生的英译非常地道、自然、贴切。

七

潘光旦先生翻译的英人霭理士名著《性心理学》一书译文流畅可读，注释尤为详尽，其中的不少注释引用了中国古代典籍，读来感觉颇为亲切。对中国古代典籍的引证殊是浩博，令人叹服。现举两个译名，皆音义结合之佳例，足见潘先生运思之巧妙：在第92页的注释中，潘先生写道："希腊关于爱神阿福罗提忒（Aphrodite）的雕像最多，流传到今日的也不少，其中有专门表示臀部之美的一尊，叫做Aphrodite's Kallipygos, Kalli 是希腊文的'美'字，pygos 是希腊文的'臀'字。几年前译者为德人立希特（Hans Licht）所著的《古希腊的性生活》作一书评，曾经把 Kallipygos 译作'佳丽屁股'，音义两合，可称奇巧。"确实是"奇巧"之译，翻译不仅需要丰富的知识，还得有丰富的想象力。还有一处在该书的第178页，也是在注释中，潘先生说把人名 Narcissus（现在通译纳喀索斯）译作"奈煞西施"，也是音义结合的妙译。

八

莎翁名剧《哈姆雷特》第一幕第二场第64、65行有国王克罗狄奥斯和哈姆雷特的两句对白：

King: But now, my cousin Hamlet, and my son.
Hamlet (aside): A little more than kin, and less than kind.

哈姆雷特这句旁白是他在整个剧中所说的第一句话，意思是：哈姆雷特与克罗狄奥斯虽然有双重关系（more than kin），天性却不像克罗狄奥斯，对克罗狄奥斯也没有好感（less than kind）。有学者指出，莎士比亚在这里巧妙地化用了英语谚语：The nearer in kin, the less in kindness. 这句话译成中文，难度颇大，我查到了八种译文，均出自名家之手，兹分别引录于下：

1. 超乎寻常的亲族，漠不相干的路人。（朱生豪）
2. 亲上加亲，越亲越不相亲。（卞之琳）
3. 比亲戚亲一点，说亲人却说不上。（曹未风）
4. 比侄子是亲些，可是还算不得儿子。（梁实秋）
5. 说不亲亲上亲，说亲又不亲。（张今）
6. 比亲人稍亲，只是稍逊于仁心。（黄国彬）
7. 虽然是亲上加亲，毕竟也不怎么亲。（王宏印）
8. 多一些儿亲，可差一点儿情了。（林同济）

八种译文都尽量在 kin 和 kind 上下足了功夫。我本人更喜欢林同济先生的译文：亲（kin）和情（kind），处理得十分得当。

九

苏轼的《洗儿戏作》一诗历来为读者所耳熟能详，诗中有"玩世""嫉俗"之意。大多数人既欣赏苏轼通透洒脱的人生态度，也以此告诫或安慰自己儿子不够优秀也不必如陶渊明那样"责子"，所谓的"青出于蓝而胜于蓝""跨灶之子"都是欺人之谈。我所见《洗儿戏作》一诗有两种英译，均出自复旦大学外文系两位已故教授之手，他们是林同济先生和任治稷先生。现录原诗和译诗于下：

> 人皆养子望聪明，
> 我被聪明误一生。
> 惟愿孩儿愚且鲁，
> 无灾无难到公卿。
>
> They pray to have sons bright as can be;

Yet my life's wrecked on having brightly shone.
Would that my son a dull wit be—
Without ado, a minister by the Throne.

Translated by Lin Tongji

《唐宋诗词英译 14 首》(详见《天地之间——林同济文集》许纪霖、李琼编，复旦大学出版社 2004 年版)

Ablution of My Son (Composed in a Playful Mood)
People beget sons and wish them smart,
But I've been ruined by smartness for life.
Would only my son be dumb and uncouth,
Misfortune- and trouble-free until he's a duke.

Translated by Charles Jen

《东坡之诗——苏轼诗词文选译》(复旦大学出版社 2008 年版)

关于"洗儿"习俗，据宋人孟元老《东京梦华录》"育子"一条所记："至满月大展洗儿会，亲宾盛集。浴儿毕，落胎发，遍谢座客，致宴享焉。"苏轼此诗作于元丰六年（1083 年），这年的 9 月 27 日苏轼第四子出生，为其爱妾朝云所生，三日后苏轼给儿子取名遁（即"遁"，逃避者或逃难者之义），小名干儿。清人纪昀批点《苏文忠公诗集》（卷二十二）里说："此种岂可入集。"说明纪昀对这首脍炙人口的诗极为不屑。

我把上述文字发给大学期间的恩师周林东先生，希望他一如既往地给拙文提点意见，他看后立即发给我英国汉学家 Arthur Walcy（1881—1958）的英译，现抄录如下：

On the Birth of His Son
Families, when a child is born,

Want it to be intelligent.

I, though intelligence

Having wretched my whole life,

Only hope the baby will prove

Ignorant and stupid.

Then he will crown a tranquil life

By becoming a Cabinet Minister.

我倒觉得 Arthur Waley 的译诗并不怎么出彩，还不如任治稷先生的译诗精彩。据周老师说，Arthur Waley 的这首译诗收入了美国图书公司（American Book Company）1961 年出版的六卷本《阅读津逮》（*The Mastery of Reading*）的第四卷中。

十

James Sutherland 编的 *The Oxford Book of Literary Anecdotes* 对于治英国文学的人来说是一本十分有趣的书，它记录了英国自古至今（从 Caedmon 到 Dylan Thomas）作家们的逸闻趣事共 484 条。其中的第 165 条记录了传记作家鲍斯威尔（James Boswell）1764 年 12 月 24 日第一次采访法国哲学家、作家伏尔泰的故事。其中有这样一段文字：

I asked him if he still spoke English. He replied, "No. To speak English one must place the tongue between the teeth, and I have lost my teeth."

钱锺书先生的散文《小说识小》里讲到伏尔泰的《老实人》时提及这则趣闻：昔鲍士威尔谒见伏尔泰，问以肯说英文否，伏尔泰答曰："说英文须以齿自啮舌尖，余老而无齿。"钱先生接着写道：盖指英语中 th 一音而言。然则英美二国人齿长，殆天使之便于自啮舌尖耶？法国人治英文学卓有成就者，以泰纳（Taine）为最先，据《巩固兄弟日记》(Jurnal des Goncourt)一八六三年三月一日写泰纳形貌有云:"牙长如英国老妇。"殆学英文所致耶?

泰纳写过一部《英国文学史》(History of English Literature),在英法两国学界久负盛名,为治英国文学者必读之书。但这部书并非泰纳用英文写成,而是由一个叫Van Laun的学者从法文翻译成英文的,我手头正好有这部书。

十一

罗马哲人皇帝马克·奥勒留(Marcus Aurelius)所著《沉思录》卷五(Book Five)里有一段话颇令人费解,读完英译文再看中译文依然一头雾水,不知所云。先抄录两个权威版本的英译文:

Do not be carried along inconsiderately by the appearance of things, but give help to all according to thy ability and their fitness; and if they should have sustained loss in matters which are indifferent, do not imagine this to be a damage. For it is a bad habit. But as the old man, when he went away, asked back his foster-child's top, remembering that it was a top, so doth thou in this case also.

Translated by George Long, Chicago Montgomery Ward

Do not fall a too hasty prey to first impressions. Assist those in need, so far as you are able and they deserve it; but if their fall involves nothing morally significant, you must not regard them as really injured, for that is not a good practice. Rather, in such cases be like the old fellow who pretended at his departure to beg eagerly for the slave-girl's top, though knowing well that it was nothing more than a top.

Translated by Maxwell Staniforth, Penguin Books

再来看两个中译文,一个出自目前国内最流行的何怀宏译本,他是根据 George Long 的英译本移译的，这个英译本出版于 1862 年，被誉为"标准译本"，流传最广，译者故意模仿原作希腊文风格，所以英译文显得有些拙朴。另一个出自梁实秋先生 1958 年应人之托翻译的译本，次年出版，也曾经流行一时。梁先生自称所选择的英译本最忠实于原作，由 C. R. Haines 于 1916 年翻译出版，收入权威的 Loeb Classical Library，有希腊原文对照。梁先生翻译时还参照了其他英译本，包括 George Long 译本，还有 1906 年牛津大学出版的 John Jackson 译本，他认为这个译本译笔极佳，但可惜有不少大胆窜改之处。

不要不加考虑地被事物的现象牵着鼻子走，而是根据你的能力和是否对他们合适而给所有人以帮助；如果他们蒙受无关紧要的物质上的损失，不要把这想象为是一种损害。因为这是一种坏的习惯。但当这个老人，当他离去时，回顾他抚育的孩子的巅峰时期，记住这是巅峰时期，你在这种场合里也要这样做。

（何怀宏译）

不要漫不经心地被感官印象所误，要尽你的全力并且按照其应得之本分去帮助大家。如果在无关轻重的事物上遭遇挫败，也不要认为是有多大的害处；因为那是一个坏的习惯。像剧中的那个老年人一般，临行时，索还他的义子的陀螺，明知那不过是一个陀螺，他在这情形之下亦该如此。

（梁实秋译）

梁先生在这段译文下面加了一个注释：这一节语义不明，陀螺的故事亦不知何所指。Maxwell Staniforth 的英译本也加了一个注释：The 'old fellow' made a kindly pretence of sharing the child's notion that its top was a precious and desirable treasure. In the same way, says Marcus, we should be sympathetic to the distress of others, even when our superior knowledge tells us that they have suffered no real harm.

需要指出的是，何译显然没有明白 top 的意思，想当然地译为"巅峰时期"了。"陀螺"这个典故到底出自哪里，尚有待考证。据我所知，在西方经典文学作品中陀螺是一个重要的意象，关于陀螺的记载有不少：荷马史诗《伊里亚特》、柏拉图的《理想国》、古罗马诗人维吉尔的《埃涅阿斯纪》和莎士比亚的《温莎的风流娘儿们》里都有对"陀螺"的描写。

十二

傅东华先生是我的乡先辈，他是金华曹宅人，曾经在我家乡东阳中学担任过英语老师，所以读他翻译的作品格外亲切。《飘》无疑是傅先生翻译作品中影响最大、流传最广的。最近重读傅译《飘》，仍然觉得这是一部经典译作。以前读此书更多关注的是小说内容，这次特别留意了先生的译笔，实在是敬佩之至。傅先生在"译序"中写到翻译此书的方法，他所说深得我心：

关于这书的译法，我得向读者诸君请求一点自由权。因为译这样的书，与译 Classics 究竟两样，如果一定要字真句确地译，恐怕读起来反要沉闷。即如人名地名，我现在都把他们中国化了，无非要替读者省一点气力。对话方面也力求译得像中国话，有许多幽默的、尖刻的、下流的成语，都用我们自己的成语代替进去，以期阅读时可获如闻其声的效果。还有一些冗长的描写和心理的分析，觉得它跟情节的发展没有多大关系，并且要使读者厌倦的，那我就老实不客气地将它整段删节了。但是这样的地方并不多。总之，我的目的是在求忠实于全书的趣味精神，不在求忠实于一枝一节。

傅先生这样说也是这样做的，可以拿小说开头一段的译文为例：

Scarlett O'Hara was not beautiful, but men seldom realized it when caught by her charm as the Tarleton twins were. In her face were too sharply blended the delicate features of her mother, a Coast aristocrat of French descent, and the heavy ones of her florid Irish father.

那郝思嘉小姐长得并不美,可是极富于魅力,男人见了她,往往要着迷,就像汤家那一对双胞胎兄弟似的。原来这位小姐脸上显然混杂着两种特质:一种是母亲给她的娇柔,一种是父亲给她的豪爽。因为她母亲是个有着法兰西血统的海滨贵族,父亲是个皮色深浓的爱尔兰人,所以遗传给她的质地难免不调和。

译文这样的处理极为恰当,句子读起来都是地道的中文。不足之处有二:一是用"豪爽"来译 the heavy features 似乎欠妥,中文里不会用"豪爽"来形容一张脸的,通常用来表示人的性格。一是最后一句属于增译,但这一增译似无必要,"显然混杂着两种特质"已经足以表达作者原意了。

十三

萨克雷(William M. Thackeray, 1811—1863)的《名利场》是英国19世纪小说"黄金时期"的一部代表作。车尔尼雪夫斯基认为萨克雷在欧洲同时代作家中是第一流的大天才,《名利场》对人生和人类心灵了解深刻,富有幽默,刻画人物非常精确,叙述故事非常动人。(参见杨绛为《名利场》中译本写的"译本序",人民文学出版社1957年版)我所见《名利场》的中译有两个版本,一是杨必译本,一是荣如德译本,杨译本影响更大。据说坊间还有彭长江翻译的《名利场》,原来定名《虚幻集市》,我没有见到,有翻译研究者认为这个译本异化特色明显。近读钱锺书先生《管锥编》,在第一册的69页上读到钱先生翻译的一段取自《名利场》第32章里的文字,觉得译文非常生动形象,于是找了两个中译本与之作一比较:

Darkness came down on the field and the city: and Amelia was praying for George, who was lying on his face, dead, with a bullet through his heart.

黑暗笼罩着城市和战场：爱米丽亚正在为乔治祈祷；他呢，合扑倒在战场上，心口中了一颗子弹，死了。

（杨必译）

黑暗降临到战场，笼罩了城市：爱米莉亚在城里为乔治祈祷，而乔治脸朝下躺在战场上，已经死了，一颗子弹打穿了他的心脏。

（荣如德译）

钱先生的译文：

夜色四罩，城中之妻方祈天保夫无恙，战场上之夫仆卧，一弹穿心，死矣。

荣如德先生的译文亦步亦趋，句式基本跟原文一致；杨译和钱译的处理方式几乎完全相同，只是一为白话一为文言。按照中国人的思维习惯，中文先要说子弹打中了心口，然后人"死了"。所以，我认为较之荣译，杨译和钱译似更胜一筹。钱先生认为萨克雷以生死分写两地情事，刻画出妻子不知丈夫已死而犹思之望之的悲惨场景，生动地揭示了战争的残酷，可与陈陶的名句"可怜无定河边骨，犹是春闺梦里人"相参观。

杨绛先生在《记杨必》一文中说，傅雷以翻译家的经验，劝杨必不要翻译名家小说，该翻译大作家的名著。杨必请教钱锺书，"默存想到了萨克雷名著的旧译本不够理想，建议她重译，题目改为《名利场》。阿必欣然准备翻译这部名作，随即和人民文学出版社订下合同"。这里的"旧译本"到底是谁的译本？杨绛先生语焉不详，我们也不得而知。荣如德先生在《名利场》译本序里说："对我国读书界来说，万幸的是一九五七年有了杨绛先生胞妹杨必先生的优秀全译本，而且面世不久立即口碑载道。"照此说来，杨译本《名利场》应该算第一个全译本，"旧译本"只是节译本。2016 年，人民文学出版社出版了杨绛先生对照原著将杨必译的《名利场》进行了校订的译本，她称之为"点烦"（唐代刘知几用语），杨绛笑谓："这个译本真可谓杨必师生、杨绛姊妹合作的'师生姊妹之作'！"关于翻译中的"点烦"问题，学界有不同意见，限于篇幅，这里不展开讨论。我同意译林出版社编审王理行先生的意见：译者的任务是全面忠实地再现原作，即使是原作的不足之处，也应尽力如实在译文中展现出来。即使是原作中的"烦"，译者也无权去点。

将 Vanity Fair 书名译为《名利场》最早的是吴宓先生。吴宓在《学衡》杂志 1926 年第 55 期上发表萨克雷《名利场》译作第一章，在前面的"译者识语"里解释了为什么翻译为"名利场"的原因。吴宓先生的这个"节译本"会不会就是杨绛先生说的"旧译本"呢？钱先生建议把 Vanity Fair 译为《名利场》会不会受了吴宓先生的影响呢？似乎都有可能！但据张治先生在《钱锺书的"破俗"》一文中说："他指导杨必翻译萨克雷的 Vanity Fair，即用此名称（指《名利场》），典出《镜花缘》第十六回：'世上名利场中，原是一座迷魂阵。'"钱先生抄《镜花缘》笔记，"名利场"三字下还特意加了圆圈，参见《中文笔记》第 16 册第 174 页。

杨绛还说："杨必翻译的《名利场》如期交卷，出版社评给她最高的稿酬。她向来体弱失眠，工作紧张了失眠更厉害，等她赶完《名利场》，身体就垮了。""她身心交瘁，对什么都无所留恋了。《名利场》再版，出版社问她有什么要修改的，她说：'一个字都不改。'"杨绛说："这不是因为自以为尽善尽美，不必再加工修改；她只是没有这份心力，已把自己的成绩都弃之如遗。"杨必后来死于急性心脏衰竭，也许跟翻译《名利场》耗去精力体力太多不无关系。研究杨译《名利场》的学者发现：杨必在《名利场》中使用了中国古典名著《红楼梦》和

《儿女英雄传》中的大量词汇和表达方式。这一点也不奇怪。据杨绛回忆杨必从小喜欢读《红楼梦》，而据杨必的学生、已故陆谷孙先生回忆她上课时"讲着讲着就会引申到《红楼梦》和《儒林外史》上去"。（参见《余墨集》第170页）还有人说杨必曾读过《红楼梦》达三十遍之多。《儿女英雄传》是钱锺书最喜欢的小说之一，他不止一次向人推荐过此书，杨必受钱先生影响，读过《儿女英雄传》也是情理之中的事。

十四

《围城》的英译者是珍妮·凯利和茅国权，人民文学出版社于2003年推出了汉英对照本。我细读了译文，发现有一处两位译者增译了部分文字内容，全书仅此一例：

原文（182页）：

辛楣道："大家干一杯，预敬我们大哲学家未来的好太太。方先生，半杯也喝半杯。"——辛楣不知道大哲学家从来没娶过好太太，苏格拉底的太太就是泼妇，褚慎明的好朋友罗素也离了好几次婚。

译文（183页）：

Hsin-mei said, "Everyone drinks a toast in advance to the good wife of our great philosopher. Mr. Fang, you drink too, even if only half a glass." Hsin-mei was unaware that great philosophers have never had good wives. Socrates' wife was a shrew and poured dirty water on her husband's head. Aristotle's mistress rode on him like a horse, telling him to crawl on the floor naked, and even making him taste the whip. Marcus Aurelius's wife was an adulteress, and even Ch'u Shen-ming's pal Bertrand Russell had been divorced several times.

译文多了不少文字,大意是:(苏格拉底的太太)往她丈夫头上泼脏水。亚里士多德的情人像一匹马一样骑在他身上,要他赤身裸体在地上爬,甚至还让他品尝鞭笞之苦。马克·奥勒留的太太跟他人通奸。

我认为这段文字应该是原文本来就有的,绝不像是译者任意增译的。查了人民文学出版社 2010 年第七次印刷的《围城》,发现也没有这些文字。钱先生写于 1980 年 2 月的"重印前记"里交代:"这部书初版时的校读很草率,留下不少字句和标点的脱误,就无意中为翻译者安置了拦路石和陷阱。我乘重印的机会,校看一遍,也顺手有节制地修改了一些字句。《序》里删去一节,这一节原是郑西谛先生要我添进去的。在去年美国出版的珍妮·凯利(Jeanne Kelly)女士和茅国权(Nathan K. Mao)先生的英译本里,那一节已省去了。"这说明两位译者翻译时所依据的原文是经过钱先生校读和修改的,但上述英译本里的文字并未删去。时隔一年钱先生在 1981 年 2 月写道:"这本书第二次印刷,我又改正了几个错字。"接着在 1982 年 12 月有了第三次印刷的机会,钱先生又"修订了一些文字"。到了 1985 年 6 月,为了法译本,钱先生写道:"我去年在原书里又校正了几处错漏,也修改了几处词句。"人民文学出版社在 1980 年 10 月出了第一版,1991 年出了第二版,之后都是加印数次。在英译本出版之后,钱先生对原文又作了三次校正,1981 年那次只是"改正了几个错字",1982 年"修订了一些文字",1985 年"也修改了几处词句"。从钱先生的行文看,上述那段文字极有可能是在 1982 年或者 1985 年的两次修订中删去的。钱先生为什么要删去这段文字呢?从前后行文的语气看似乎没有必要删去的,连类排比铺陈恰恰应该是钱先生所喜欢的,可以增加读者的见识和兴趣。

十五

在《简·爱》的众多中译本中,我特别喜欢上海译文出版社的祝庆英译本和人民文学出版社的吴钧燮译本。我曾花了不少时间对照原文仔细读过这两个译本,各有千秋,也互有长短。还发现有些地方有惊人的相似之处,是英雄所见略同还是有互相借鉴的可能,不得而知,试举几例:

Children can feel, but they cannot analyse their feelings; and if the analysis is partially effected in thought, they know not how to express the result of the process in words.

孩子们能够感觉,可是不能分析他们感觉到的东西,即使在脑子里能够分析一部分,也还是不知道该怎么把分析的结果用言语表达出来。

(祝译)

孩子们能够感觉,但却不善于分析他们感觉到的东西,即使脑子里多少能进行一些分析,也不知如何把分析的结果用言语表达出来。

(吴译)

如果说这段话相对比较简单,处理起来手法不多,中文表达多雷同之处属于难免,那么看看这一段:

Miss Miller was more ordinary; ruddy in complexion, though of a careworn countenance; hurried in gait and action; like one who had always a multiplicity of tasks on hand: she looked, indeed, what I afterwards found she really was, an under-teacher.

米勒小姐比较平凡;虽然面容显出操劳过度的样子,但是脸色还红润;步履和动作都很匆促,就像一个手头老是有很多活儿要干的人那样。她看上去像是个助理教师,后来我发现她确实是个助理教师。

(祝译)

米勒小姐比较平凡,脸上虽有些操劳过度的神气,面色却还红润,步履和举止都匆匆忙忙,就像是个手头老有大量事情要做的人那样。她看上去很像是一位助理教师,后来我发现也真是这样。

(吴译)

还有这两段:

You are aware that my plan in bringing up these girls is, not to accustom them to habits of luxury and indulgence, but to render them hardy, patient, self-denying.

你总该明白吧,我教育这些姑娘,并不是打算叫她们养成奢侈放纵的习惯,而是要她们吃苦、忍耐、克己。

(祝译)

你明白我培养这些姑娘的办法,不是让她们养成奢侈和娇纵的习惯,而是要她们吃苦、忍耐、克己。

(吴译)

My world had for some years been in Lowood: my experience had been of its rules and systems; now I remembered that the real world was wide, and that a varied field of hopes and fears, of sensations and excitements, awaited those who had courage to go forth into its expanse, to seek real knowledge of life amidst its perils.

几年来,我的世界一直局限于劳渥德,我的经验一直局限于它的规章制度;这时候我才想起,真正的世界是广阔的,有一个充满希望和恐惧、感动和兴奋的天地,正在等着勇气进去、冒着危险寻求人生真谛的人们。

（祝译）

几年来，我的世界只局限于洛伍德，我的全部经验也只局限于它的各种规章制度。现在我又想起了真正的世界是广阔的，一个充满着希望和忧虑、激动和兴奋的变化多端的天地，正在等待着敢于闯进去冒着各种风险探求人生真谛的人们。

（吴译）

结构和措辞是何等惊人地相似！

十六

《新文学史料》2022年第三期上有一篇关于袁家骅与罗伯特·白英合译《现代中国小说集》的文章，读后获益良多。我关注袁家骅先生（1903—1980）有年，一直想写一篇袁先生翻译约瑟夫·康拉德小说的文章，苦于手头资料匮乏，一时无从写起。恕我无知，直到读了这篇文章后我才知道袁先生不仅翻译了康拉德小说，还与英裔美籍作家、翻译家、汉学家罗伯特·白英（Robert Payne, 1911—1983）合作翻译了《现代中国小说集》。

根据这篇文章提供的袁先生生平信息，袁先生是江苏沙洲（今张家港市）人，少年时代便热心文学，18岁时曾撰《唯情哲学》，开始在文坛崭露头角。后加入创造社，与郭沫若、郁达夫、成仿吾等创造社成员时相往还。1930年毕业于北京大学英文系，此后数年内翻译出版了英国作家康拉德的小说《吉姆爷》（与梁遇春合译）、《黑水手》、《台风和其他》等。1937年获得庚款留英资格，赴牛津大学学习古英语、古日耳曼语和印欧比较语言学。1940年获得硕士学位后回国，任教于西南联大文学院外国语文系，讲授英国散文、欧洲文学名著选读、英语语音学、翻译、写作、印欧语系语言学概要、乔叟、古英语等课程，还参与了西南少数民族语言调研工作，完成了专著《阿细民歌及其语言》，并与西南联大外籍教授罗伯特·白英合作，编译出版了《现代中国小说集》。除此之外，袁先生还和赵世开等人合作翻译了美国语言学家布龙菲尔德的《语言论》一书，1980年在商务印书馆出版。

十七

上海译文出版社出版了意大利第一位女宇航员萨曼莎·克里斯托弗雷蒂（Samantha Cristoforetti）的"太空随笔"《成为一颗星：宇航学员日记》，该书记述了萨曼莎的成长故事和传奇经历。2014年，萨曼莎搭乘"联盟号"宇宙飞船，前往国际空间站生活了两百天，返回地球后她将自己一路走来成长为航天员的经历以及在国际空间站的见闻写成了这部"太空随笔"。2017年，萨曼莎曾经来到中国，在山东烟台的中国航天员海上训练基地与中国航天员一道，进行了为期17天的中欧航天员海上救生训练。萨曼莎能说一口流利的中文，对中国怀有很深的感情，表示特别希望将来能够飞向中国的空间站。2022年10月12日，萨曼莎搭乘的航天飞机经过北京上空，她在距离地面400千米的太空，发布了三张照片到推特上，分别展示了渤海湾、北京之昼和北京之夜的美景，同时她还写了一段话，引用了王羲之《兰亭集序》里的名言："仰观宇宙之大，俯察品类之盛，所以游目骋怀，足以极视听之娱，信可乐也。"此情此景，引文甚是贴切。萨曼莎在推特中还附上了这段话的英译文：Looking up, I see the immensity of the cosmos; bowing my head, I look at the multitude of the world. The gaze flies, the heart expands, the joy of senses can reach its peak, and indeed, this is true happiness. 这个英译准确到位，不知出自何人之手。我看到的一个译文出自 *A History of Chinese Literature* 一书，1964年伦敦出版，作者是 Lai Ming，不详其中文名。英译如下：

The vast universe, throbbing with life, lies spread before us, entertaining the eye and pleasing the spirit and all the senses. It is perfect.

相较而言，萨曼莎所引的英译文更胜一筹。

十八

董桥先生在《英华沉浮录》第四卷《留住文字的绿意》第124页说到经典作品开笔处多有传世之句，引了三种外国小说为例。其中，托尔斯泰《安娜·卡列妮娜》第一句说，所有快乐的家庭都一样，可是每一个不快乐的家庭却各有自己的不快乐。（"All happy families are alike but an unhappy family is unhappy after its own fashion."）托翁这句名言的英译文有多种版本，钱锺书先生《管锥编》第五卷第54页也引了这句话，英译文是：All happy families resemble one another; every unhappy family is unhappy in its own way. 钱先生的中译是典雅的文言：一切欢乐之家庭均相类肖，每一不欢乐之家庭则痛苦各异。董桥先生还说，Paul Johnson 的 *Intellectuals* 一书不同意托翁的看法，认为倒过来说才符合实情。约翰森是英国有名的传媒人、作家、历史学家，当过 *New Statesman* 和 *Spectator* 的主编，著作很多。约翰森书中所引托翁名言的英译略有不同："All happy families are alike, but each unhappy family is unhappy in its own way." 董桥先生认为："约翰森觉得托尔斯泰向来没有认真思考婚姻问题。他说，不快乐的家庭反覆重现不快乐的规律，比如丈夫酗酒烂赌，妻子不守妇道；快乐的家庭则各有不同的快乐。托翁一生不能严肃真诚对待妇女，因而无法严肃真诚思考婚姻真谛。"董先生的这番解释颇为到位，值得在此一引。

十九

英国16世纪诗人、批评家菲利普·锡德尼（Philip Sidney, 1554—

1586），虽然只活了32岁，战死于英国与荷兰的一次战役中，但他生前留下了一百多首十四行诗和其他诗篇；一部长篇传奇故事《阿卡迪亚》；一篇被认为英国文学史上第一篇评论文章的《为诗辩护》。《管锥编》第五卷第144页上钱先生有一段《为诗辩护》里的引文：Even historiographers ... have been glad to borrow both fashion and perchance weight of poets ... Herodotus ... and all the rest that followed him either stole or usurped of poetry their passionate describing of passions the many particularities of battles, which no man could affirm, or ... long orations put in the mouths of great kings and captains, which it is certain they never pronounced. 钱先生的译文：史家载笔，每假诗人伎俩为之；希罗多德及其祖构者叙述战斗，亦效诗人描摹情思之法，委曲详尽，实则无可考信，所记大君名将辈叮咛谕众之言，亦臆造而不啻若自其口出尔。

这里 both fashion and perchance weight of poets 钱先生译为"诗人伎俩"；their passionate describing of passions 译为"描摹情思之法"；either stole or usurped 简单地以一"效"字出之；而 it is certain they never pronounced 原文简单，译文反而显得复杂"亦臆造而不啻若自其口（in the mouths）出尔"。这样的译法实在令人叹服。

再来看看通行本《为诗辩护》钱学熙先生的这段译文：史官们也乐于向诗人来赊借形式，甚至力量。所以希罗多德……和他的追随者们都从诗词盗窃了或者借用了热情描写来描写强烈的情感和谁也不能证实的战场细节，再有，即使上述的两项人家还不承认，放在伟大帝王或元帅们口中的长篇演讲，总是他们从未讲过的了。

相较之下，孰胜孰劣明眼人一看便知，无需多言。

二十

近读程镇球先生《翻译问题探索——毛选英译研究》一书，对老一辈翻译家的语文修养、翻译水平以及对翻译的认识都由衷感到敬佩。在第一章的结尾处，程先生对"好的翻译读起来不像翻译"的观点提出反对意见，认为这种观点"不全面"，因而也是"不正确的"。程先生认为，政治性和文学性的文章或材料翻译成外语，由于民族文化、历史发展、风俗习惯等的不同，读起来很难像外国人自己写的文章那样。即使是同属印欧语系的英语和法语，翻译也恐怕很难做到，更不要说不在同一语系里的汉语和欧洲语言了。要求政治性的文本，比如毛泽东著作，翻译成外文后读起来要像外文，这是不可能的，也没有必要。所以，读起来像不像翻译首先取决于写的或讲的是什么内容以及表达这些内容的方式。因此，问题不在于读起来像不像翻译，而是在于是好的翻译还是坏的翻译，是忠实于还是不忠实于原文的翻译。

程先生说得很在理，我无法反驳。但我还是觉得"读起来不像翻译"不失为评判好的翻译的一个标准。我更同意 I. F. Finlay 在 *Translating* 一书中说的观点：Ideally, the translation should give the sense of the original in such a way that the reader is unaware that he is reading a translation. ... All traces of the original text should, as it were, disappear and a new original appear in its place, without there being any sign of an intermediate process of transition. 好的翻译读起来应该没有翻译腔，上乘的翻译应该让人看不到翻译的痕迹。这里需要作一区分：对于译者是中国人而非外国人而言，中译外和外译中是有所不同的。对于中译外来说，我完全认同程先生的观点，中译外作品要做到读起来不像翻译，而像是外国人的创作，这是不可能也不必要的。但外译中就有所不同了，翻译成中文的文字应该就像中文创作，而没有翻译的痕迹。钱锺书先生在《林纾的翻译》一文中提出的"化境"说适用于外译中作品："把作品从一国文字转变成另一国文字，既能不因语文习惯的差异而露出生硬牵强的痕迹，又能完全保存原有的风味，那就算得入于'化境'"。

有人可能会认为我片面理解了钱先生的"化境"说：化境不仅适用于外译中，从钱先生的表述"把作品从一国文字转变成另一国文字"看，也应该适用于中译外。钱先生的原意应该如此，但我认为对于中文是母语的中译外译者，即使译者的外语水平很高，也很难做到译文如同创作，除非其译文经由母语人士作最后的润色修改，两人合作完成译文。还有人可能会认为译文在一定程度的"异化"有利于丰富民族语言的表现力，这一点毋庸讳言，但这里有一个度的问题，这个度就是：异化程度不能破坏民族语言的基本规则和表达习惯，同时要顾及读者对异化了的语言的心理接受程度。我认为汉语已经有几千年的历史，即便是现代汉语也经历上百年的发展，已经是一种成熟的语言，不存在对异域语言和文化难以用汉语表达的问题。所以，我是极力主张翻译中要做到"归化"而反对"异化"的。

二十一

1842年，林则徐因主张禁烟而遭当局贬谪，被发配到新疆伊犁，令其继续效力赎罪。林则徐在西安与家人离别之际，写成《赴戍登程口占示家人》七律二首，其中的第二首较为人所知：

> 力微任重久神疲，再竭衰庸定不支。
> 苟利国家生死以，岂因祸福避趋之。
> 谪居正是君恩厚，养拙刚于戍卒宜。
> 戏与山妻谈故事，试吟断送老头皮。

颔联"苟利国家生死以，岂因祸福避趋之"两句尤为世人所广泛传颂，以为表现了林则徐刚正不阿之高尚品德和忠诚无私之爱国情操。"生死以"典出《左传·昭公四年》：郑国大夫子产因改革军赋制度而受他人毁谤，他却答以"何害！苟利社稷，死生以之"。这里的"以"意为"用、去做"；"生死""祸福""避趋"都是偏正结构，不妨理解为"死亡""灾祸""避开"即可。翻译成现代文就是：只要有利于国家，即使是死，我也要去做；岂能因为害怕灾祸而逃避呢。

这两句诗的英译文大概有这么几种：

1. I shall dedicate myself to the interests of the country in life and death irrespective of personal weal and woe.

2. Were it to benefit my country I would lay down my life; what then is risk to me?

3. Should there be a chance to benefit my country, I would do it with my life and death; how could I choose to embrace or avoid such a duty just because of my personal weal and woe?

4. Doing everything possible to save the country in its peril without regard to personal fortune or misfortune.

5. For better or for worse, I'm willing to die for the good of my country.

6. For what benefit the country I can die, how would I shun them because my risks are high?

7. Death is not a threat if what I do can benefit my country; personal gain or loss is no concern of mine.

上述译文1至4不知译者为谁，5至7来自公众号"百人百译"。我友许国梁先生也提供了一个译文，我认为许译在措辞、句法、语气和节奏上都比上述七种译文更胜一筹：

To benefit the country I am ready to give my life, so why should personal weal and woe be any concern of mine?

受上述诸家译文的启发，我也不揣谫陋，试译如下，聊博方家一粲：

For the good of my country I'm ready to die, so what risks would I shun?

二十二

美籍华人乔志高（高克毅）先生（1912—2008）是我十分敬佩的翻译家。为了学习做好翻译，我曾中英对照着读过他翻译的 *The Great Gatsby*《大亨小传》、*Long Day's Journey into Night*《长夜漫漫路迢迢》和 *Look Homeward, Angel*《天使，望故乡》，这些都是英译中的精品之作。我边学习边模仿，自觉收获颇大，但也深知我这辈子再怎么努力恐也难以达到高先生的水平。除了高先生的翻译作品，我还反复读了他写的散文集《美语新诠》和他编写的《最新通俗美语词典》，对于我的教学极有助益，觉得他是极少数能优游于中英两种文字之间左右逢源的作者。

《美语新诠》中的《海外喷饭录》和《谋杀英文》就是值得英文学习者一读再读的经典作品。其中的"海外喷饭录"一文写英语中的 pun "双关语"（高先生译为"喷"），引经据典，字字珠玑，实在是一篇不可多得的好文章。其中讲到双关语之难于翻译，高先生举了一个有趣的例子。1970 年美国作家斯诺（Edgar Snow）访问中国，回国后在《生活》杂志上发表文章，报道当时的某些社会现象，好像"和尚打伞"。翻译不了解"和尚打伞"的含义，照字面直译为 a lone monk with a leaky umbrella（一个孤独的和尚打着一把漏水的破伞），斯诺在文章中照着引用了。其实，这是一句歇后语，可能是地方土谚，后面半句是"无法无天"，而"法"和"发"谐音，意思是：和尚剃光头，因此"无发"，打伞遮住了天，因此"无天"。这个"无法（发）无天"确实很难翻译成英文，只能加以解释才能传达原意。

近读著名翻译家程镇球先生《翻译问题探索——毛选英译研究》一书，发现程先生也提及了这句歇后语的英译。程先生说：民族色彩较浓的词句，短时间里很不容易译妥。例如汉语里的歇后语"和尚打伞，无法（发）无天"。西方报刊曾经在报道里用了这句话，但在英语里变成"a solitary monk under a leaky umbrella"，并对此大加猜测和评论。值得注意的是，程先生所引的英译跟上述高先生所引并不完全相同；程先生说的"大加猜测和评论"的到底是什么，也语焉不详。

"无法无天"作为成语可以翻译成：defying all laws human and divine，但要把"双关"意思翻译出来，则非加注释不可。

二十三

鲁迅先生《自嘲》诗中的"横眉冷对千夫指，俯首甘为孺子牛"一联在《毛泽东选集》中出现过两次，分别在第二卷和第三卷中。查《毛泽东选集》英译本，可以发现不同的翻译。1954年英国Lawrence & Wishart出版的英译本是这样的：

With frowning brows I coldly defy the thousands pointing their accusing fingers at me;
With bowed head I meekly submit as an ox for the child to ride on.

原诗句的意思毫无遗漏地表达出来了，只是略显啰嗦，不够简洁。

1965年外文出版社出版的英译本对诗句的处理比上述译文更加简练，但"千夫指"和"孺子牛"两个意象的表达似乎不够显豁：

Fierce-browed, I coolly defy a thousand pointing fingers;
Head-bowed, like a willing ox I serve the children.

同样是外文出版社出版的《鲁迅诗选》英译本（W. J. F. Jenner翻译，2000年版）里的翻译是这样处理的：

Coolly I face a thousand pointing fingers;
Then bow to be an infant's willing ox.

译文较之上述第二种更为简单，但同样地，"千夫指"和"孺子牛"意象所传达的意思在译文里表现得不够显豁。翻译时要力求保持成语、谚语的简洁特点，但不能为了简洁而简洁，首先还是要把原文的意思准确无误地传达出来。另外，第一句中的"冷对"仅仅用 face，力量不够，第二句中的 then 也嫌多余，原诗两句并没有时间上的先后意思。

二十四

关于"喝倒彩"的英文表达

乔志高先生兄弟俩（高克毅、高克永）编著的《最新通俗美语词典》（北京大学出版社 2006 年版）里收有两条关于"喝倒彩"的美语表达，为我在教学和翻译中所未及注意者。我们平时说"喝倒彩"一般用 hiss（嘘）、boo（呸）、catcall（吹哨声）等，表示对演出时台上演员或讲话者的不满，也表示对体育场上运动员的表现不满。catcall 还可以用来指男性对路过的女性发出的口哨声，以此来挑逗女性。除了这些表达方式，高先生还指出 Bronx cheer 和 razz 两种表示"喝倒彩"的英文。据高先生考证：Bronx cheer 一词最早出现于 1929 年，据说脱胎于西班牙语 branca（无礼的呼啸）。Bronx 是纽约市曼哈顿区以北的中下阶级住宅区，早年为德国移民聚居区，著名的扬基棒球场（Yankee Stadium）也在这里。所以，"喝倒彩"极有可能跟棒球场内球迷的不满声有关。razz 一词的来龙去脉就相对比较复杂些了。razz 与 raspberry 有关，raspberry 是一种小红果子，可以用来制作 raspberry jam（莓子酱）和 raspberry tart（莓子饼），英文里的 tart 与 fart（放屁）谐音，观看演出和比赛的观众发泄不满时会作出"放屁"的声响，近似于汉语里"喝倒彩"。而 raspberry 一词进入美语后,懒惰的美国人将它简化,就变成了 razz。乔治高先生举了一个例子:1991 closes with a razz, not a cheer. 1991 的年终岁末,只能博得一个倒彩,而不值得欢呼。这个例子来自当年 12 月 29 日美国报纸 *Sun-Sentinel* 上的一篇报道。香港著名作家董桥先生也在《英华沉浮录》的"献上一块莓子饼"一文中引了乔治高先生所举的例子,并且加以发挥。董先生的文字实在精彩,我不惮其烦全文抄录如下:香港九五年政经民生样样萧条,正可套上一句:1995 closes with a razz, not a cheer。市政局属下三大艺团一月下旬公演百老汇式粤语音乐剧《城寨风情》,有两个夜场的门票快卖完了,市政总署于是决定:In order to satisfy the disappointed, an extra 238 tickets ... will be put on sale ...。中文新闻稿说:"为了让欲想在该两晚欣赏此剧的观众能购得门票,现决定该两场的每晚演出增开二百三十八个座位。""欲"是想要、需要、要、将要;比如畅所欲言、胆欲大而心欲小、山雨欲来风满楼。"欲想"显然是硬凑出来的词,相当古怪可笑。英文说的是为了那些得不到机会而失望的人(the disappointed)而增设座位,中文现成的"向隅"正好派上用场:"为了满足向隅观众之需要,兹决定该两场夜场增设二百三十八个座位。"《城寨风情》想必不会给人喝倒彩;"欲想"则非给它送上一块莓子饼不可!

Oxford Dictionary of Word Origins 里说:raspberry 一词最早源自 rasp 或者 raspis,但这两个词的最早来源则不可知。英文里的 to blow a raspberry 就是用嘴唇发出嘲笑或不满的声音。这一表达来自 raspberry tart 与 fart 的谐音。看来,高先生的解释应该源自这里了。

二十五

19 世纪英国散文家、历史学家托马斯·卡莱尔(Thomas Carlyle, 1795—1881)在其名著《英雄与英雄崇拜》(*On Heroes and Hero-Worship*)

第三章"成为英雄的诗人"中曾这样写道:"世界的历史即是伟大人物的传记,如果……我们能认识他们,我们就会看见世界历史的精髓。"(The history of the world is but the biography of great men ... Could we see them, we should get some glimpses into the very marrow of the world's history.)这些伟大人物是人民的领导者,人民只是跟随者。创造文明的是英雄,不是群众。卡莱尔重视领导者,但他并不轻视人民群众,更不漠视人民的利益。他认为领导者的产生与阶级无关,任何阶级都可以产生领导者。他相信英雄造时势,而非时势造英雄。他很欣赏中国的科举制度,认为这是最平等的公开选拔制度。他的观点有些偏激,但他的精到之处在于对领导者的才能与义务的认识,要把真正有才能的领导者放在重要的岗位上。

卡莱尔对莎士比亚的评价很高,莎士比亚是古往今来一切"诗人"们的领袖,是世界有记录以来最伟大的智慧者以文学的方法留下自己的记录。他说:"请你们想,若有人问我们:你们英国人,是牺牲掉你们的印度帝国呢,还是愿意牺牲掉你们的莎士比亚,你们的英语呢?你们愿意从来就没有印度帝国呢,还是从来没有过莎士比亚?这的确是个重大的问题。政治家的答复当然要带一些政治的色彩,然而我们,也为了我们自己,不是被迫而是发自内心地回答道:有没有印度帝国没关系;我们可不能没有莎士比亚!印度帝国将来总有一天要失去的,而这个莎士比亚却不会失去,他永远伴随着我们;我们绝不能舍弃我们的莎士比亚!"(Consider now, if they asked us, will you give up your Indian Empire or your Shakespeare, your English; never have had any Indian Empire, or never have had any Shakespeare? Really it were a grace question. Official persons would answer doubtless in official language; but we, for our part too, should not we be forced to answer: Indian Empire, or no Indian Empire, we cannot do without Shakespeare! Indian Empire will go, at any rate, someday; but this Shakespeare does not go, he lasts forever with us; we cannot give up our Shakespeare!）

这段话说得铿锵有力，也说得极具预见性：1947 年，印度摆脱英国殖民统治宣告独立。莎士比亚却始终与英国人同在，是英国人永远的骄傲。

无独有偶，比卡莱尔晚 60 多年时间出生的英国另一位作家乔治·吉辛（George Gissing, 1857—1903）也在其《四季随笔》（*The Private Papers of Henry Ryecroft*）中以莎士比亚剧作《暴风雨》为例，充分肯定了莎士比亚对英国人的重要性。他在"夏季"的第二十七章写道：

Today I have read *The Tempest*. It is perhaps the play that I love best, and, because I seem to myself to know it so well, I commonly pass it over in opening the book. Yet, as always in regard to Shakespeare, having read it once more, I find that my knowledge was less complete than I supposed. So it would be, live as long as one might; so it would ever be, whilst one had strength to turn pages and a mind left to read them.

今天我读了《暴风雨》。这也许是我最喜欢的剧作，而且我自以为对之熟稔于心，所以通常打开书本草草翻过了事。然而，就像读莎士比亚其他剧作一样，我再读了一遍《暴风雨》后发现我对该剧的熟悉程度并没有我设想的那么全面。无论你活得有多久，事情总会是这样的；在你有体力翻动书页、有心力阅读莎剧时，事情还会是这样的。

I like to believe that this was the poet's last work, that he wrote it in his home at Stratford, walking day by day in the fields which had taught his boyhood to love rural England. It is ripe fruit of the supreme imagination, perfect craft of the master hand. For a man whose life's business it has been to study the English tongue, what joy can equal that of marking the happy ease wherewith Shakespeare surpasses, in mere command of words, every achievement of those even who, apart from him, are great? I could fancy that, in *The Tempest*, he wrought with a peculiar consciousness of this power, smiling as the word of inimitable felicity, the phrase of incomparable cadence, was whispered to him by the Ariel that was his genius. He seems to sport with language, to amuse himself with new discovery of its resources. From king to beggar, men of every rank and every order of mind have spoken with his lips; he has uttered the lore of fairyland; now it pleases him to create a being neither man nor fairy, a something between brute and human nature, and to endow its purposes with words. These words, how they smack of the moist and spawning earth, of the life of creatures that cannot rise above the soil! ...

　　我愿意相信这是诗人的最后一部作品。是他在斯特拉福镇的家中写完的，他自童年时代即接受教育要热爱英格兰的乡间生活，如今他边写作边在田野里散着步。这是丰富想象力的成熟果实，是出自大师之手的完美作品。对于一个终身以研究英语为职业的人而言，最大的快乐莫过于领略莎士比亚在遣词造句上如何得心应手，仅凭这一点，他便超越了除他之外的所有人所取得的伟大成就。我可以想象得到，在创作《暴风雨》时，他尤其意识到了自己驱遣文字的能力，微笑着听他的精灵爱丽尔悄声说出意思精妙无比的词汇、节奏美妙绝伦的句子。他似乎以语言为游戏，以发现语言的妙用为消遣。从国王到乞丐，无论出自什么阶层，无论拥有什么心性，人人都用他的语言来说话；他说了仙乡的传说；现在他乐于创造一个既非人也非仙，介乎兽性与人性之间的生物，并且赋予它用语言表达思想的能力。这些语言多么富有湿润而肥沃的泥土的芬芳，富有无法摆脱这片大地的所有生物的生活气息啊！……

　　The Tempest contains the noblest meditative passage in all the plays;

that which embodies Shakespeare's final view of life, and is the inevitable quotation of all who would sum the teachings of philosophy. It contains his most exquisite lyrics, his tenderest love passages, and one glimpse of fairyland which—I cannot but think—outshines the utmost beauty of *A Midsummer Night's Dream*: Prospero's farewell to the "elves of hills, brooks, standing lakes, and groves". Again a miracle; these are things which cannot be staled by repetition. Come to them often as you will, they are ever fresh as though new minted from the brain of the poet. Being perfect, they can never droop under that satiety which arises from the perception of fault; their virtue can never be so entirely savoured as to leave no pungency of gusto for the next approach.

《暴风雨》包含了所有戏剧中最为高贵的令人沉思的段落；包含了反映莎士比亚最后人生观的段落，要概括他的哲学思想的人是必须要引用这些段落的。它包含了莎士比亚最美妙的抒情诗文，最温存的爱情篇章，只要看一眼关于仙乡的描写，我就不能不认为它远胜于《仲夏夜之梦》最美处的描写：普罗斯珀罗向"小山、河流、静湖和树丛里的小妖精们"的告别辞。这又是一个奇迹；这些语言即使反复说也不会使人厌烦。你无论怎样频繁地接触它们，它们都永远像是从诗人脑子里新铸造出来的。惟其完美，它们绝不会因为你发现了错误而让你滋生满足感；它们的好处也绝不会让你一次尝个够，下次再来时就没有了津津有味的刺激。

Among the many reasons which make me glad to have been born in England, one of the first is that I read Shakespeare in my mother tongue. If I try to imagine myself as one who cannot know him face to face, who hears him only speaking from afar, and that in accents which only through the labouring intelligence can touch the living soul, there comes upon me a sense of chill discouragement, of dreary deprivation. I am wont to think that I can read Homer, and, assuredly, if any man enjoys him, it is I; but can I for a moment dream that Homer yields me all his music, that his word is to me as to him who walked by the Hellenic shore when Hellas lived? I know that there reaches me across the vast of time no more than a faint and broken echo; I know that it would be fainter still, but for its blending with those memories of youth which are as a glimmer of the world's primeval glory. Let every land have joy of its poet; for the poet is the land itself, all its greatness and its sweetness, all that incommunicable heritage for which men can live and die. As I close the book, love and reverence possess me. Whether does my full heart turn to the great Enchanter, or to the Island upon which he has laid his spell? I know not. I cannot think of them apart. In the love and reverence awakened by that voice of voices, Shakespeare and England are but one.

我庆幸自己出生在英格兰，其中的理由之一就是我可以用母语来阅读莎士比亚。若是我想象自己不能面对面地去认识他，只能听他远远地说话，而且他说的是一种怎么也无法听懂的口音，我将会感到心灰意冷，也会因为被剥夺了某种权利而感到扫兴沮丧。我常想我能够阅读荷马，而且可以肯定地说，如果有人能够欣赏他，那个人就是我；但是我能梦想领悟他所有的音乐吗？我能像那些在希腊海滩上漫步的古希腊人一样理解他诗篇的每一个字吗？我知道，经过如此漫长的时间传到我耳际的不过是微弱的、断断续续的回声罢了；我知道，若不是和那些青春记忆融会一起，那些记忆仿佛是世界远古时代荣光的火花，这微弱的回声还会更加微弱。让每个国家都为它的诗人感到欣慰吧；因为诗人就是这个国家本身，就是它的伟大和温馨所在，就是人们不顾生死而要继承的遗产，这遗产只可意会不可言传。我合上书时，心中充满了热爱和崇敬。我是该倾心于这位伟大的魔法师，还是该倾心于他施了魔法的岛屿呢？我不知道。我无法将它们分开。在那最伟大的声音所唤起的热爱与崇敬之中，莎士比亚和英格兰已经融为一体了。

二十六

关于"心"字的翻译

《隋唐演义》第八十三回记载了唐玄宗与安禄山的一段有趣对话：……一日玄宗于昭庆宫闲坐，禄山侍坐在侧，见他腹垂过膝，因指着戏说道："此儿腹大如抱瓮，不知其中藏的何所有？"禄山拱手对道："此中并无他物，惟有赤心耳；臣愿尽此赤心，以事陛下。"玄宗闻禄山所言，心中甚喜。……安禄山的对答可谓极尽阿谀奉承之能事！这段对话之后有作者（罗贯中）的一番评论，其中用了多个"心"字，说得极是义愤填膺，也说得极是通情达理：

那知道：人藏其心，不可测识。自谓赤心，心黑如墨！玄宗之待安禄山，真如腹心；安禄山之对玄宗，却纯是贼心狼心狗心，乃真是负心丧心。有心之人，方切齿痛心，恨不得即剖其心，食其心；亏他还哄人说是赤心。可笑玄宗，还不觉其狼子野心，却要信他是真心，好不痴心。……

杨宪益、戴乃迭夫妇翻译如下：

One day, when Emperor Ming Huang was sitting at his ease in Chaoching Palace, attended by An Lu-shan, he observed that An's stomach jutted out over his knee and pointing at it he said: "This boy has a belly like a pot: I wonder what's in it?" With a bow, An replied: "Nothing but a loyal heart. With this loyal heart I serve Your Majesty." The Emperor was pleased by this reply.

But the heart hidden in the human breast is unfathomable. Though An protested that he had a loyal heart, it was in truth full of sin. For the emperor treated An as his trusted right hand, but An's heart was that of a thief, a wolf or a cur. Indeed he was heartless! A man of understanding should suffer pain at the very thought of this scoundrel and long to carve up his wicked heart, yet An declared he was loyal. The emperor failed to perceive the reprobate's ambition and believed him to be sincere: the very height of folly!

不得不佩服译者对这许多"心"的精彩独到的处理，值得翻译初学者学习。

二十七

同样是杨宪益和戴乃迭夫妇的英译，相比于 David Hawkes 的英译而言，在对原文的理解上往往有胜出之处。下面的例子选自《红楼梦》第 74 回探春的一段著名对白：

可知这样大族人家，若从外头杀来，一时是杀不死的。这可是古人说的，"百足之虫，死而不僵"，必须先从家里自杀自灭起来，才能一败涂地呢！

David Hawkes：

A great household like ours is not destroyed in a day. "The beast with a thousand legs is a long time dying." In order for the destruction to be complete, it has to begin from within.

杨宪益、戴乃迭：

Now I realize that big families like ours can't be destroyed in one fell swoop from outside. In the words of the old saying, "A centipede even when dead won't fall to the ground." We must start killing each other first before our family can be completely destroyed.

对"百足之虫,死而不僵"的理解杨、戴二位是正确的:百足这种虫子,即使死了也不会倒下。"百足之虫"不是泛指"有一百只脚的虫子",而是专指"马陆"这种节肢动物。李时珍的《本草纲目·马陆》记载:弘景曰"此虫甚多,寸寸断之,亦便寸行。故《鲁连子》云'百足之虫,死而不僵'"。这里的"僵"不可理解为"僵硬",而是"倒伏""倒下"之意。《史记·苏秦列传》:"详僵而弃酒。"《汉书·眭弘传》:"僵柳复起。"其中的"僵"字都是"倒下"的意思。而 David Hawkes 的译文则因为理解有误,完全有违原意了,"百足之虫"也非 the beast with a thousand legs。不过,虽然对这句话的处理不当,但 David Hawkes 的整体译文简洁明了,是其长处。

查外研社出版的《汉英词典》,发现"百足之虫,死而不僵"的三种英译均准确无误:A centipede does not topple over even when dead; a centipede dies but never falls down; old institutions die hard.

二十八

培根《论说文集》(Essays)第八篇"论结婚与独身"(Of Marriage and Single Life)开篇第一句云:He that hath wife and children, hath given hostages to fortune; for they are impediment to great enterprises, either of virtue, or mischief. 女权主义盛行以来,这段话所表达的观点就显得不合时宜了。这姑且不论,这里只谈中译。我所见的中译有如下几种:

水天同:有妻有子的人已经向命运之神交了抵押品了;因为妻与子是大事的阻挠物,无论是大善举或大恶行。

王佐良:有妻儿者实已向命运押了人质,从此难成大事,无论善恶。

高健：一个有家室子女的人便是向命运做了抵押，有了这事，要想大干一番便不免成了一大拖累，无论为善为恶，都是如此。

何新：成了家的人，可以说对于命运之神付出了抵押品。因为家庭难免拖累于事业，使人的许多抱负难以实现。

英文原文理解起来并不难，而中文表达则似乎并不易。比较几家译文，我最欣赏王佐良先生的译文，语言简洁、意思显豁。高健先生的译文显得拖沓，不够简练，与原文风格不谐。何新先生则没有将最后关键的一句翻译出来，通观他的全文翻译，误译漏译现象较为严重。水天同先生译文准确无误，略显啰嗦。

综合上述各家译文之优长，我试译如下：

有妻儿者实已向命运抵押了人质，从此难成大事，无论是大善举还是大恶行。

二十九

最近，上海译文出版社出版了鲍斯威尔的《约翰生传》中译本，责任编辑顾真先生寄了一套给我。我素来喜欢这本书，曾在文章中多次引用过其中的文字，收到书后即展开中英文阅读。书中精彩绝伦的文字俯拾皆是，引不胜引，这里只引一段跟翻译有关的文字。1776 年 4 月 11 日，鲍斯威尔跟约翰生谈到了翻译：

We talked of translation. I said, I could not define it, nor could I think of a similitude to illustrate it; but that it appeared to me the translation of poetry could be only imitation. Johnson: "You may translate books of science exactly. You may also translate history, in so far as it is not embellished with oratory, which is poetical. Poetry, indeed, cannot be translated; and, therefore, it is the poets that preserve languages; for we would not be at the trouble to learn a language, if we could have all that is written in it just as well in a translation. But as the beauties of poetry cannot be preserved in any language except that in which it was originally written, we learn the language."(*Life of Johnson*, p.742)

这是蒲隆先生的译文：

我们谈到翻译。我说，我无法给它下定义，我也想不出一个近似的办法说明它；不过我觉得翻译诗只能是摹仿。约翰生："你可以原原本本地翻译科学书籍。你也可以翻译历史，只要它没有受到富有诗意的华丽言辞的渲染。诗确实是不能翻译的；所以是诗人把各种语言保留了下来；因为如果我们能让用一种语言写的一切被同样原汁原味地翻译成另一种语言，我们就不用犯难再学另一种语言了。但由于诗的美不能在原创用的语言之外的任何一种语言中保留下来，所以我们学习那种语言。"(《约翰生传》，第 824 页)

诗不能翻译，这是很多人都谈论过的，最有名的当属 20 世纪美国诗人 Robert Frost, 他说的 Poetry is what gets lost in translation 脍炙人口，表面看是在给诗歌下定义，实则是在讲翻译。生活在 18 世纪的约翰生不仅说了诗不能翻译，而且告诉人们学习外语的重要性，因为诗人保留了语言，诗的美只能保留在原语（source language）中，为了领略原语中诗歌的美，我们必须得学习那种语言。想想吧！这是两百多年前一位哲人、诗人、作家和翻译家的真知灼见，多么了不起啊！

三十

毛泽东的《七律·长征》最早是由埃德加·斯诺在其《红星照耀中国》一书中首次披露的，这是毛泽东诗词第一次公开发表。1936 年，毛泽东接受斯诺采访时谈到了红军长征时所经历的艰难困苦和红军战士坚忍不拔、不畏艰险的英雄气概。为了更形象更集中地叙述长征经历，毛泽东向斯诺介绍了自己写的这首诗。毛泽东之所以向斯诺介绍这首诗是为了回顾红军长征所战胜的无数艰难险阻，使斯诺了解红军长征的伟大，不是为了发表。斯诺把诗写进了《红星照耀中国》，这本书1937年在伦敦由维克多·戈兰茨公司出版发行。之后这本书被翻译成中文，书名是《西行漫记》，从此这首诗开始在国内流传。原诗如下：

　　红军不怕远征难，
　　万水千山只等闲。
　　五岭逶迤腾细浪，
　　乌蒙磅礴走泥丸。
　　金沙水拍云崖暖，
　　大渡桥横铁索寒。
　　更喜岷山千里雪，
　　三军过后尽开颜。

斯诺的英文翻译如下：

　　The Red Army, never fearing the challenging Long March,
　　Looked lightly on the many peaks and rivers.
　　Wu Liang's Range rose, lowered, rippled,
　　And green-tiered were the rounded steps of Wu Meng.
　　Warm-beating the Gold Sand River's waves against the rocks.
　　And cold the iron-chain spans of Tatu's bridge.
　　A thousand joyous li of freshening snow on Min Shan,
　　And then, the last pass vanquished, Three Armies smiled!

　　1976年出版的《毛泽东诗词》英译本是官方译本，这首诗的英译文如下：

> The Red Army fears not the trials of the Long March,
> Holding light ten thousand crags and torrents.
> The Five Ridges wind like gentle ripples
> And the majestic Wumeng roll by, globules of clay.
> Warm the steep cliffs lapped by the waters of Golden Sand,
> Cold the iron chains spanning the Tatu River.
> Minshan's thousand li of snow joyously crossed,
> The three Armies march on, each face glowing.

（部分内容曾在"浙江大学译学馆"公众号上刊出）

《共产党宣言》最后一句的翻译

1847年11月29日至12月8日，共产主义者同盟在伦敦举行第二次代表大会，马克思和恩格斯都出席了大会，恩格斯还担任了大会秘书。与会代表们在一些问题上存在不同看法并且发生了激烈的争论。据恩格斯后来回忆，经过努力，所有的分歧和怀疑终于都消除了，一致通过了新原则，马克思和他被委托起草宣言。英国思想家以赛亚·伯林在《卡尔·马克思》一书中说：《共产党宣言》最初由恩格斯以问答形式写成第一稿，马克思看了后觉得力度不够（not sufficiently forcible），干脆另起炉灶。所以，恩格斯认为《宣言》是马克思的原创之作，其中并没有自己的贡献。但伯林认为，只要涉及他们两人合作的地方，恩格斯总是表现得极度谦虚（excessively modest）。《共产党宣言》问世后所产生的影响在所有社会主义宣传册中无疑是最大的，用伯林的话说，"没有任何现代政治运动或事业，敢说自己在文采和力量上可以与之媲美"。

《共产党宣言》的结尾是几句著名的话："无产者在这个革命中失去的只是锁链。他们获得的将是整个世界。全世界无产者，联合起来！"伯林指出：这最后一句"全世界无产者，联合起来！"在几乎所有的英文版中都译为"工人们"或"劳动者"（workers），而不是"无产者"（proletarians）。我查了手头两个英文版本，发现确如伯林所言，一个版本是workers，另一个版本是working men。位于伦敦北部海格特公墓里马克思雕像的基座上也刻着这句话：Workers of all Lands, Unite! 我也查了《宣言》的德文版，发现这句话的德文原文是：Proletarier aller Länder, vereinigt euch! 中文译为"无产者"没有问题，英文译为"工人们"是否就错了呢？也没错！在《共产党宣言》的第一章中有这样的一段话："资产阶级不仅锻造了置自身于死地的武器，它还产生了将要运用这种武器的人——现代的工人，即无产者。"所以，在《宣言》里"工人们"（workers）和"无产者"（proletarians）是同一个概念。

　　我要说的这句话的中文翻译，问题不在"无产者"上，而是在"全世界"上。从德文原文（aller Länder）和英文译文（all lands, all countries）来看，中文译成"全世界"并不合适。准确的中译文应该是"各国无产者，联合起来！"马克思和恩格斯认为，在无产阶级革命时代，国家的界限还是有意义的，无产者即使没有祖国，但也不能剥夺他们所没有的东西，这也正是《宣言》第二章中所指出的。马克思和恩格斯去世以后一百五十多年的历史也证明，他们的见解至今还是正确无误的。现行的中译文"全世界无产者"虽不够确切，但也可以算是白璧微瑕。有意思的是，笔者查阅了有关文献，发现这句话的中译尚有："万国劳动者团结起来呵！"（陈望道译）、"一切国家的无产者，联合起来呵！"（成仿吾、徐冰译，乔冠华译文与此相同）、"全世界无产阶级联合起来！"（华岗译）和"全世界工人联合起来！"。现在通行的翻译是中共中央编译局的译本。

后记

我在2022年出版的拙著《知困集》（上海三联书店）的"后记"中说过："写作带给了我快乐，我希望这种快乐能一直持续下去，但倘若哪天写作的乐趣不再，我自会乖乖地金盆洗手，去寻找其他的乐趣。"现在我不得不说，其他的乐趣并没有找到，而写作的乐趣却一直持续着。这两年多的时间里我始终坚持阅读和写作，不知不觉间竟积累了四十多篇长短不一的文章，于是又产生了结集出版的想法。我为什么会有把已经发表的文章结集出版的想法，原因在《知困集》的"后记"里有所说明，主要是受了约翰生博士和美国藏书家和书评家爱德华·纽顿的启发：约翰生博士一度为自己的文章不能结集感到遗憾，纽顿则为自己的文章最终结集感到欣喜。就我本人而言，文章不能结集出版自然也是人生的遗憾；从读者的角度考虑，装订成册可以使阅读更加方便。

这部集子里收录了关于翻译、文学、文化和语言诸方面的文章共计46篇，写作时仍遵循"既有趣又有料"的原则，大多发表在《文汇报》《新民晚报》《上海书评》《随笔》《南方都市报》《中华读书报》《钱江晚报》和《英语学习》等报纸和刊物上，在此特别感谢这些报刊的编辑们，他们不但接纳了拙文，而且提出了修改意见，使文章更臻完善。他们是陆灏、吴东昆、史佳林、郑诗亮、祝晓风、李纯一、康慨、侯毅凌、孙雯等。我的乡贤、浙江省作协副主席、著名文学批评家、杭州师范大学人文学院教授王侃先生热情推荐拙文,没有他的鼓励,我写作的动力会大有减弱。

浙江大学外语学院的冯全功教授读了我的"翻译断想"后觉得有启发意义,推荐部分文字在"浙大译学馆"公众号上推出,引起读者较好的反响。感谢冯全功教授和编辑枣彬吉博士。

文章发表前曾发给多位师友看过,他们在表达了赞许的同时也提供了很多修改意见,谨向他们表示感谢。他们是汪义群、周林东、吴刚、许国梁、赵元、姚君伟、曹思宇等。

陆灏先生再次慨然惠赐墨宝,继《知困集》后又题写了《已拙集》。赵元先生在繁忙的教学和研究之余(任教于清华大学)为拙稿做了分类并欣然命笔撰写了序言。对两位先生的无私帮助表示衷心感谢。

上海外语教育出版社副总编辑谢宇女史一直关心我的写作进程,在我把部分文章发给她过目后立即申报了出版计划并顺利立项。外教社的编辑邬安安女士给了我的写作以极大的鼓励,多次表达了对拙作的喜爱之情,并表示愿意承担编辑任务。对她们的鼓励和关心也谨表谢意。

最后,对书名《已拙集》略作交代。西晋时的文学家、书法家陆机在《豪士赋序》里有两句话:"笑他人之未工,忘己事之已拙。"我在一些文章里曾指出他人因为对原文理解的不到位甚至错误,导致翻译的不准确,留下了不该有的遗憾。其实我自己也常常犯同样的错误,尤其在翻译中也经人指出了不少理解和表达上不够准确的地方。故此,我将文集定名为《已拙集》,意在告诫自己读书写作切忌自以为是、自作聪明。